L'ingénierie de formation en entreprise

Éditions d'Organisation
Groupe Eyrolles
61, bd Saint-Germain
75240 Paris cedex 05

www.editions-organisation.com
www.editions-eyrolles.com

© Groupe Eyrolles, 2008, 2012
ISBN : 978-2-212-55306-2

Christophe PARMENTIER

L'ingénierie de formation en entreprise

2e édition, conforme aux nouvelles réglementations
issues de la loi de 2009

EYROLLES

Sommaire

Partie 3
Du plan aux actions de formation

Introduction

La formation n'est pas une activité qui existe indépendamment de toute autre. Trente années de pratique et d'évolution du secteur ont montré que la formation professionnelle continue est intimement liée au travail, à la conjoncture économique, au marché de l'emploi et à son évolution. Dans ce cadre, plusieurs notions ont notamment fait évoluer la formation : l'emploi, la qualité, les projets… Nourrie de ces apports, aujourd'hui, la formation ne peut plus être considérée comme une seule activité, ni même comme une fin en soi. Il s'agit d'un moyen qui, pour être pleinement utilisé, est découpé en plusieurs parties : prévoir et analyser des besoins, construire des actions en fonction d'un plan, puis réaliser et enfin évaluer. Cette démarche globale s'appelle l'ingénierie de formation.

Cette activité qui prévaut donc à la formation professionnelle utilise d'abord le terme d'ingénierie. D'après la définition du *Petit Larousse Illustré*, l'ingénierie est *l'étude d'un projet industriel sous tous ses aspects (techniques, économiques, financiers, monétaires et sociaux) et qui nécessite un travail de synthèse coordonnant les travaux de plusieurs équipes de spécialistes*[1]. Ce vocable d'ingénierie emprunté au monde de l'industrie a définitivement fait son entrée dans le domaine de la formation professionnelle continue vers la fin des années 1980.

© Groupe Eyrolles

---

1. *Le Petit Larousse illustré*, 1991.

Quand on y pense, quand on conçoit, c'est la phase d'ingénierie, un terme cher à nos voisins d'outre-Manche qui l'ont presque inventé : *Engineering*. Il s'agit d'une activité d'analyse, d'anticipation et de projection, conduite dans quelque domaine que ce soit. Issue du BTP, l'ingénierie investit toutes les constructions tant dans l'industrie que dans le secteur des services dont les normes ISO 9000 en sont un témoignage. La formation a en effet été fortement inspirée de ces pratiques d'ingénierie appliquées dans les grands projets industriels de construction du secteur du bâtiment et des travaux publics. Celle-ci s'inscrit désormais dans une démarche de conduite et de gestion de projet, impliquant une diversité d'acteurs, d'outils et de moyens qui apportent tous leur contribution à la construction de l'édifice. La métaphore industrielle est pertinente car il s'agit bien là d'une construction : l'ingénierie de formation va consister à élaborer le plan de formation par étapes successives dans les meilleures conditions possibles, tout en tenant compte des différents acteurs intervenant dans le dispositif, puis à le mettre en œuvre, à le suivre et à l'évaluer.

Selon les termes d'A. Comte, il s'agit de « *Savoir afin de prévoir pour pouvoir* ». Tout commence donc avant l'action… car le projet anticipe le jet du sujet. La prise d'information, la veille et tout ce que B. Martinet qualifie pour l'entreprise d'intelligence économique[1] sont encore préalables et nécessaires à l'ingénierie. Comme la qualité, l'ingénierie s'applique désormais à la formation professionnelle des adultes salariés en entreprise.

Au départ, G. Le Boterf définit cette ingénierie de formation comme « *l'ensemble coordonné des activités de conception d'un dispositif de formation (cursus ou cycle de formation, centre de formation, plan de formation, centre de ressources éducatives, session ou stage…) en vue d'optimiser l'investissement qu'il constitue et d'assurer les conditions de sa viabilité* »[2]. Mais, pour en arriver à une définition plus actuelle et opératoire, il a fallu intégrer l'approche compétence, plus globale, qui a pris le pas sur la formation. G. le Boterf a d'ailleurs enrichi sa propre définition pour intégrer globalement l'ingénierie des compétences. « *Cette approche*

---

1. Martinet B., *L'intelligence économique*, Éditions d'Organisation, 1996.
2. Carré P., Caspar P., *Traité des sciences et des techniques de la formation*, Dunod, 2004.

allait me conduire à élargir et modifier assez considérablement la notion d'ingénierie de la formation. Cela se traduit par le passage d'une ingénierie de la programmation à une ingénierie du contexte. Ce que signifiait un schéma directeur, c'était que la production des compétences ne relevait pas seulement d'une ingénierie de la formation mais d'une ingénierie beaucoup plus globale où de multiples facteurs devaient concourir.[1] »

La formation professionnelle est ancrée dans une économie du savoir où « *l'investissement dans le développement des hommes par la connaissance, la formation et l'expérience devront prendre de plus en plus de place par rapport à l'investissement matériel.*[2] » Longtemps considérée comme une simple obligation de dépense pour l'entreprise, la formation a évolué qualitativement et quantitativement au cours de ces trois dernières décennies. Elle a importé progressivement les pratiques et méthodes d'ingénierie industrielle, l'analyse, la conception, la mise en œuvre et enfin l'évaluation pour les mettre au service de son propre développement. Elle représente aujourd'hui un investissement stratégique de l'entreprise et une composante fondamentale de la politique de gestion de son capital humain.

OBJET ET MÉTHODE EN INGÉNIERIE DE FORMATION

Le concept d'ingénierie de formation est souvent présenté comme étant spécifique. Il découle cependant d'une méthodologie d'ingénierie générale qui n'est donc pas nouvelle en soi. Elle est liée à une action logique, à la conduite de projet, à l'animation d'équipes et à la gestion de partenariat. De même, elle s'inscrit dans un contexte nouveau qui résulte en partie d'une évolution, et se construit sur de nouvelles problématiques liées au développement des compétences. L'ingénierie de formation implique donc le pilotage des étapes fondamentales de son propre dispositif : « *analyse de la demande, conception du projet, réalisation et évaluation*[3] ». Pour P. Carré et P. Caspar, il s'agit de comprendre,

1. Le Boterf G., *L'ingénierie des compétences*, Éditions d'Organisation, 1999.
2. Crozier M., *L'entreprise à l'écoute*, Seuil, 1989.
3. Ardouin T., *L'ingénierie de formation pour l'entreprise*, Dunod, 2003.

décider, agir et évaluer. Ces quatre étapes sont conçues et mises en œuvre par une diversité d'acteurs qui vont coordonner leur action et interagir afin d'optimiser le projet de développement et de formation.

Cependant l'architecture du plan de formation, objet central de l'ingénierie de formation, repose avant tout sur la relation contractuelle tripartite des acteurs que sont l'entreprise, l'organisme de formation et le salarié apprenant. « *L'ingénierie de formation consiste ainsi à faire l'analyse complète du travail et à monter un projet de formation adapté, pour aider l'entreprise à évoluer et à devenir plus performante* »[1]. En amont du processus de pilotage de l'ingénierie de formation réside donc un diagnostic, une analyse de l'environnement et des besoins en compétences des collaborateurs de l'entreprise. Il va falloir, grâce au plan de formation et aux différentes actions de formation envisagées, réduire l'écart entre les compétences existantes et celles requises par l'évolution ou le changement d'organisation.

Cette étape décisive de conception du plan de formation signe l'orientation de la politique de formation de l'entreprise et engage tout un dialogue social construit entre l'entreprise et le salarié. « *Le responsable de formation doit en effet intégrer dans le système de formation de l'organisation les dimensions individuelle et collective mais aussi permettre l'appropriation de nouveaux savoirs en lien avec le système de travail ou la production. Il s'agit de concilier formation et production, niveau individuel et niveau collectif. Le croisement de ces axes permet une lecture globale de l'ingénierie.*[2] » Dans ce cadre, l'entretien professionnel envisagé par l'ANI 2003 ou le bilan de compétences vont « *permettre de repérer les compétences que le salarié doit acquérir ou développer au regard de son emploi.*[3] »

L'étape de réalisation ou de mise en œuvre du projet consiste à piloter l'animation des actions de formation prévues au plan. T. Ardouin la surnomme « *la partie émergée de l'ingénierie* »[4] car elle renvoie au plan de formation. Le plan de formation, issu de l'ingénierie de formation, n'est pas

---

1. *Ibidem.*
2. *Ibidem.*
3. Carré P., Caspar P., *Traité des sciences et des techniques de la formation*, Dunod, 2004.
4. Ardouin T., *L'ingénierie de formation pour l'entreprise*, Dunod, 2003.

seulement la compilation des actions de formation organisées à l'attention des salariés, c'est aussi un document clé stratégique qui contient des données qualitatives et quantitatives sur la situation de l'emploi. Il revêt une fonction de communication et traduit les axes d'orientation de la politique de formation de l'entreprise. « *Le plan doit s'inscrire dans les échéanciers des projets d'évolution, de carrière, de production, d'acquisition de matériel, de besoin de compétences ou d'innovation.*[1] »

Au départ, l'ingénierie de formation a été envisagée de façon séquentielle et linéaire. Au fil du temps et de la pratique, elle est devenue une ingénierie concourante intégrant des situations, des solutions, des enjeux et des objectifs professionnels susceptibles d'évoluer. Cette évolution est justifiée par celle des pratiques pédagogiques qui ne sont pas figées en amont du processus, mais qui se construisent progressivement au fur et à mesure du développement de l'action.

NIVEAUX SPÉCIFIQUES DE LA FORMATION DES SALARIÉS

Concrètement, en entreprise, 4 niveaux d'ingénierie peuvent être associés à la formation professionnelle continue des salariés. Le tableau suivant détaille ces 4 niveaux hiérarchiques.

Ingénierie	Acteurs	Production	Outils
Des compétences	DG, DHR	Accord GPEC	Analyse des besoins
De formation	DRH, Direction des services, RF	Plan de formation, actions de formation et cahier des charges	Référentiels de compétences
Plan de formation			
Pédagogique	RF et formateurs	Dispositifs pédagogiques, documentation formateurs	Progressions, grilles de programmation
Didactique	Formateurs et experts	Séquences de formation, documentation stagiaires	Références et notices

---

1. *Ibidem.*

L'ingénierie des compétences

Orientée par la loi de 2005, détaillée au chapitre 4, l'ingénierie des compétences permet d'envisager la stratégie nécessaire à l'évolution des compétences individuelles et collectives de l'entreprise. Dans les faits, cette ingénierie ne repose plus seulement sur une analyse des besoins internes, elle s'appuie aussi sur de nombreux facteurs externes. Elle débouche sur des accords de GPEC. En effet, les entreprises souhaitent mettre leur pratique de gestion prévisionnelle des emplois et des compétences au service de la compétitivité. Il s'agit alors de développer concrètement l'employabilité et la mobilité, la capacité à faire évoluer le « capital compétence » des collaborateurs en anticipant sur les besoins et évolutions de l'entreprise, de son environnement et du marché de l'emploi. Ce niveau d'ingénierie intègre globalement la DG en associant le DRH, ils définissent une politique globale de conduite du changement et d'adaptation en incluant tout le volet social de l'accompagnement. Impliquant les rémunérations, la promotion de carrière, la mobilité interne et externe, etc., les changements prévus sont accompagnés d'une gestion globale des compétences individuelles et collectives. Ces projets sont aussi construits en partenariat avec les branches et les bassins.

L'ingénierie de formation

L'ingénierie de formation permet d'aboutir au plan de formation. Ce niveau implique aussi les partenaires sociaux et les prescripteurs, entre autres acteurs. Il associe directement sur le terrain les directions opérationnelles, la DRH et le responsable formation (RF). Il permet de concevoir des dispositifs pédagogiques dont la seule modalité n'est plus le stage de quelques jours. La mise en œuvre d'un centre de ressources, un tutorat de nouveaux entrants peuvent être des actions construites dans ce cadre.

L'ingénierie pédagogique

Plus particulièrement dévolue aux organismes de formation, l'ingénierie pédagogique permet de concevoir et structurer les actions de formation. Ce niveau implique plutôt les formateurs en liaison avec les DRH et les experts. Chaque action est prévue dans ses grandes parties… Il ne s'agit pas encore de rentrer dans une démonstration mais, alors que les contenus et progressions ont été arrêtés à la phase précédente, d'organiser la succession des séquences et leurs enchaînements. On tiendra compte ici de la dynamique des groupes en formation, du rôle du formateur… L'ingénierie de formation permettra de définir l'itinéraire pédagogique : aussi appelé scénario, conducteur, macro, etc. ; il s'agit de la description du parcours pédagogique que va réaliser chaque apprenant au cours de l'action de formation. C'est à ce stade que l'on définit les progressions en détaillant le but du module et les objectifs pédagogiques. Il convient ensuite de choisir une méthode pédagogique pour atteindre chaque objectif[1]. Les frontières entre l'ingénierie de formation et pédagogique ne sont pas toujours bien délimitées. Elles sont parfois ténues et poreuses. Il convient alors de les affirmer, de façon à noter également que diverses dimensions entrent en jeu.

	Ingénierie de formation	Ingénierie pédagogique
Les objectifs	Objectifs de formation : buts généraux assignés à une action de formation	Objectifs pédagogiques : quantifiables et mesurables
Livrable	Plan de formation	Scénario pédagogique et progressions
Première segmentation	Dispositifs de formation : caractère légal, par exemple, plan, DIF, CIF, période de professionnalisation	Dispositif pédagogique : assemblage de modules pédagogiques en vue d'acquérir des compétences
Seconde segmentation	Action de formation (assez proche du dispositif pédagogique)	Module pédagogique
Sous-section	Cahier des charges	Séquence
Évaluation	Évaluation de la formation	Évaluation pédagogique
Responsable	Responsable formation	Formateur
Promoteur	DRH et directions opérationnelles	Responsable formation
Négociée et mise en œuvre	Avec le CE et les IRP	Directement avec les participants

---

1. Parmentier C., *L'essentiel de la formation*, Éditions d'Organisation, 2002, 2007.

L'ingénierie didactique

L'ingénierie didactique permet enfin de préparer la transmission d'une partie spécifique d'un programme. L'instrumentation est déterminante à ce niveau. Quels sont les outils, les supports nécessaires à la transmission et la construction des compétences formulées en termes d'objectifs, et donc de « capacités à » ? L'ingénierie didactique conduit à concevoir selon des scénarios établis des sessions ou séquences de quelques heures. Ce niveau implique la présence d'experts. Dans tous les cas, l'ingénierie en formation professionnelle continue engage une responsabilité collégiale du management : la direction générale, les directions opérationnelles, la DRH et le responsable de formation lorsqu'il existe.

Dans les faits et dans les entreprises, pour monter des actions de formation, il ne suffit pas de prendre en compte ces quatre niveaux, mais il convient d'y ajouter également trois axes transverses : l'ingénierie documentaire, financière et de contrôle.

AXES TRANSVERSES DE LA FORMATION DES SALARIÉS

			Ingénierie financière	Ingénierie documentaire	Ingénierie d'évaluation
Ingénierie Rh et compétences					
Ingénierie de formation					
Plan de formation					
Ingénierie pédagogique					
Ingénierie didactique					

L'ingénierie documentaire

L'ingénierie documentaire traverse les quatre niveaux et donne lieu à une production. Chaque niveau d'ingénierie se trouve concrétisé et matérialisé par la production de ses documents :

- L'ingénierie des compétences donnera lieu à des documents d'orientation.
- L'ingénierie de formation permettra de produire et communiquer aux salariés le plan de formation.
- L'ingénierie pédagogique donnera lieu à l'édition du guide formateur.
- L'ingénierie didactique permettra de concevoir le manuel du stagiaire.

Documents accompagnant une action de formation

		AVANT la formation	PENDANT la formation			APRÈS la formation
			Début	Pendant	Fin	
Docs « contractuels »	Cahiers des charges Bon de commande Contrat Convention de formation	X				
	Factures					X
Docs « administratifs »	Convocation Plan d'accès Fiche de présentation de la formation	X				
	Feuille d'émargement (attestation de présence)		X	X	X	

.../...

…/…

Supports pédagogiques	Manuel stagiaire		X	X		X
	Fiches pratiques			X		X
	Exercices, travaux pratiques, études de cas	X	X	X	X	X
	Support Powerpoint		X	X		
	Guide formateur	X		X		
Évaluation	Questionnaire d'évaluation		X		X	
	Questionnaire d'évaluation du dispositif			X	X	
Validation	Attestation de stage, certificat, diplôme				X	X

L'ingénierie financière

L'ingénierie financière permet de prévoir, d'attribuer et de gérer les investissements et les budgets alloués à la gestion des compétences, à la formation et aux différentes actions qui en découlent. Elle permet d'attribuer les grandes masses financières : salaires des stagiaires en formation, déplacements et hébergement, frais pédagogiques… Pour A. Meignant[1], avant même d'envisager le financement des actions, l'ingénierie elle-même a un coût : « *La seule limite, aujourd'hui encore, est le coût de l'ingénierie… L'activité de formation se mesurant encore essentiellement par des indicateurs de présentéisme (l'heure stagiaire), la question de l'affectation de l'investissement d'ingénierie reste posée* ».

---

1. Meignant A., « L'ingénierie de formation : du far west au néo-académisme ? », in *Éducation permanente*, n° 157, oct. 2003.

L'ingénierie de contrôle ou d'évaluation

Chaque niveau d'ingénierie doit aussi être associé à un processus d'éva-luation spécifique à chaque action ou plus global. Il peut aussi être mis sous assurance qualité. L'ingénierie s'intègre dans les pratiques de for-mation qu'elle va structurer en trois grandes étapes : l'analyse des besoins, la conception du projet de formation et sa mise en œuvre. L'évaluation devient alors une étape incontournable du processus d'ingénierie. Elle ne fait pas encore partie intégrante du dispositif de formation. C'est une ingénierie classique, dite aussi ingénierie séquen-tielle qui « *consiste à suivre de façon linéaire un ensemble d'étapes successi-ves pour produire un ouvrage ou un dispositif.*[1] »

Il convient aussi de rappeler que si l'ingénierie est fondamentale, le ré-ingéniering mis en œuvre lors du suivi des actions l'est tout autant. Il repose sur une analyse et un bilan et permet de faire évoluer les dispositifs.

---

1. Carré P., Caspar P., *Traité des sciences et des techniques de la formation*, Dunod, 2004.

Partie 1

LES PRÉALABLES
À L'INGÉNIERIE DE FORMATION

Afin de construire le plan de formation, l'ingénierie de formation s'appuie sur une double approche :

- L'analyse des besoins centrée sur l'analyse de la compétence.
- La construction d'une stratégie de formation découlant de la gestion des compétences.

L'analyse des besoins en compétences relève plus de l'écoute des salariés, tandis que la définition de la stratégie de formation découle de l'analyse construite par le management des évolutions probables de l'entreprise. C'est à la conjonction de ces deux tendances que se situe l'ingénierie de formation conçue et appréhendée comme une clé du dialogue social. À ce titre, dans la loi, elle est soumise à la consultation des partenaires sociaux de l'entreprise. Elle passe par des acteurs et des fonctions identifiées dans l'entreprise.

L'analyse des besoins en compétences est une activité complète et complexe préalable à l'ingénierie de formation. Au sein de l'entreprise, les besoins de formation ne sont pas facilement identifiables. C'est qu'ils sont diffus et épars. J.-M. Barbier[1] constate « *qu'on ne rencontre jamais que des expressions de besoins formulées par des agents sociaux divers, pour eux-mêmes ou pour d'autres* » et S. Pagès souligne même « *qu'un besoin de formation n'existe pas en tant que tel, la formation vient combler un manque de compétences et qu'il est alors préférable de fonder l'analyse des besoins sur une logique de développement des compétences plutôt que sur une logique de demande de stages.*[2] » En formation, l'analyse des besoins est donc nécessaire, mais pas suffisante. Elle débouche sur l'ingénierie.

G. Le Boterf présente l'ingénierie de formation comme un ensemble coordonné de travaux de conception et de réalisation des systèmes de formation[3]. Il distingue ensuite les travaux d'ingénierie finalisés sur les grands systèmes, comme le plan et les travaux d'ingénierie centrés sur les micro-systèmes. Cette définition permet de poser le plan de formation,

---

1. Barbier J.-M., Lesne M., *L'analyse des besoins en formation*, Robert Jauzé, 1991.
2. Pages S., « Recueillir et analyser les besoins de formation », in *Le Guide pratique de la Formation*, ESF.
3. Le Boterf G., *L'ingénierie et l'évaluation de la formation*, Éditions d'Organisation, 1996.

document contractuel de l'entreprise, comme une frontière entre l'ingénierie du plan appelée aussi **ingénierie de formation** et l'ingénierie des actions de formation appelée **ingénierie pédagogique**. L'ingénierie de formation relève de ce qui ne peut pas vraiment être externalisé, tandis que l'ingénierie pédagogique des actions peut être sous-traitée aux organismes de formation et professionnels du secteur. Chacune a ses propres acteurs.

L'ingénierie de formation est habituellement séquencée en étapes détaillées dans le schéma suivant :

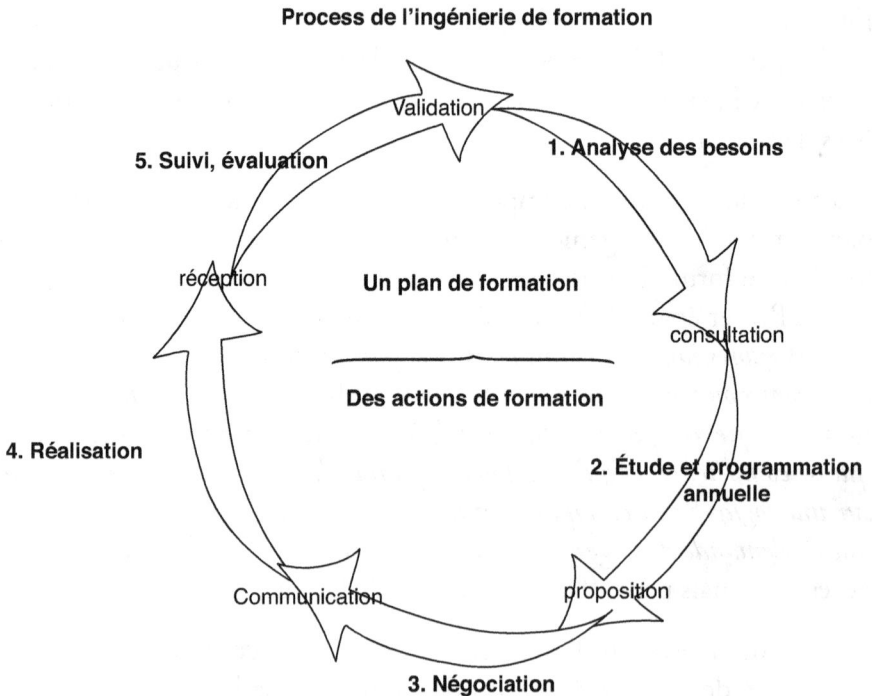

Process de l'ingénierie de formation

Validation

5. Suivi, évaluation

1. Analyse des besoins

réception

Un plan de formation

consultation

Des actions de formation

4. Réalisation

2. Étude et programmation annuelle

Communication

proposition

3. Négociation

Chapitre 1

Les acteurs en entreprise

LE RESPONSABLE FORMATION

Lorsque la taille des entreprises et leur configuration le permettent, l'ingénierie de formation est principalement conduite par les responsables formation. Ces responsables sont généralement intégrés aux services Ressources Humaines. En effet, l'ingénierie de formation est un outil mis au service du dialogue social de l'entreprise dont la gestion est généralement confiée aux services RH. Les responsables formation peuvent être centralisés au sein d'une structure centrale et transverse à l'entreprise, ils peuvent aussi être décentralisés en région ou au sein des services.

Au sein de ces services le responsable organise, met en œuvre et garantit une certaine qualité de service du dispositif de formation de l'entreprise pour contribuer au maintien et au développement des compétences dans le cadre des objectifs fixés par la Direction. Il s'agit d'une fonction pleine et entière, pratiquement construite par l'ingénierie de formation. Elle est structurée autour de différentes missions :

- Mission politique pour le responsable de formation qui élabore les stratégies au sein des structures publiques ou privées et contrôle leur mise en œuvre comme cela a été montré au début de ce chapitre.

- Mission de conseil pour le conseiller en formation (en OPCA ou en organisme de formation), qui assiste l'ensemble des partenaires.

- Mission pédagogique pour l'animateur de formation qui conçoit, développe et réalise.

- Mission d'accompagnement pour le coach ou le tuteur qui intervient sur le terrain pour favoriser le transfert des connaissances acquises dans l'activité quotidienne de travail.

- Mission de marketing/vente et marketing/achats pour tous ceux qui interviennent sur le marché de la formation, qu'ils soient offreurs ou acheteurs de prestations.

Le responsable formation élabore des propositions pour la définition de la politique générale de formation et il participe aux discussions sur la politique à suivre, dont il est entièrement responsable en tant que maître d'œuvre. À partir de cette politique générale de formation, acceptée et supervisée par le directeur des ressources humaines, le responsable de formation détermine les objectifs et les responsabilités du service, en vue d'assurer le succès de la politique générale de la formation et de la communication sociale. Dans la continuité de l'ingénierie et en accompagnant les réalisations, il produit notamment les documents décrits ci-après.

Selon une enquête réalisée par le GARF (Groupement des animateurs et responsables de formation), les responsables formation sont 73 % à posséder un bac +2, dont 76 % un diplôme de niveau maîtrise. Une enquête préalable (1990) avait montré que plus de la moitié des responsables formation avaient une formation initiale scientifique, littéraire ou d'ingénieur, 28 % en droit ou en économie et 16 % en sciences humaines. La fonction est plus clairement masculine : 63 % d'hommes contre 37 % de femmes. La tendance générale veut que le recrutement de ces professionnels s'effectue en interne : leur connaissance de la culture d'entreprise facilite leur compréhension des besoins en formation. Pour les juniors, le poste n'est pas complètement fermé : ces derniers peuvent commencer à des postes de gestionnaires de formation ou encore d'assistants. Selon des chiffres fournis par l'Apec, 15 % des postes sont ouverts aux débutants. Les profils les plus demandés sont les diplômes de commerce ou d'ingénieurs, les DESS en ressources humaines, l'administration des entreprises, la gestion, la psychologie du travail, la sociologie mais aussi des diplômes en sciences de l'éducation.

Actualisée en 2011 (entre janvier et avril), l'enquête GARF-Feedback & Co dresse le portrait des responsables de formation à partir d'un panel de 192 RF adhérents au GARF. Ils se disent majoritairement (67 %) associés à l'intégration de la stratégie formation et reconnaissent un renforcement de la complexité de leur fonction surtout sur le plan financier. Ils restent plutôt indépendants du service achats, à l'abri de l'externalisation et ont peu d'intérêt pour les normes qualité. Les nouvelles recrues sont majoritairement des femmes[1].

LA PARTIE FORMATION DU BILAN SOCIAL

Le bilan social est le premier tableau de bord imposé par le législateur. Il est régi par la loi du 17 juillet 1977, qui l'a rendu obligatoire pour les entreprises et établissements d'au moins 300 salariés. Il présente un grand nombre d'indicateurs sociaux, répartis en plusieurs familles (elles-mêmes divisées en sous-familles) :

- l'emploi (effectifs, répartis par âge, par sexe, par catégorie ; nombre d'embauches, nombre de départs, par motif, etc.) ;
- les rémunérations et les charges accessoires (avantages sociaux, participation, intéressement, etc.) ;
- les conditions d'hygiène et de sécurité (accidents du travail, etc.) ;
- les autres conditions de travail (durée du travail, organisation, etc.) ;
- la formation ;
- les relations professionnelles et les autres conditions de vie relevant de l'entreprise (le logement, la restauration, etc.).

Les indicateurs présentés sont comparés à ceux des deux années précédant l'année de référence. *« Les objectifs du bilan social sont de 3 ordres[2] : information, concertation et planification. »*

1. Entreprise & Carrières, 20-26 septembre 2011.
2. Taïeb J.-P., *Les tableaux de bord de la gestion sociale*, Dunod, 2004.

Les destinataires

Le bilan social est destiné :

• Aux partenaires sociaux, d'où la notion de « concertation », puisque le CE et les délégués syndicaux doivent émettre un avis sur la présentation de ce bilan, et l'employeur devra prendre en compte leurs remarques, ce qui est donc générateur de dialogue social.

• Aux salariés, d'où la notion « d'information », puisque l'employeur doit tenir le bilan social à disposition des salariés qui souhaitent le consulter. Nous pouvons toutefois nous demander si beaucoup de salariés ont déjà consulté le bilan social de leur entreprise. En effet, cela suppose qu'ils puissent y accéder facilement, mais c'est bien souvent à eux de faire la démarche pour le consulter (le demander à la direction ou le télécharger sur Internet pour les entreprises qui le font) et surtout, qu'ils soient en mesure de comprendre et d'analyser les différents indicateurs présents.

• Aux partenaires externes, éventuellement. En effet, le bilan social est plus souvent utilisé comme un outil de communication externe (qui peut notamment être réclamé par les clients) qu'interne (les salariés, comme nous venons de le voir, n'en sont pas directement destinataires, et les partenaires sociaux sont régulièrement informés tout au long de l'année sur les différents points abordés dans le bilan social).

Les indicateurs

La partie « Formation » du bilan social reprend les indicateurs mentionnés ci-après.

L'indicateur 51 pour la formation professionnelle continue :

• pourcentage de la masse salariale afférent à la formation continue ;

• montant consacré à la formation continue ;

• nombre de stagiaires ;

• nombre d'heures de stage.

L'indicateur 52 pour les congés formation :

• nombre de salariés ayant bénéficié d'un congé formation rémunéré ;

- nombre de salariés ayant bénéficié d'un congé formation non rémunéré ;
- nombre de salariés auxquels a été refusé un congé formation.

L'indicateur 53 pour l'apprentissage :

- nombre de contrats d'apprentissage conclus dans l'année.

La réalisation de la partie formation du bilan social ne revêt aucun intérêt stratégique, dans la mesure où les partenaires sociaux émettent déjà leur avis lors des deux réunions de consultation du CE sur le plan de formation. De plus, les indicateurs qui y figurent sont très généraux, et ne donnent pas d'élément d'informations sur la manière dont le budget a été dépensé, sur la politique formation déployée, etc.

LA DÉCLARATION FISCALE 2483

Tous les ans, les entreprises doivent justifier des conditions dans lesquelles elles ont satisfait à leur obligation en matière de participation au développement de la formation professionnelle continue, *via* la déclaration fiscale 2483 (ou 2486 pour les entreprises de moins de 10 salariés), à rendre pour le 30 avril. Les services formation sont en charge de la production des données permettant de remplir ce document. Il convient de rappeler néanmoins que les éléments figurant sur cette déclaration sont les suivants :

- nombre mensuel moyen de salariés au cours de la période de référence ;
- montant des rémunérations versées au cours de la période de référence ;
- taux et montant de l'obligation incombant à l'employeur ;
- montant des dépenses effectivement consenties en faveur de la formation continue, et répartition de ces dépenses ;
- montant des rémunérations et des allocations de formation versées aux salariés qui ont participé à un stage de formation ;
- montant des différents versements aux OPCA ;

- données relatives à l'assiette des rémunérations versées aux salariés en CDD, montant de l'obligation de financement de leur formation et montant des sommes utilisées à ce titre ;
- nombre de salariés répartis par sexe et par catégorie socioprofessionnelle au 31 décembre de l'année de référence ;
- nombre de salariés ayant bénéficié d'une formation, nombre d'heures de formation, nombre de salariés ayant bénéficié d'une formation au titre du DIF, nombre d'heures de formation consommées au titre du DIF, le tout par sexe et par catégorie socioprofessionnelle ;
- nombre de bilans de compétences, de VAE pris en charge en totalité par l'employeur, nombre de salariés ayant bénéficié d'une période de professionnalisation.

Les indicateurs sont clairement déterminés et permettent un inventaire exhaustif des dépenses, du nombre d'heures et du nombre de stagiaires. L'intérêt de cette déclaration est aussi de permettre les comparaisons interentreprises, et de disposer de statistiques nationales consolidées par le CEREQ. Toutefois, la France est le seul pays qui doit remplir cette « autodéclaration ». À ce sujet, Alain Meignant[1] souligne que cette déclaration permet de mesurer « *un effort financier sans concerner la pertinence des choix politiques de l'entreprise, le bien-fondé des actions engagées, les résultats obtenus* ».

Dans ses fonctions, le responsable formation peut être assisté et déléguer des tâches en laissant une certaine initiative sur le choix des moyens à mettre en œuvre et sur la succession des étapes. Cette assistance exécute des travaux administratifs ou techniques d'exploitation complexe ou d'étude d'une partie d'ensemble, en application des règles d'une technique connue principalement apparentée à l'ingénierie de formation. Avec ces clients internes, le responsable de formation entretient une relation client-fournisseurs qui peut être illustrée par la cartographie ci-contre.

---

1. Meignant A., *Manager la formation*, Liaisons, 2001.

Les relations internes de la formation professionnelle continue dans l'entreprise

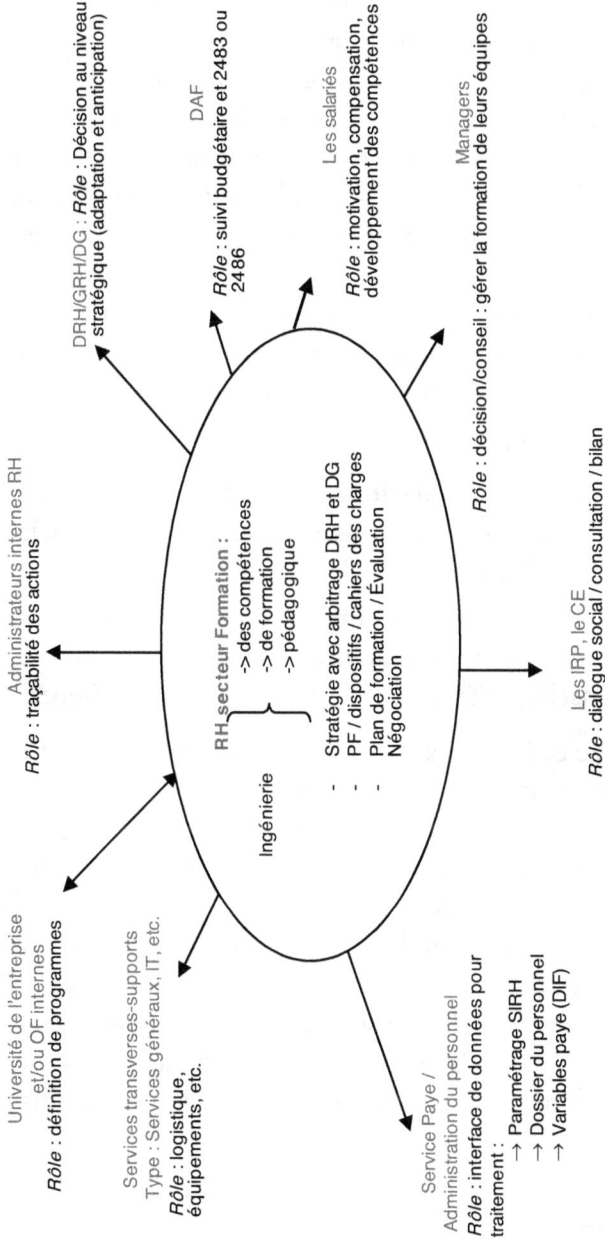

DRH/GRH/DG : *Rôle* : Décision au niveau stratégique (adaptation et anticipation)

DAF
Rôle : suivi budgétaire et 2483 ou 2486

Les salariés
Rôle : motivation, compensation, développement des compétences

Administrateurs internes RH
Rôle : traçabilité des actions

Managers
Rôle : décision/conseil : gérer la formation de leurs équipes

RH secteur Formation :
-> des compétences
-> de formation
-> pédagogique

Ingénierie

- Stratégie avec arbitrage DRH et DG
- PF / dispositifs / cahiers des charges
- Plan de formation / Évaluation
  Négociation

Les IRP, le CE
Rôle : dialogue social / consultation / bilan

Université de l'entreprise
et/ou OF internes
Rôle : définition de programmes

Services transverses-supports
Type : Services généraux, IT, etc.
Rôle : logistique,
équipements, etc.

Service Paye /
Administration du personnel
Rôle : interface de données pour
traitement :
→ Paramétrage SIRH
→ Dossier du personnel
→ Variables paye (DIF)

LES SALARIÉS EN FORMATION

Au sein des entreprises, comme au sein des grandes administrations, tous les salariés peuvent participer, au cours de leur vie professionnelle, à des actions de formation professionnelle continue. Dans les faits, le marché de la formation est ouvert à des clients qui ne sont pas les utilisateurs finaux. Les clients, ceux qui payent, sont les institutions : les entreprises ou les collectivités ; les utilisateurs sont des salariés actifs ou demandeurs d'emploi en tiers payant[1]. Le marché de la formation professionnelle en France est donc bien un marché de prescription. La formation professionnelle continue, dans sa forme marchande et repérée, s'adresse aujourd'hui aux salariés du secteur public, aux salariés du secteur privé et aux demandeurs d'emploi.

Le livre IX du Code du travail oriente :

- la formation professionnelle continue des salariés, placée sous la responsabilité des entreprises et des partenaires sociaux (*via* les OPCA et les OPCACIF) ;
- la formation professionnelle continue des demandeurs d'emploi placée sous la responsabilité des pouvoirs publics : Région, Assedic, Conseils généraux… et l'État (publics spécifiques).

Dans ce cadre, mis à part un palier observé entre 1995 et 1996, le nombre de stagiaires a régulièrement progressé depuis 1990. Il a été multiplié par 1,7 en l'espace de 7 années. Toutes les analyses nationales montrent depuis des années que les chances d'accès à une formation sont plus élevées pour les catégories les mieux qualifiées : en moyenne trois fois plus pour les cadres que pour les ouvriers. Vieux constat encore immuable : « La formation va aux formés. » Toutefois, depuis quelques années, l'écart semble se stabiliser entre les ouvriers non qualifiés et les cadres. L'écart entre ces deux catégories socioprofessionnelles en matière d'accès à la formation varie néanmoins selon la taille de

---

1. Bien qu'ils déclarent dans différents sondages d'opinion être prêts à participer davantage au financement de leur formation, dans les faits, les salariés participent encore peu au financement de leur propre formation : 3 % de l'investissement formation en France.

l'entreprise. Il est environ cinq fois plus important dans les petites entreprises. Enfin, les catégories intermédiaires, techniciens et agents de maîtrise, ont les chances les plus grandes d'accéder à une formation.

En ce qui concerne le taux de départ en formation, l'écart constaté entre les petites et les grandes entreprises reste important. Le taux de départ en formation est de 8,3 % pour les entreprises de moins de 20 salariés et de 51,9 % pour les entreprises de 2 000 salariés et plus. Partout, le taux d'accès à la formation reste plus élevé pour les hommes (environ 37 %) que pour les femmes (34,5 %).

La formation financée par l'entreprise apparaît donc plus comme un complément que comme un substitut. La formation professionnelle arrose là où c'est mouillé disent les uns, alors que d'autres s'appuient sur de nombreuses études pour confirmer quelle va aux formés. La perspective d'une formation professionnelle considérée comme une seconde chance pour les salariés reste dans les faits une volonté et n'est pas encore une réalité.

L'INGÉNIERIE DE FORMATION ET LE PROJET PROFESSIONNEL DE CHAQUE SALARIÉ

Nombreux sont les organismes d'aide à la recherche d'emploi qui mettent au premier plan de la vie professionnelle, la construction et la validation d'un projet professionnel. La recherche d'une évolution professionnelle pose un grand nombre de questions auxquelles l'élaboration d'un projet professionnel peut et doit répondre. C'est un élément fort de ce qui permettrait d'organiser et de cibler les recherches avant de rentrer directement dans un entretien. Plus l'avenir professionnel est clair, plus l'entretien professionnel le sera. Situé sans doute quelque part entre l'introspection et le bilan de compétences, le projet professionnel doit permettre au salarié, en miroir de l'ingénierie de formation, de faire ressortir le meilleur de lui. C'est un exercice difficile car il s'agit de :

- mettre en synergie ce que l'on est avec le ou les postes auxquels postuler au sein de l'entreprise ;

- conjuguer ces attentes aux développements de l'entreprise, ou à l'extérieur, pour un retour sur le marché de l'emploi.

Une telle démarche doit être purement pragmatique. Elle peut être guidée, mais elle doit d'abord être personnelle. Pour un salarié d'entreprise, trois grandes perspectives permettent de construire son projet professionnel :

- au sein de l'entreprise, envisagé comme une évolution ou une mobilité interne ;

- en dehors de l'entreprise, en restant dans le même secteur ou dans des métiers voisins ;

- en dehors de l'entreprise, comme une reconversion.

L'INGÉNIERIE DE FORMATION ENGAGÉE PAR LE MANAGEMENT

L'ingénierie de formation implique aujourd'hui le management, notamment lors de l'analyse des besoins. L'encadrement de proximité doit arbitrer entre la réalité de l'activité gérée par une équipe dont il est en charge et l'atteinte des objectifs individuels et collectifs fixés par l'encadrement supérieur. Comme le souligne Caroline David[1], ce management de proximité est confronté à une double difficulté :

- Mettre en place les objectifs fixés par la direction au risque de créer des tensions avec son équipe.

- Prendre en compte la réalité de l'activité et soutenir son équipe au risque de ne pas être reconnu par la direction.

Toutefois, et dans cette contradiction, la formation peut aider le management de proximité en lui permettant de :

- Arbitrer en permanence entre la réalité de l'activité gérée par son équipe et les objectifs et moyens fixés par la direction pour donner du sens au travail.

- Relayer l'information utile à l'activité auprès de son équipe : transmission de l'information concernant la stratégie de l'entreprise, l'environnement, les caractéristiques des clients, connaissances nécessaires pour une gestion pertinente des clients.

---

1. David C., *Agir sur la relation client pour une meilleure performance de l'entreprise*, 2001.

- Graduer les difficultés dans la prise en charge des activités les plus complexes.

- Favoriser le transfert de compétences dans les services et le suivi de formations mises en place par l'entreprise.

- Faciliter la rencontre avec des professionnels expérimentés.

- Organiser un débat autour de la relation d'expérience et capitaliser les ajustements réalisés par les professionnels pour affronter des situations nouvelles. Cela permet de favoriser le transfert de compétences, de développer des repères collectifs et d'agir juste au bon moment.

- Adapter les postes et l'organisation en tenant compte des compétences développées par chacun et des exigences de qualification requises pour que tous atteignent le professionnalisme attendu.

Aujourd'hui, de nombreuses branches professionnelles intègrent les entretiens professionnels en complément des entretiens d'évaluation. Ils engagent le management dans la gestion des parcours et projets professionnels des collaborateurs.

LES REPRÉSENTANTS DU PERSONNEL

La consultation du comité d'entreprise, à défaut des délégués du personnel sur la formation professionnelle, est une obligation légale pour les entreprises de plus de 50 salariés.

Chaque année, l'employeur doit obligatoirement informer et consulter le comité d'entreprise sur le plan de formation de l'entreprise. Le Code du travail fixe des dates butoirs pour remplir ces obligations et en précise le contenu.

Préalablement à ces consultations sur le plan, le comité d'entreprise a donné son avis sur les orientations de la politique de formation de l'entreprise.

Rappel et modification de l'article L. 934-4 du Code du travail sur la consultation des instances représentatives : « [...] Le comité d'entreprise donne en outre son avis sur les conditions de mise en œuvre des contrats et des périodes de professionnalisation définis au titre VIII du présent livre ainsi que sur la mise en œuvre du droit individuel à la formation prévu à l'article L. 933-1 […] ».

Afin de permettre aux membres dudit comité et, le cas échéant, aux membres de la commission prévue à l'article L. 434-7 de participer à l'élaboration de ce plan et de préparer les délibérations dont il fait l'objet, le chef d'entreprise leur communique, trois semaines au moins avant les réunions du comité ou de la commission précités, les documents d'information dont la liste est établie par décret. Ces documents sont également transmis aux délégués syndicaux. « Ces documents précisent notamment la nature des actions proposées par l'employeur en distinguant celles qui correspondent à des actions d'adaptation au poste de travail, celles qui correspondent à des actions de formation liées à l'évolution des emplois ou au maintien dans l'emploi des salariés et celles qui participent au développement des compétences des salariés […]. »

10 septembre au plus tard	Documents à transmettre au CE (liste figurant à l'article D. 2323-5 du Code du travail) : – note sur les orientations année N+1 en matière de formation ; – bilan sur le plan de l'année N ; – déclaration 2483, bilan des conditions de mise en œuvre du DIF et de la professionnalisation… 1er octobre au plus tard
1er octobre au plus tard	Organiser la première réunion de consultation du CE sur le plan de formation
10 décembre au plus tard	Documents à transmettre au CE : le projet de plan année N+1, informations relatives au DIF, aux congés de formation et à la professionnalisation…
31 décembre au plus tard	Organiser la seconde réunion de consultation du CE sur le plan de formation

Le comité d'entreprise doit donc être consulté et émettre un avis sur le bilan et le plan de formation lors de deux réunions spécifiques :

- la première réunion, qui doit avoir lieu pour le 14 novembre au plus tard, porte sur l'exécution des plans de formation de l'année précédente (N-1) et de l'année en cours (N), ainsi que les orientations générales du plan de formation de l'année à venir (N+1) ;

- la seconde réunion, qui doit avoir lieu pour le 31 décembre au plus tard, porte sur le plan de formation de l'année à venir (N+1), ainsi que les conditions de mise en œuvre des contrats et périodes de professionnalisation, et du DIF (décret 2008-716 du 18 juillet 2008, *JO* du 19/07).

Chapitre 2

Les partenaires externes à l'entreprise

L'INGÉNIERIE DE FORMATION DANS LE MARCHÉ DE LA FORMATION

Comme cela a déjà été montré, le marché de la formation professionnelle en France est un marché de prescription à régulation paritaire... Dès lors, et pour comprendre le fonctionnement de ce marché, il convient de définir l'objet de la prestation de formation pour savoir ce qu'elle recouvre dans sa forme marchande. La formation professionnelle est d'abord une activité de services, à ce titre elle obéit à certaines spécificités du management des services qui en conditionne la forme.

Dans un premier temps, il convient de souligner qu'elle est intangible, disponible, promise et prescrite. Puis, force est de constater qu'elle obéit aussi à un principe de servuction (« produire un service »). C'est-à-dire que le client participe à la construction du service avant, pendant et même après la prestation. De ce fait, une attention particulière doit être portée à son évaluation. Pour illustrer cet état de fait, certains parlent plus volontiers de coproduction de la prestation. Quoi qu'il en soit, comme toute prestation de services, la formation professionnelle est le résultat de la rencontre entre l'offre et la demande, lors de laquelle la demande participe à la réalisation de la prestation. Elle obéit à des segmentations particulières qui définissent les modalités de l'offre et les conditions d'achat. Enfin, elle revêt deux aspects prépondérants : l'information et la transmission.

La formation est un service. Un service est intangible. La formation est donc intangible. De ce fait, elle ne peut ni être touchée, ni essayée, ni même restituée ou échangée. Il est bien souvent impossible de la tester avant sa vente ou sa réalisation. Il est aussi souvent difficile d'en faire une réelle démonstration. Cet aspect simple permet toutefois de dégager certaines particularités de son marché :

- Les références d'action prennent une importance considérable.

- Les flux d'informations sont importants durant la phase d'avant-vente. Ils sont plus importants que les flux de matière.

- Du fait de l'absence visible de matière, la quantification du prix est délicate et fera l'objet de discussions.

Par le fait qu'elle est intangible, la formation ne peut être stockée. Par conséquent, sa mise en œuvre nécessite une forte synchronisation entre l'offre et la demande. Les prévisions, l'ingénierie et la planification, les calendriers de programmation… sont des nécessités qui accompagnent en mode projet la mise en œuvre d'une prestation de formation. Cette dernière devrait être cependant disponible, immédiate et adaptable. On parle volontiers de formation juste-à-temps, (JIT : *Just In Time*) et on recherche la flexibilité. En effet lorsqu'un besoin de formation émerge, il convient de le satisfaire au plus vite et au mieux. Si la formation a un coût, son retard, voire son absence, ont eux aussi un coût.

L'achat d'une prestation de services est d'abord un acte de confiance lors duquel acheteur et vendeur se mettent d'accord sur un projet qu'ils contractualisent. Acheter ou vendre de la formation, c'est promettre ou se promettre que l'on met en place une prestation qui devrait rendre le service que l'on en attend. Habituellement, ce service concerne la modification de compétences individuelles et collectives de salariés afin d'accompagner les changements des institutions qui les emploient ou vont les employer. Mais, comme dans toute prestation de services, à la commande, c'est la confiance qui permet de conclure un marché.

Dans sa forme marchande, la promesse en formation est un peu délicate : elle ne concerne pas les résultats attendus de la formation sur le comportement des salariés, mais des moyens mis à la disposition de salariés pour engager leur formation. Il s'agit d'engagements de moyens et non d'engagements de résultats.

Toutefois, cette controverse est souvent présente dans les négociations entre les parties autour d'un certain partage du risque. La demande tente d'orienter vers la prise en compte des résultats : « tous devraient savoir grimper aux arbres au terme de la formation ». L'offre argue qu'il sera plus facile de faire grimper l'écureuil que le poisson rouge. Les parties s'entendent alors sur un contrat définissant un parcours et des moyens permettant aux apprenants d'apprendre à grimper. La promesse est partagée. Elle peut s'appuyer, comme pour toute prestation de services, sur une mise sous assurance qualité qui tend à augmenter la confiance qui prévaut à la négociation.

Comme pour les prestations de services en général, la formation est prescrite. Le besoin de formation ne naît pas spontanément. Il n'est pas non plus le fruit d'une simple envie créée par le marché. Il résulte d'une prise de conscience lente et parfois un peu hypothétique. Différents partenaires interviennent dans l'émergence, puis la formalisation du besoin de formation. Ces partenaires anticipent sur les qualifications des salariés qui seront les utilisateurs de la prestation de formation. Comme cela a été déjà mentionné, les utilisateurs sont des tiers payants. Les prescripteurs de formation peuvent être internes à l'entreprise, être clients, fournisseurs ou externes. Le client réel de la formation est par conséquent difficile à appréhender. Il n'y a dans les faits pas un client, mais un spectre du client.

À l'instar de la plupart des services, la prestation de formation obéit à une logique de « servuction ». À la différence de la production, qui est un acte réalisé avant la vente, la formation est effectivement réalisée avec l'utilisateur au fur et à mesure de son déroulé et généralement après l'acte de vente. De ce fait, et pour engager la totale satisfaction d'un client, les échanges écrits et oraux, les évaluations intermédiaires, sont indispensables à la construction de la prestation, puis à son excellent déroulement. Les enjeux et attentes doivent donc être explicites et formalisés. À défaut, les prestations se construisent sur des implicites qui risquent d'engendrer des malentendus ou de la confusion et génèrent progressivement de l'insatisfaction. La « servuction » contraint à la rigueur de l'évaluation dont les modalités doivent être définies par avance. Certaines bases de la rencontre entre l'offre et la demande obéissent à des logiques de marché plus spécifiques.

Dans cette logique de « servuction », la formation est et sera toujours une prestation dont l'entreprise ne peut se décharger totalement sur un prestataire. Elle en conserve la maîtrise stratégique, prend en charge les salaires des participants, et délègue des collaborateurs comme participants aux actions de formation. L'entreprise cherche à co-investir dans l'action de formation avec les salariés et les prestataires, mais c'est bien un contrat de « servuction » tripartie qui sera délivré entre une institution, ses salariés en formation et un organisme de formation représenté lors de l'action par le formateur.

L'État, les régions, les entreprises et les partenaires sociaux concourent à l'élaboration de la politique de formation professionnelle :

- L'État et les régions se partagent la responsabilité de la mise en œuvre de la formation professionnelle continue.

- Les régions ont une compétence générale, elles sont libres d'élaborer leur politique de formation. L'État exerce des compétences limitativement énumérées par la loi. Pour faciliter la cohérence et l'harmonisation des programmes de l'État et des régions, un comité de coordination a été créé au plan national : le comité de coordination des programmes régionaux de l'apprentissage et de la formation professionnelle.

- Les entreprises sont à la fois les lieux privilégiés de mise en œuvre de la formation et, avec l'État et les régions, elles sont les principaux financeurs de la formation professionnelle continue.

- Les organisations professionnelles et syndicales participent à l'élaboration des dispositions relatives à la formation professionnelle continue, et concourent à leur mise en œuvre par la création et la gestion d'organismes paritaires.

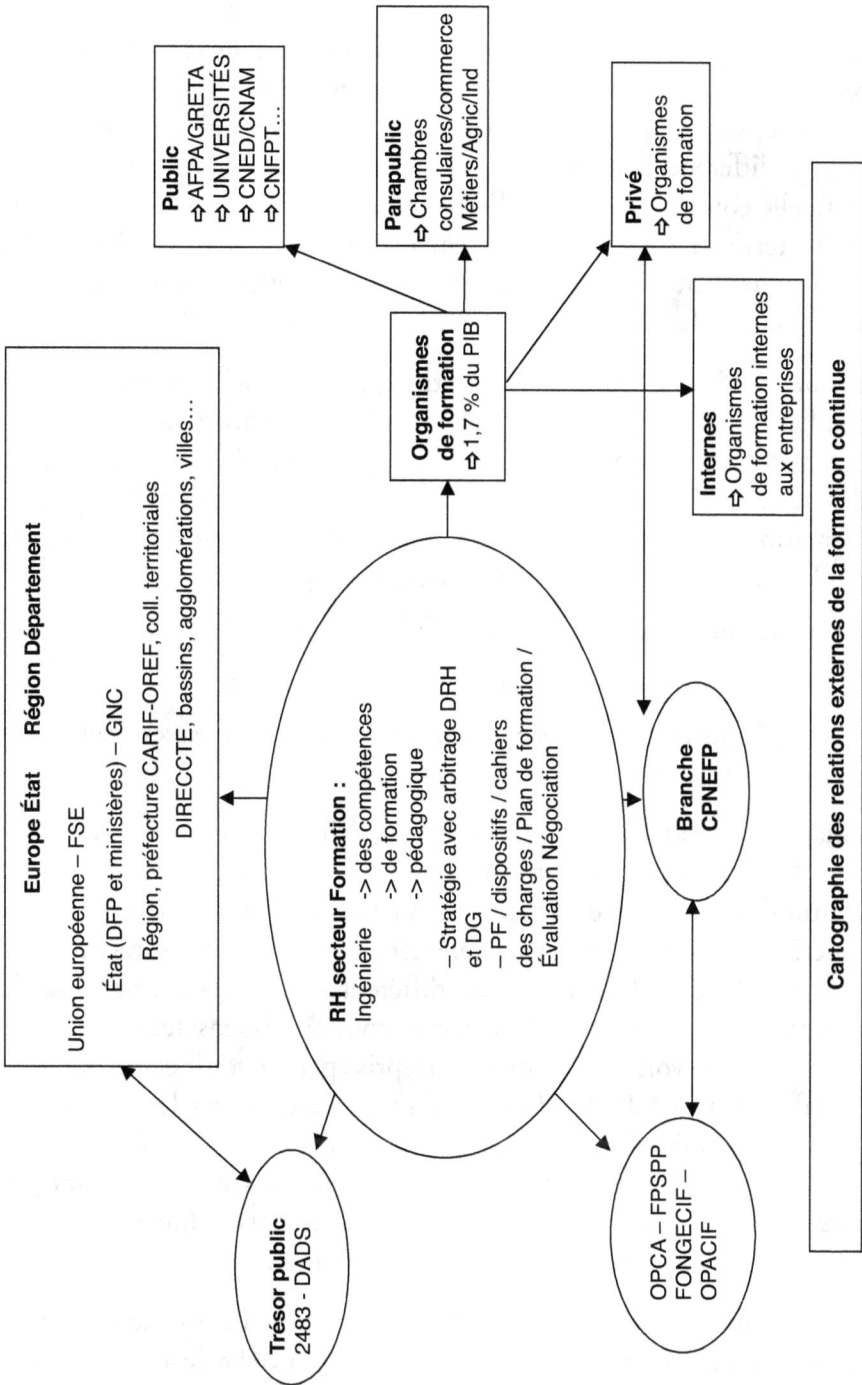

Public
↪ AFPA/GRETA
↪ UNIVERSITÉS
↪ CNED/CNAM
↪ CNFPT…

Parapublic
↪ Chambres consulaires/commerce Métiers/Agric/Ind

Privé
↪ Organismes de formation

Organismes de formation
↪ 1,7 % du PIB

Internes
↪ Organismes de formation internes aux entreprises

Europe État   Région Département

Union européenne – FSE

État (DFP et ministères) – GNC

Région, préfecture CARIF-OREF, coll. territoriales

DIRECCTE, bassins, agglomérations, villes…

RH secteur Formation :
Ingénierie   -> des compétences
            -> de formation
            -> pédagogique

– Stratégie avec arbitrage DRH et DG
– PF / dispositifs / cahiers des charges / Plan de formation / Évaluation Négociation

Branche CPNEFP

Trésor public
2483 - DADS

OPCA – FPSPP
FONGECIF –
OPACIF

Cartographie des relations externes de la formation continue

BASES ET TENDANCES DU MARCHÉ DE LA FORMATION CONTINUE

La mise en place de la formation professionnelle dans sa forme actuelle remonte au début des années 1970. Depuis, un véritable marché a été ouvert et développé par les acteurs. Il est aujourd'hui bien présent et engage différents acteurs. Dans sa forme actuelle, la formation professionnelle continue mobilise l'État, ainsi que les entreprises, les collectivités territoriales, les établissements publics, les établissements d'enseignement publics et privés, les organisations professionnelles, syndicales ou familiales et un corps de formateurs.

Les dispositions relatives à la formation professionnelle continue sont le résultat d'initiatives des partenaires sociaux définies dans le cadre d'accords collectifs négociés avec l'État, puis formalisés dans des lois et des décrets. En fonction de leur statut et des problèmes spécifiques de formation que peuvent rencontrer les individus, les partenaires sociaux et l'État ont créé et mis en place différents dispositifs :

- actions de formation, stages, droit individuel à la formation ;
- formations en alternance et professionnalisation ;
- congé individuel de formation, bilans de compétences, validation des acquis, etc.

Financeur, décideur, organisateur, bénéficiaire, l'entreprise constitue de fait l'entité pivot du système de la formation professionnelle continue des salariés d'entreprises. Au regard de la loi de 1971, trois fonctions lui sont plus particulièrement dévolues : financement, décision et utilisation. L'analyse de ces différentes fonctions permet aussi de constater l'importance de l'entreprise comme dispensateur de formation. La loi prévoit en effet que l'entreprise peut investir cette fonction. En effet, l'article L.950-2 du Code du travail stipule que les employeurs peuvent s'acquitter de l'obligation de participation « *en finançant des actions de formation au bénéfice de leurs personnels. Ces actions sont organisées dans l'entreprise elle-même...* » ; ainsi l'employeur finance la rémunération des stagiaires et le fonctionnement des stages.

Dans les faits, certaines entreprises dépassent largement cette obligation légale en investissant chaque année parfois jusqu'à 10 % de leur masse salariale. La formation professionnelle continue est un secteur économique important qui représente chaque année près de 1,7 % du produit intérieur brut français. Il évolue suivant la conjoncture. Un contrôle peut être effectué, il porte sur la réalité et la validité des dépenses déclarées. En effet, chaque entreprise doit justifier qu'elle a bien rempli son obligation légale de versement. Elle l'atteste par la déclaration fiscale 2483 adressée pour le 30 avril de chaque année aux impôts indirects.

Le premier indicateur de l'évolution du marché de la formation professionnelle continue en France est donc la consolidation des taux de participation financière à l'effort de formation déclarés chaque année par les entreprises. L'exploitation des déclarations fiscales 2483 concernant cette contribution relative à la formation professionnelle est, depuis la loi fondatrice de 1971, l'élément le plus ancien et le plus régulier dans la production statistique sur la formation professionnelle continue. Cette source est régulièrement analysée par le CEREQ[1]. Elle permet de constater des tendances sur les dépenses des entreprises, le volume physique des formations et leurs principales caractéristiques : plan de formation, congé individuel de formation (CIF), formations en alternance, durée des formations, coût unitaire moyen, etc.

Si l'on observe globalement les grandes tendances depuis la mise en œuvre de la loi sur la formation professionnelle, on constate que le taux de participation financière des entreprises assujetties a pratiquement doublé depuis 1971. Toutefois, l'observation des déclarations fiscales récapitulatives de ces contributions permet de mettre en évidence trois grandes périodes[2].

La mise en place de la loi

L'obligation légale est considérée comme une contrainte. Le recours à la formation continue par les entreprises de plus de 500 salariés est surtout perçu comme un moyen de respecter une obligation. Ainsi, le taux de participation reste stable dans ses débuts et n'entame de véritable croissance qu'à partir de 1976. La formation dispensée est alors plutôt centrée sur les besoins individuels des salariés.

---

1. www.cereq.fr
2. Dares, Insee, *La formation continue en entreprise*, Liaisons sociales, 1998.

Les années 1980

Cette période est caractérisée par des investissements lourds tant technologiques qu'organisationnels. Par ailleurs, en période de crise, la formation devient un moyen de régulation interne et un outil de dialogue social avec les syndicats. Les entreprises s'efforcent de répondre de façon ponctuelle à leurs besoins en saisissant les opportunités offertes par les pouvoirs publics. Ainsi, de nombreuses aides publiques et subventions sont accordées aux entreprises sans attente explicite de retour. Grâce à ces financements, le taux de participation des entreprises s'envole. Parallèlement, on observe une diminution du coût horaire favorisant sans doute une généralisation des conditions d'accès aux stages.

La dernière décennie

Cette période est marquée par la mondialisation des marchés et par l'évolution du contexte socioculturel qui obligent les entreprises à s'adapter. De nouvelles demandes apparaissent. Simultanément, les entreprises mènent une véritable chasse aux frais généraux qu'elles cherchent à optimiser. Dans ce contexte, le taux de participation des entreprises se tasse dès 1994 ; le marché de la formation se stabilise. L'inflexion de la tendance est principalement perceptible dans les grandes structures (+ de 2 000 salariés), où l'on assiste à une véritable diminution des dépenses, de 5,14 % en 1993 à 4,35 % en 2000. Ceci peut s'expliquer partiellement par les démarches de marketing achats mises en place dans ces structures.

Après plus de trente années d'existence, la formation professionnelle est devenue un secteur économique marchand à part entière. Les entreprises de 10 salariés et plus enregistrent un taux de participation financière qui s'élève à 3,18 % en 2000 et reste assez stable autour de 3,2 % depuis. L'évolution du taux de participation financière sur les cinq dernières années montre des variations importantes selon la taille des entreprises. Ainsi, l'effort de formation diminue régulièrement dans les entreprises de plus de 2 000 salariés, alors qu'il est maintenu dans les entreprises de petite taille.

D'après les études du CEREQ, le taux d'accès à la formation et le taux de participation financière des entreprises continue à varier fortement d'un secteur à l'autre. On trouve ainsi des secteurs qui enregistrent un taux de participation financière nettement supérieur à la moyenne nationale de 3,2 % : transports aériens et spatiaux, production et distribution d'électricité et de gaz ou fabrication des équipements électriques et électroniques…

À l'opposé, certains secteurs se trouvent encore fort proches de l'obligation légale en matière de participation financière : la pêche et l'aquaculture, le travail du bois, l'industrie du cuir et de la chaussure ou la construction travaux et finitions. Si l'on analyse le taux d'accès des salariés d'entreprise à la formation professionnelle certains secteurs enregistrent des taux plus élevés : banques, postes et télécommunications, production et distribution d'eau, raffinage et industrie nucléaire.

LES FINANCEURS

La formation professionnelle continue est financée principalement par l'État, les régions et les entreprises. Les compétences respectives de ces acteurs sont régies par la loi. Si l'État, les régions et les entreprises participent au financement de la formation professionnelle continue chacun dans leur domaine, des possibilités de cofinancement sont encouragées, comme par le biais des EDEC. Deux marchés sensiblement différents sont donc présents : le marché de la formation public et le marché privé.

Le marché public

Il se construit en réponse à la demande de l'État, des collectivités et des administrations. Les volumes sont souvent importants. Les tarifs pratiqués sont moindres et les délais de paiement généralement plus longs. Ce marché fonctionne souvent hors TVA. Plus de la moitié de la dépense globale en formation est consacrée aux actifs occupés. Le reste concerne les demandeurs d'emploi pour 22 % et la première insertion pour 18 %.

Le marché privé

Il se construit en réponse aux attentes des entreprises. Il est assujetti à la TVA[1]. Toute entreprise concourt au développement de la formation professionnelle

1. Statut particulier pour les associations 1901 notamment.

continue en participant chaque année au financement d'actions de formation, de bilan de compétences, ou de validation des acquis de l'expérience.

Dans ce système, lorsqu'elles ont recours à une offre externe, les entreprises et les collectivités définissent la demande. Cette demande est donc construite par des besoins et des attentes des salariés en poste et en fonction. Il s'agit d'une activité majeure de l'ingénierie de formation.

Le financement de la formation professionnelle continue provient aussi de la collecte des fonds de formation effectuée par les Organismes Paritaires Collecteurs Agréés (OPCA). Ils sont régis par les partenaires sociaux. Les agréments délivrés à ces OPCA expiraient le 31 décembre 2011[1].

LES ORGANISMES DE FORMATION

« *Le travail de formation ne peut plus être réduit à sa seule dimension d'activité pédagogique. C'est également une activité économique, particulièrement pour les organismes de formation initiale et continue.*[2] » Cette activité économique s'inscrit dans le cadre légal régissant la formation professionnelle continue des adultes. Mais ce marché, conforme à bien des marchés de services, est par ailleurs assez singulier pour les raisons suivantes :

- il est régulé par un cadre législatif qui oriente le service et tempère le marché ;
- il est relativement émietté et difficile à cerner dans ses évolutions ;
- c'est un dispensateur de prestations de services par prescriptions et sous régulation paritaire ;
- il s'adresse à des usagers sous couvert de tiers payants ;
- il s'est constitué récemment et s'est rapidement professionnalisé ;
- il est en mutation avec la réforme récente.

---

1. Voir partie sur les OPCA, p. 51.
2. D'Iribarne A., « Les stratégies marchandes de la formation », in *Sciences Humaines,* n° 40.

En réponse aux demandes des entreprises ou des collectivités, et aux attentes des salariés, les organismes de formation (OF) structurent le marché en développant et proposant des offres sur catalogue ou sur mesure. En 2005, on dénombrait près de 45 000 organismes de formation. Ils se partagent le marché de la formation dont l'accès est libre, sous réserve d'obtenir un numéro d'existence. L'obtention d'un numéro d'habilitation, devenu numéro d'existence, était relativement simple.

Publiée, la circulaire DGEFP-GNC n° 2002-47 a rendu plus rigoureuse la déclaration d'activité qui remplace la déclaration d'existence. Dans ce cadre, toute personne physique ou morale qui exerce, à titre principal ou accessoire, l'activité de dispensateur de formation professionnelle doit, lors de sa création, déclarer son activité. Par la suite, elle doit établir chaque année un bilan pédagogique et financier retraçant son activité, appliquer des règles comptables spécifiques et respecter, dès lors qu'elle emploie des formateurs, la convention collective nationale des organismes de formation. Les organismes étrangers exerçant en France appliquent pour leur part des règles particulières.

En effet, les organismes dont le siège social se trouve à l'étranger et qui exercent leur activité en France doivent désigner un représentant domicilié sur le territoire, afin de répondre en leur nom aux obligations relatives à la réglementation sur la formation professionnelle continue. En revanche, les organismes de formation dont le siège social est situé dans un État membre de l'Union européenne ou dans un État partie à l'accord sur l'Espace économique européen, et exerçant de façon occasionnelle sur le territoire français, sont dispensés de cette obligation.

Près de 7 500 organismes font de la formation professionnelle continue des adultes l'objet de leur activité à titre principal (code NAF 804C). Ces organismes de formation peuvent être répartis en cinq grandes catégories.

Les organismes publics et parapublics de formation

* Les établissements qui dépendent du ministère de l'Éducation nationale : CNED, CNAM, GRETA, DAFCO, etc.

• Les organismes qui dépendent d'autres ministères : l'AFPA (Association nationale pour la formation des adultes) placée sous tutelle du ministère de l'Emploi et de la Solidarité ; les centres de formation professionnelle et de promotion agricole, placés sous la tutelle du ministère de l'Agriculture.

• Les chambres consulaires (chambres d'agriculture, de commerce et d'industrie, des métiers).

Les organismes privés

• Les organismes à but non lucratif (association loi 1901).

• Les organismes privés lucratifs qui développent des offres externes (CEGOS, DEMOS, CNOF, etc.). Ces organismes proposent plutôt des offres transversales liées au management. Ils développent des prestations de services et parfois des outils de formation.

• Les organismes de formation internes de grandes entreprises qui ont parfois une existence propre. Ces organismes développent plutôt des offres spécifiques concernant le cœur de métier des entreprises dont ils sont issus ou des programmes de management destinés à leurs cadres dirigeants. Ces organismes de formation privés et internes aux entreprises peuvent aussi assurer des prestations à destination de clients ou de fournisseurs, voire de confrères.

Les organismes de droit privé dont l'activité principale est la formation professionnelle continue doivent appliquer la convention collective nationale du 10 juin 1988 étendue par arrêté du 16 mars 1989, intégrant l'accord du 6 décembre 1999 relatif à la réduction du temps de travail (brochure n° 3249). Cette convention collective fixe un certain nombre de règles en matière de conditions d'emploi et de travail des formateurs et du personnel administratif, et notamment des formateurs occasionnels. L'organisme de formation peut en effet faire appel, ponctuellement, à des formateurs extérieurs : soit des travailleurs indépendants (sans lien de subordination avec l'organisme et dûment déclarés), soit des salariés sous contrat à durée déterminée. Dans ce dernier cas, et si le formateur intervient moins de 30 jours par an pour l'organisme de formation, celui-ci peut calculer les cotisations de Sécurité sociale dues, non pas sur le salaire réellement versé à l'intervenant occasionnel, mais sur une assiette forfaitaire. Concernant cette question, on peut se reporter aux informations figurant sur le site de l'Urssaf.

Les organismes de formation internes aux entreprises

Ils peuvent ou non être filialisés. Ils peuvent dispenser des prestations de formation aux salariés de l'entreprise, être ouverts à d'autres salariés de la branche ou du secteur, voire aussi plus largement à un grand public dans une logique de prestation marchande. Ils peuvent aussi être ouverts aux clients, prospects ou fournisseurs de l'entreprise :

• Internes déclarés prenant en charge la formation des salariés de l'entreprise.

• Internes déclarés et filialisés prenant en charge la formation des salariés des clients prospects et fournisseurs, voire confrères.

Les organismes de bilan de compétence

Dans les faits, deux prestataires interviennent effectivement dans la formation professionnelle continue : les organismes de formation et les organismes de bilan de compétences. Les organismes de bilan de compétences doivent répondre à certaines exigences, notamment en termes de méthodologie et de déontologie. Ils représentent néanmoins une faible part du marché.

Avec près de 45 000 organismes actifs de formation, le marché de la formation professionnelle est très atomisé si on le compare à de grands marchés tels que l'automobile, les composants, l'industrie énergétique, les transports, etc. Mais, à l'instar du marché de la distribution, il peut apparaître à certains égards relativement concentré sur un petit nombre d'opérateurs actifs, tout en étant éclaté par le grand nombre de prestataires présents. En effet, 76 % des prestataires de formation font un chiffre d'affaires inférieur à 76 500 €, et un tiers du chiffre d'affaires de la formation professionnelle est réalisé par 7 600 organismes. Seulement 2 % des organismes de formation déclarent plus de 3 millions d'euros de chiffre d'affaires. S'il n'y a pas aujourd'hui, loin s'en faut, des

Carrefour, Auchan et encore moins Wal-Mart de la formation, il y a bien sur ce marché quelques opérateurs de taille significative cohabitant avec une myriade de petites structures.

Obligations et pratiques des organismes de formation

Tout dispensateur de formation professionnelle est tenu de produire chaque année un bilan pédagogique et financier. Ce bilan pédagogique et financier est une déclaration obligatoire. À ce sujet, l'article L. 920-5 du Code du travail précise que les organismes de formation enregistrés auprès de la préfecture de région doivent remettre chaque année à l'État :

- un document retraçant les sommes perçues au titre des conventions ;
- un bilan pédagogique et financier ;
- un bilan comptable du dernier exercice clos ;
- le compte de résultat comptable du dernier exercice clos ;
- l'annexe comptable du dernier exercice clos.

Le non-respect de cette obligation est sanctionné pénalement et peut remettre en cause le numéro de déclaration d'existence et donc l'activité de dispensateur de formation (article L. 993-2 du Code du travail).

Ce bilan pédagogique et financier est adressé par les services de contrôle de la Direccte ; il est à renvoyer auprès de ces services au plus tard le 30 avril de chaque année.

Sur le marché de la formation, le produit dominant reste le stage de formation. Les formations dispensées dans ce cadre par les organismes sont plutôt de courte durée. Dans 60 % des cas, elles ne dépassent pas 40 heures. Seules 17 % des actions de formation durent plus d'un mois. En dehors du stage classique, on trouve d'autres produits comme le coaching, la formation ouverte et à distance (FOAD) et la formation au poste de travail. En ce sens, 83 % des entreprises déclarent effectuer des actions de formation directement réalisées sur le poste de travail. Bien que ces actions soient difficilement identifiables, il semble que les catégories socioprofessionnelles dites du bas de l'échelle en bénéficieraient plus largement.

Une enquête de la FFP[1] montre que la moitié de l'activité des organismes de formation est réalisée dans trois domaines : les formations générales, préprofessionnelles et d'insertion, les formations spécifiques à des métiers et les formations linguistiques.

Parmi les autres domaines, l'informatique et la bureautique se maintiennent en 4e position, puis viennent les formations à l'encadrement, au développement personnel et à la communication. Les formations commerciales enregistrent une assez forte baisse, tandis que les formations au droit, à la finance et à la gestion sont en progression.

Les analyses prévisionnelles portent à croire que la demande de formation en bureautique et langues devrait diminuer dans les prochaines années puisque les jeunes entrant sur le marché du travail sont sans doute déjà mieux formés dans ces domaines.

LES FORMATEURS

La construction de ce marché de la formation ne va pas sans la constitution d'un corps de professionnels qui lui est dévolu. En introduction d'un article sur l'évolution des métiers de la formation, S. de Witte[2] relevait que « *la mobilisation massive en réaction à l'exclusion a aussi eu pour conséquence, depuis 1971, la levée d'une véritable armée pour intégrer la formation professionnelle* ». Face à cette croissance du secteur de la formation, au début des années 1990, l'exigence d'efficacité conduit les professionnels en place à structurer la profession : « *Chaque profession, en ce qu'elle se spécialise génère des concepts, des méthodes, des outils et du jargon. Pour pouvoir se faire comprendre, il ne lui reste guère d'autres ressources que d'élever le niveau de compréhension de ses partenaires. Plus on fait l'objet d'une demande forte, plus on doit aider cette demande à se structurer.* » Enfin, pour S. de Witte, la profession formation est aujourd'hui véritablement structurée et parfaitement reconnue. Elle

---

1. www.ffp.org
2. De Witte S., « L'évolution des métiers de la formation au début des années 90 », in *AFP*, n° 103.

n'a plus à convaincre de son utilité, mais elle doit certainement entreprendre un effort de vulgarisation pour mieux communiquer avec ses clients.

Malgré ces observations, la fonction formation ne constitue pourtant pas encore une entité homogène et aisément saisissable. Pour G. Jobert[1], en revanche, la profession est plutôt vécue comme « *une position conquise par un groupe de praticiens à un moment historique donné* ». La situation actuelle de la profession en évolution depuis plus de 25 ans ne va pas sans quelque amertume, en considérant ce qui faisait l'engagement militant des formateurs de la fin des années 1970 : « *La motivation idéologique des formateurs s'est prolongée quelque temps après la loi de 1971, avant que le marché s'organise et que la crise réduise les formations au traitement de l'emploi et de l'adaptation professionnelle.* »

Aujourd'hui la fonction de formateur remplit toutes les conditions d'existence d'une réelle profession : la réponse à un besoin social à satisfaire, la possession d'un savoir-faire singulier aux résultats mesurables et la présence d'une éthique et d'institutions. En 1981 par exemple, la Chambre syndicale des formateurs consultants a été créée. Elle regroupe actuellement des professionnels indépendants et se donne pour objectif la défense et la représentation des professionnels de la formation en tant que personnes physiques. Plusieurs statuts sont utilisés par les formateurs : indépendant, intervenant au sein d'un organisme de formation ou au sein d'un service formation d'une entreprise.

Au sein des organismes de formation, les formateurs sont souvent en situation précaire. En effet, 40 % d'entre eux sont en CDD. Un poste sur deux est occupé à temps partiel. 80 % des formateurs possèdent un niveau d'études supérieur au BAC. Cette profession est plutôt féminisée avec une majorité de 56 % de formatrices. Seulement 16 % ont une ancienneté supérieure à 5 ans. À plus de 80 %, les formateurs bénéficient d'une expérience autre que celle de la formation. Acquise pendant plus de 10 années (47 %) par l'exercice, l'expertise n'en est pas moins « volage »

---

1. Jobert G., « La professionnalisation des formateurs, approche sociologique », in *AFP,* n° 103.

et périssable. Les formateurs sont donc majoritairement formés en dehors du cadre de la formation professionnelle et, s'ils ne consentent pas à un réel effort de formation continue durant leur activité de formateur, leur expertise est périmée à 5 ans. Ils doivent intégrer un modèle qu'ils entretiennent et dont ils ne sont pourtant pas issus.

Les formateurs permanents ne représentent souvent qu'un faible pourcentage du personnel interne des organismes de formation. Leurs perspectives d'évolution de carrière au sein des organismes de formation sont souvent limitées et consistent à devoir s'orienter vers des fonctions plus administratives ou commerciales. Aussi, le turn-over est plus fort dans cette profession que dans d'autres secteurs économiques. La population des formateurs en organismes de formation aurait du mal à se stabiliser au sein des organismes.

Au sein des organismes de formation, quatre familles de praticiens ont été relevées : les animateurs de dispositifs, les ingénieurs et concepteurs, les commerciaux et les managers. Dans les faits, chaque formateur occupe plusieurs de ces différentes fonctions. Les grandes tendances dues à l'évolution du contexte, et ses répercussions sur les pratiques de formation, sont la diminution du stage en « face à face » et, pour les organismes de formation, l'obligation d'entrer dans des démarches transverses puisque la formation aux métiers est assurée directement par la branche ou l'entreprise.

En entreprise, les trajectoires qui conduisent à occuper des fonctions de formateurs sont diverses, variées et surtout singulières. On constate souvent qu'occuper des fonctions en formation est une période de transition entre des fonctions techniques accomplies et une véritable responsabilité d'encadrement. Un bon technicien agent de maîtrise, par exemple, passera par la formation quelques années afin de savoir transmettre son expertise avant d'intégrer réellement le management.

Aujourd'hui, cette fonction formation est en pleine diversification. Les bases de connaissances sont accessibles par les réseaux. Si le stage de formation en « face à face » est encore le modèle dominant, le formateur se doit d'intégrer les expertises complémentaires à la sienne et doit passer d'un rôle d'expert dispensateur à celui d'ingénieur, et d'accompagnateur. En effet, il ne suffit plus de transmettre une expertise, il faut aussi vérifier qu'elle est exhaustive, puis s'assurer que les stagiaires l'assimilent.

LE CONTRÔLE DE LA FORMATION PROFESSIONNELLE

D'après les lois du 16/07/1971, du 31/12/1975, du 24/02/1984, du 04/07/1990, du 20/12/1993 et du 16/12/1996, par l'article 75 de la loi quinquennale du 20 décembre 1993, la compétence juridique et le pouvoir des inspecteurs et contrôleurs de la formation professionnelle ont été élargis et renforcés. Des notes du Groupe national de contrôle (GNC) et la jurisprudence complètent des différents textes. Le contrôle porte sur la réalité et la validité des dépenses justifiant que l'entreprise a bien rempli son obligation du 1,6 %.

Un versement complémentaire est dû par l'entreprise si les dépenses refusées par le contrôleur situent l'entreprise en dessous de son obligation de participation (on peut éventuellement avoir recours à des excédents des trois exercices précédents et non affectés). La déclaration 2483 adressée généralement pour le 30 avril aux impôts indirects en deux exemplaires subit deux traitements différents.

Le contrôle par la direction des impôts

Ce service apprécie :
- L'obligation de participation.
- Le respect des délais prescrits (pour le 30 avril), avec possibilité d'amende si le dépôt est tardif.
- Le nombre de procès-verbaux de délibération des comités d'établissements joints (et donc, éventuellement, la pénalité des 50 % de l'obligation légale).
- La détermination du montant de la participation et le contrôle de l'assiette.

Le contrôle par le Groupe national de contrôle

Ces services spécialisés ont un double rattachement : hiérarchique auprès du commissaire de région et opérationnel auprès du Groupe national de contrôle chargé de donner les instructions et d'harmoniser les usages de chaque cellule de contrôle.

« Des agents commissionnés par l'autorité administrative de l'État sont habilités à exiger des employeurs la justification qu'il a été satisfait aux obligations imposées par la loi et à procéder aux contrôles nécessaires. Ces agents sont également habilités à procéder au contrôle des dépenses effectuées par les organismes de formation pour l'exécution des conventions ainsi qu'à exercer le contrôle des recettes et des dépenses des fonds d'assurance formation, et des organismes paritaires agréés » (loi du 24/02/1984). L'intervention peut prendre deux formes :

- Contrôle « sur pièces » : demande de doubles de justificatifs des dépenses exposées dans la déclaration (par exemple, détail des frais de fonctionnement ou de personnel enseignant).

- Contrôle « sur place » : le contrôleur annonce sa venue et précise généralement les années qu'il va contrôler.

La loi du 31 décembre 1975 lui confirme son pouvoir d'investigation et d'injonction. *« Les employeurs et les organismes de formation sont tenus de présenter auxdits agents les documents et les pièces de nature à établir la réalité et le bien-fondé des dépenses afférentes aux actions de formation. À défaut, ces dépenses sont regardées comme non justifiées et ne libèrent pas l'employeur de l'obligation qui lui incombe »* (loi du 24/02/1984). Une note du ministère de l'Éducation nationale du 16/03/1982 précise ce qu'il faut entendre par réalité et validité de la formation externe.

Si l'on en croit le rapport de la DGEFP (Délégation générale à l'emploi et à la formation professionnelle), intitulé « Le contrôle de la formation professionnelle en 2003 et 2004 », rendu public en juin 2006 par La Documentation française, il semble difficile de contrôler les circuits empruntés par quelque 23 milliards d'euros, alors que cette tâche est impartie à près de 150 agents du ministère du Travail. Ceux-ci étaient, en effet, en charge des missions de contrôle de la formation professionnelle au 30 juin 2005, contre 115 en 2003 et 143 en 2004 (en équivalent temps plein).

Statutairement, les agents en charge des vérifications peuvent être des contrôleurs de travail, des inspecteurs ou des inspecteurs principaux de la formation professionnelle, des inspecteurs, directeurs adjoints ou directeurs du travail. En moyenne, sur quatre années d'exercice (2001 à 2004), les inspecteurs et contrôleurs du travail affectés au contrôle de la formation professionnelle ont effectué douze vérifications chacun. Entreprises, organismes de formation et collecteurs de fonds en sont les sujets. En 2004, 2 073 opérations de vérification ont été diligentées, soit 1,4 % des structures concernées, contre 1 366 contrôles, un an auparavant. Ainsi, en 2004, 1 237 contrôles ont été réalisés sur la participation à la formation de la part des employeurs de 10 salariés et plus (79 millions d'euros contrôlés).

Le contrôle administratif se révélant de plus en plus difficile, la DGEFP avance que le renforcement du rôle des collecteurs des fonds de la formation professionnelle ou de la taxe d'apprentissage amènera ces organismes à jouer, par la force des choses, « un rôle de plus en plus important dans la régulation » de la formation professionnelle, donc dans le contrôle même. Mais, pour que les contrôlés deviennent contrôleurs, les auteurs du rapport de la DGEFP estiment que l'État doit s'assurer de « la fiabilité des systèmes de régulation collective et contractuelle mis en place ». Et de plaider en faveur d'une « fonction stratégique et permanente d'audit système », complétée et éclairée par les contrôles traditionnels de terrain.

L'État n'entend pas pour autant abandonner tout rôle : le projet de loi de finances pour 2007 fixe à 1,3 % la proportion des entités contrôlées par rapport à l'ensemble du champ du contrôle de la formation professionnelle, soit 3,4 % de la masse financière, contre 2,5 % en 2004.

Réglementairement, les agents en charge du contrôle de la FPC sont les inspecteurs/contrôleurs du travail et les inspecteurs de la formation professionnelle. Toutefois, depuis la loi du 24 novembre 2009, le contrôle de la FPC peut être effectué par les agents de la fonction publique de catégorie A, placés sous l'autorité du ministre chargé de la formation professionnelle. Leurs missions couvrent le contrôle administratif et financier (vérification du respect de l'obligation de participation). Ils recherchent et peuvent constater par procès-verbal des infractions commises par l'employeur en matière de formation à partir du contrôle sur pièce du respect de la réglementation.

Les OPCA

Toute entreprise assujettie à l'obligation de participer au financement de la formation professionnelle peut être tenue de verser tout ou partie de ses contributions aux organismes créés par les partenaires sociaux, agréés par l'État, auxquels elle adhère. Les OPCA peuvent recevoir deux types d'agrément : celui autorisant la collecte des contributions au titre des contrats de professionnalisation, des périodes de professionnalisation, du DIF et du plan de formation ; et celui permettant la collecte des fonds destinés au congé individuel de formation (CIF).

En contrepartie, ces organismes développent des services de proximité au bénéfice des entreprises adhérentes ou des salariés : conseil, information, aide à l'élaboration des projets de formation, etc. Ils prennent également en charge le financement des actions de formation.

Les OPCA sont créés par voie d'accords conclus entre organisations syndicales d'employeurs et de salariés. Chaque accord définit son champ d'application (géographique, professionnel ou interprofessionnel), la composition paritaire du conseil d'administration et les règles de fonctionnement de l'OPCA (conditions de prise en charge des formations…). Pour collecter et gérer les contributions des entreprises, les organismes collecteurs doivent impérativement obtenir un agrément de l'État, délivré après vérification des capacités et du mode d'organisation de l'organisme demandeur :

- pour la collecte des contributions « plan de formation » et « professionnalisation » ;
- pour la collecte des contributions « congé individuel de formation ».

Sauf dérogation, ces deux agréments ne peuvent se cumuler.

Si l'entreprise entre dans le champ d'application d'un accord collectif étendu prévoyant l'adhésion à un OPCA professionnel ou interprofessionnel désigné, elle est tenue de lui verser ses contributions au titre du plan de formation et de la professionnalisation. L'entreprise employant dix salariés et plus ne peut pas être tenue de verser la totalité de sa contribution au titre du plan de formation. Dans le cas contraire, l'entreprise peut :

- adhérer volontairement à un OPCA professionnel ou interprofessionnel ;

- et/ou gérer elle-même son budget formation.

L'entreprise est aussi tenue de verser sa contribution au financement du congé individuel de formation à un organisme interprofessionnel régional agréé à ce titre : le FONGECIF. Dans certains secteurs (économie sociale, spectacle, agriculture, travail temporaire), l'OPCA professionnel est compétent pour collecter les contributions CIF.

Le financement des actions de formation par l'OPCA

Dans les limites posées par le Code du travail et le ou les accords collectifs qui le régissent, le conseil d'administration paritaire de l'OPCA détermine librement les règles de financement des formations : montant des prises en charge des coûts pédagogiques et/ou des frais annexes, type et durée des actions de formation jugées prioritaires, paiement direct à l'organisme de formation ou remboursement à l'entreprise.

À défaut de dispositions conventionnelles, l'OPCA prend en charge le coût des dépenses de formation des contrats et périodes de professionnalisation sur la base de 9,15 € de l'heure de formation. L'OPCA peut en outre prendre en charge une partie de la formation des tuteurs, et accorder une aide financière à l'exercice des fonctions tutorales.

Enfin, la loi précise que les tâches de gestion d'un organisme collecteur paritaire agréé ne peuvent en aucun cas être directement ou indirectement confiées à un établissement de formation ou à un établissement de crédit. Un seuil de collecte minimum de 6,57 millions d'euros est prévu pour les organismes à compétence nationale. Les objectifs de cette disposition sont une réduction du nombre d'organismes collecteurs et la recherche d'une plus grande rationalité en dégageant une plus grande lisibilité du dispositif, ainsi qu'une meilleure transparence du réseau des organismes. En 2007, il existait 96 OPCA :

- 41 OPCA de branche, destinés à financer le plan de formation des entreprises, les formations en alternance et le capital de temps de formation (sauf un organisme, qui ne gère que l'alternance). Parmi ces 41 OPCA, 12 peuvent également gérer, à titre dérogatoire, le congé individuel de formation (CIF).

- 1 OPCA national interprofessionnel, AGEFOS PME, agréé au titre du plan de formation et des formations en alternance.

- 24 OPCA interprofessionnels régionaux, les OPCAREG, agréés au titre du plan de formation et des formations en alternance.

- 25 organismes interprofessionnels régionaux agréés au titre du congé individuel de formation et du congé de bilan de compétence (FONGECIF).

- 5 organismes nationaux de branche ou d'entreprise agréés au titre du congé individuel de formation CIF (OPACIF).

Les OPCA dans l'ANI du 7 janvier 2009

Au-delà des missions de collecte, de gestion, de mutualisation et de financement des actions, les missions des OPCA et des OPACIF compétents dans le champ de l'accord sont précisées en insistant notamment sur leur rôle d'information et de conseil auprès des entreprises. La transparence des activités des OPCA et des OPACIF compétents dans le champ de l'accord doit être renforcée. Dans ce cadre, et à partir de critères d'évaluation fixés par le CPNFP, les OPCA feront chaque année le bilan financier, quantitatif et qualitatif, de leurs activités qu'ils transmettront, après approbation de leur conseil d'administration, au Fonds paritaire de sécurisation des parcours professionnels (FPSPP).

Dans un souci de meilleure information et de lisibilité, les règles de prise en charge des OPCA et OPACIF compétents dans le champ de l'ANI doivent faire l'objet d'une publicité et d'une large communication selon les modalités adaptées (au-delà du site internet, publications de l'OPCA ou de l'OPACIF...). Ces modalités sont définies par accord de branche et par accord des organisations d'employeurs et de salariés constitutifs d'un OPCA, par le FPSPP et les conseils d'administration des OPACIF.

Le décret du 22 septembre 2010 relatif aux OPCA met en musique le redéploiement de leurs agréments au 1er janvier 2012. De nouveaux critères d'agrément profilent des OPCA plus opérationnels et en proximité avec les entreprises. Un seuil de collecte fixé à 100 millions d'euros leur donne la surface financière pour exercer au mieux leurs nouvelles missions. Les règles de gestion des OPCA s'en trouvent également modifiées (décret n° 2010-1116 du 22 septembre 2010, *JO* du 24 septembre 2010).

Le FPSPP

Les partenaires sociaux ont signé, le 12 janvier 2010, un accord concernant « l'affectation des ressources du Fonds paritaire de sécurisation des parcours professionnels (FPSPP) ». Conclu pour une durée de trois ans, cet accord doit donner lieu à une convention-cadre entre l'État et les partenaires sociaux avant le 1er mars 2010. Le nouveau fonds, entré en vigueur en 2010, est spécialement destiné à la formation des salariés les moins qualifiés et aux demandeurs d'emploi. Il doit permettre de former 500 000 salariés et 200 000 chômeurs supplémentaires chaque année et intervient en parallèle du FISO (Fonds d'investissement social) qui, de son côté, avec un budget de deux milliards d'euros, doit permettre de coordonner les politiques d'emploi et de formation face à la crise économique.

Le FPSPP a donc succédé au Fonds unique de péréquation (FUP) le 12 mars 2010 à l'issue d'un conseil d'administration extraordinaire du FUP puis à la signature d'une convention-cadre avec l'État le 15 mars 2010. L'arrêté portant agrément du FPSPP a ensuite été publié au *Journal officiel* le 16 mars.

Le comité de suivi paritaire mis en place est composé d'un président actuellement issu du Medef, du vice-président CGT et de quatre représentants désignés par le ministre en charge de la formation professionnelle. Ce comité devrait se réunir au moins une fois par trimestre et autant que de besoin. Des points d'étape jalonnent le parcours de mise en œuvre des missions du FPSPP.[1]

L'accord est valable jusqu'au 31 décembre 2012. Les partenaires sociaux souhaitent que « la convention-cadre entre le FPSPP et l'État soit conclue pour une même durée ». Ils ont également décidé de se

---

1. Textes de référence : arrêté du 12 mars 2010 portant agrément du FPSPP (*JO* du 16 mars 2010) ; convention-cadre État/FPSPP 2010-2012 du 15 mars 2010 et son annexe financière prévisionnelle pour 2010.

réunir avant le 30 septembre de chaque année pour « aménager les présentes dispositions pour l'année à venir, sur la base de l'évaluation des actions en cours ».

LES OUTILS DE LA FORMATION

La description du marché de la formation serait incomplète en omettant la présence d'opérateurs et de prestataires qui ne rentrent pas véritablement dans la logique de service, mais qui proposent des produits destinés à la formation. Deux familles de produits sont ainsi développées : des outils de communication pédagogique et des contenus packagés.

Les outils de communication pédagogique sont depuis les origines de la formation directement reliés à la prestation de formation. Tableau noir et craie sont sans doute des ancêtres. Aujourd'hui tout un arsenal plus ou moins sophistiqué vient enrichir, parfois même alourdir, la prestation de formation. En butinant sur les salons dévolus à la formation professionnelle, on remarque :

- du mobilier, des formes dérivées du tableau noir devenu blanc, puis papier, et maintenant interactif ;

- de nombreuses formes de projecteurs, épiscopes, rétroprojecteurs, vidéo ;

- des outils de sondage, de test, de questionnement, d'évaluation, etc. ;

- des outils de gestion de la formation plus ou moins mis en ligne ou en réseau ;

- des outils de développement et d'ingénierie ;

- des outils de communication de type laboratoire de langue, téléphones, réseaux, etc. ;

- et même des stylos spéciaux qui font règles ou pointeurs !

Le développement de ces outils est souvent fortement lié aux situations de travail. Lorsqu'une entreprise communique en réseau avec ses succursales, ses clients ou ses fournisseurs, il est normal que ces mêmes outils puissent faire partie d'un arsenal pédagogique adapté aux situations de formation. Toutefois, drainés par l'offre, certains outils peuvent parfois apparaître comme des gadgets.

Certains éditeurs proposent des contenus plus ou moins packagés pour la formation. Les maisons d'édition, universités, organismes de conseil ou de formation diffusent des livres, et de nombreux supports multimédias parfois mis en réseau. En effet, la formation professionnelle s'appuie sur des corpus de connaissances qui ne sont parfois pas la seule propriété des entreprises. Dans le contexte de la formation professionnelle en France, ces outils doivent intégrer des dispositifs pour pouvoir être imputés sur les budgets de formation.

Les outils de formation constituent de fait un marché visible puisqu'ils peuvent être montrés. Ils sont ainsi exposés sur les salons et obéissent à des logiques différentes de la vente de prestation de services. En tout état de cause, les outils de formation restent des outils, aussi performants soient-ils lorsqu'ils sont mis entre de bonnes mains. Ils ne sont *a priori* porteurs d'aucune vertu intrinsèque. Un marteau, un stylo, un ordinateur, un CD-Rom, une plateforme de formation, etc., ne rendront que les usages que leurs utilisateurs en feront. Si les outils constituent effectivement une faible part du marché de la formation, ils ne peuvent néanmoins obérer ni supplanter les fondements de ce dernier qui, en France, reste bien un marché de services.

EXTERNALISER LA FORMATION

La formation est effectivement une des fonctions RH qui peut avoir recours à une externalisation totale ou partielle. Et de fait, certaines entreprises externalisent tout ou partie de leur activité. Simultanément, d'autres entreprises font le choix d'internaliser et de déconcentrer la fonction formation au plus près de leur ligne managériale.

Externaliser une fonction signifie que le prestataire de services prend en charge la totalité de cette fonction pour une période donnée. Dans ce contexte, on observe que certaines fonctions sont plus souvent externalisées : la logistique, et plus globalement les services généraux, les fonctions de support et l'informatique… Dans le cas d'un choix confirmant l'internalisation de ces fonctions, l'entreprise les investit pour les rendre plus opérationnelles au regard de ses métiers…

Ces décisions de gestion se posent aussi pour la formation. Il est possible de poursuivre dans le modèle d'une internalisation de l'offre de formation. Dans ce cas, celle-ci ne doit pas être disponible en externe et devrait donc correspondre aux compétences stratégiques de l'entreprise. Lorsqu'elle s'engage dans une externalisation partielle ou totale de sa formation, l'entreprise place alors délibérément tout ou partie des actions de formation professionnelle de ses salariés en dehors de son champ d'action.

Certaines actions de formation peuvent être totalement conduites en interne. À l'inverse, d'autres peuvent être déléguées à un prestataire. Il s'agit, par exemple :

- d'actions d'envergure nécessitant une dimension ou des compétences particulières pour des actions internationales ou très urgentes ;

- d'actions de formation « one shot » ne nécessitant pas d'investissements à long terme : lors du lancement d'un nouveau produit ou service, lors de la formation de personnel temporaire… ;

- d'actions de formation nécessitant un arbitrage externe comme lors d'une fusion faisant intervenir deux cultures formation fortes mais différentes ;

- de la gestion administrative et financière de la formation.

Les démarches de délégation de la formation sont spécifiques et innovantes. Elles sont développées en partenariat et construites sur mesure afin de répondre parfaitement aux exigences des promoteurs. De ce fait, elles sont adaptées aux métiers des entreprises clientes, aux publics et aux attentes des équipes de formateurs impliquées. Cinq buts sont généralement assignés : réaliser le diagnostic préalable du projet de formation, concevoir l'architecture et les outils, mettre en œuvre les actions de formation, évaluer les résultats et animer le système de pilotage et de suivi.

Mais, de fait, les deux tendances peuvent cohabiter. Par ailleurs, elles se rejoignent dans toute la partie logistique puisqu'elles reposent sur des formes identifiées et répétitives. C'est une de leur composante qui en constitue certainement une valeur secondaire et permet un accès marché extérieur. Dans un cas comme dans l'autre, différents aspects de la fonction formation peuvent être partagés avec un ou plusieurs prestataires :

- gestion administrative et financière ;

- analyse des besoins ;

- définition et communication du plan de formation ;
- formation des formateurs ;
- mise en œuvre des actions de formation ;
- mutualisation des ressources ;
- production de supports ;
- évaluation, validation et suivi ;
- cogestion de certains partenaires.

Face à un système jugé parfois complexe, l'externalisation de la formation représente un gain de temps et d'efficacité. Un procédé auquel les entreprises ont recours de façon croissante, comme le font remarquer les enquêtes sur le sujet.

Depuis les premiers contrats connus dans ce domaine, comme celui de Ford auprès de l'Apave il y a plus de 10 ans, les prestataires engagés sur ce marché sont encore peu nombreux mais déjà significatifs. À côté des sociétés spécialisées (Cimes, Merlane, Training Orcherstra, Externalis et d'autres), différents acteurs sont présents sur le marché de l'externalisation. Les principaux éditeurs et fournisseurs de logiciels (HR access ou Sopra, par exemple) proposent des solutions, ainsi que les sociétés de service informatique (Accenture, IBM, Arinso…) et les organismes de formation (Cegos, Demos…) ou enfin, parfois, les cabinets d'experts comptables, pour les TPE et les PME de moins de 50 salariés dans une logique de services partagés.

- **Les organismes de formation :** pour eux, cela constitue un prolongement de leurs missions. Certains, comme la Cegos, Demos, le Cesi ou encore l'Apave, ont d'ailleurs conçu une offre spécifique. Leur proximité avec les contenus de formation peut être un atout : connaissance du secteur d'activité, capacité à intervenir en amont avec les clients internes, mise à disposition de plateaux techniques ; ou un handicap : être juge et partie, stratégie pour orienter les demandes sur leur offre.

- **Les cabinets de conseil** de type Accenture, IBM GS proposent d'externaliser la totalité des processus de formation. Leur pertinence provient de leur capacité à disposer d'une vision globale de l'entreprise et à intégrer les grands facteurs d'évolution pour bâtir et déployer des dispositifs de formation de grande envergure sur le plan international et opérer sur des systèmes d'information parfois complexes. La nature et le coût des prestations les orientent plutôt vers de grands groupes.

- **Les éditeurs de logiciel de gestion des ressources humaines** : présents dans l'entreprise grâce à leurs outils de gestion, ils peuvent proposer des prestations connexes d'externalisation principalement centrées sur la gestion administrative (sur le modèle de la paie). En France, des acteurs comme ADPGSI, CCMX ou CEGID proposent leurs services en matière d'externalisation de la gestion de la formation. Si ces acteurs sont susceptibles d'être très performants sur les aspects administratifs et sur l'optimisation de l'utilisation des solutions logicielles, leur connaissance du monde de la formation et leur capacité à intervenir sur le plan logistique ou sur l'ingénierie et le conseil restent encore à construire.

- **Les spécialistes de l'externalisation de la formation** ou de la gestion des ressources humaines. Ils sont encore peu nombreux sur le marché mais les premières expériences menées depuis la fin des années 1990 leur confèrent un certain avantage concurrentiel.

- **Les OPCA :** si la gestion de la formation relève à part entière de leur cœur de métier, ils se trouvent aujourd'hui à la croisée des chemins. Lorsqu'ils interviennent pour une externalisation partielle (système d'information, conseil sur les financements, ingénierie…), ils exploitent les données issues de leurs missions premières. Il existe même une tendance à l'externalisation de la gestion de la formation assurée par des prestataires externes ou structures annexes aux OPCA sous forme de cabinet conseil, telle l'Adefim qui a créé fin 2007 une structure *ad hoc* afin de gérer l'intégralité du plan de formation des sites Areva.

Différentes formules sont souvent invoquées pour mettre en œuvre cette gestion externalisée : solutions ASP, hébergement externe d'applications, tierce maintenance applicative (TMA), infogérance, services de traitement, Business Process Outsourcing, voire Facilities Management… En effet, la mise en œuvre de l'externalisation peut se faire depuis les locaux du client, c'est alors qu'on en vient même à parler alors de Facilities Management. Les applications actuelles du FM les mieux connues sont la restauration, l'entretien, la surveillance… mais aussi l'affacturage ou l'infogérance. L'externalisation se différencie de la sous-traitance par la nature de la relation client/fournisseur qui construit une délégation dans une durée contrôlée par des renouvellements de type bail et des engagements de résultats.

Toutes ces formules d'externalisation de la formation sont différentes, spécifiques pour chaque client et couvrent une palette de prestations pédagogiques et de services associés : conseil pédagogique, assistance pédagogique, assistance logistique ou administrative, assistance sur des opérations importantes d'aide au changement.

Comme dans toute démarche d'externalisation, une étude préalable permet de définir avec l'entreprise la formule la mieux adaptée. Cette phase d'ingénierie est cruciale. Réalisée le plus en amont possible de cette réflexion sur le processus de changement, l'analyse des besoins aura permis d'identifier très précisément :

- le périmètre du changement et les enjeux institutionnels ;
- la stratégie d'action, les budgets ;
- l'analyse des contenus et des représentations ;
- les outils de mise en œuvre et les ressources internes ;
- les résistances humaines et les contraintes organisationnelles.

Mobiliser, catalyser, piloter, accompagner, faciliter, gérer et communiquer sont des actions à développer auprès de tous les acteurs de changement. Les prestataires de services externes aux entreprises s'approprient cette rhétorique. Au sein des Ressources Humaines, la formation participe d'un véritable accompagnement des salariés. Associé à la conception des projets de changement, construits sur mesure, l'externalisation de la formation doit être structurée en fonction :

- des différents acteurs internes et externes, et systèmes de pilotage ;
- des prestataires, de l'OPCA ;
- des budgets ;
- des lieux ;
- des outils, ressources et technologies mobilisables ;
- des délais et du calendrier opérationnel ;

- des modalités d'action qui, en formation, ne sont pas toujours le stage ;
- des indicateurs de réussite et outils d'évaluation ;
- de la couverture de communication.

Puis la formation est déroulée suivant les modalités définies au sein de la réalité sociale qu'est l'entreprise. Au terme de la formation, c'est au sein de cette entreprise en devenir que les salariés doivent agir avec les nouveaux comportements attendus. Les résultats intermédiaires et l'efficacité doivent être évalués et mis sous assurance qualité. La délégation peut aller jusqu'à l'externalisation partielle ou totale d'une ou de plusieurs actions, voire d'un service entier. Les technologies réseau et le e-training permettent de développer au mieux la délégation dans une logique d'entreprise étendue *via* Extranet.

Le projet d'externalisation

L'entreprise qui souhaite externaliser doit d'abord définir le périmètre de l'externalisation recherchée. Un périmètre est à construire au cas par cas en fonction de l'analyse de l'existant et d'une vision cible à 3-5 ans de la fonction formation. Il y a sans doute différentes manières d'envisager la projection de ce périmètre de l'externalisation pour en imaginer la progressivité et en concevoir la pertinence.

L'externalisation totale sur un périmètre défini peut être une des manières : confier à des prestataires externes la totalité du management de la formation sur un périmètre précis (entreprise, établissement, région, population particulière, etc.). Le prestataire assurera toutes les tâches et missions relevant de :

- la construction du plan de formation : recensement et compilation des besoins, cadrage budgétaire, finalisation du plan, préparation de la présentation au CE ;
- la mise en œuvre du plan de formation : planification, inscription, convocation, gestion des annulations et reports, animation du réseau de formateurs occasionnels, achats de formation, logistique des sessions, relations avec les OPCA ;
- le suivi du plan de formation : reporting, saisie dans le système d'information formation et/ou RH, compilation et traitement des évaluations, déclaration fiscale, bilan social.

Dans ce cadre, et dans les fonctionnements à la française, plusieurs domaines semblent *a priori* difficiles à externaliser et devraient rester dans le giron de l'entreprise :

- la définition de la stratégie de formation, fortement liée aux enjeux opérationnels et RH de l'entreprise : définition des orientations générales, choix stratégiques… ;
- la relation avec les clients, principalement lors de l'analyse des besoins, de l'identification des événements et tendances lourdes à accompagner ;
- le dialogue social et les relations avec les partenaires sociaux : si l'instruction et la préparation des dossiers peuvent être aisément confiées à un tiers externe, il est difficilement envisageable de lui demander d'assurer, seul, la relation directe avec le CE.

Mais il peut s'agir d'une externalisation de la gestion de processus transverses. L'entreprise confie dans ce cas à un prestataire externe la gestion d'un processus transverse dans sa totalité, quels que soient les domaines de formation ou les entités concernés :

- la gestion administrative des cofinancements ;
- la gestion des lieux de formation ;
- la gestion des achats de formation ;
- la gestion des évaluations ;
- la production d'outils pédagogiques, etc.

Lorsque ce périmètre est défini, le cahier des charges vient finaliser cette analyse du besoin et permet d'engager un appel d'offres. Quel que soit le prestataire retenu, un projet d'externalisation de la formation est systématiquement géré par phases successives. La première d'entre elles consiste à interroger le marché et à être sûr du prestataire retenu.

L'externalisation n'a pas vocation à résoudre les éventuels dysfonctionnements internes. Les niveaux de services sont spécifiés et mesurés sur une période mensuelle ou trimestrielle. C'est ensemble que sont définis les mécanismes d'application (plafonds, règles de facturation), ainsi que le calendrier de mise en œuvre (calendrier de mesure de ces indicateurs, calendrier d'application).

Chapitre 3

La démarche compétence préalable

LE TRIPTYQUE CONNAISSANCE, PERFORMANCE, COMPÉTENCES

La connaissance

D'un point de vue philosophique, la connaissance ne saurait être absolue, elle est nécessairement inhérente à la finitude du sujet qui la détient. En ce sens, elle s'oppose au savoir qui, dans une acceptation hégélienne en tant que terme et résultat clôturant le processus temporel (et donc fini) de connaissance, peut être qualifié d'absolu dans certaines circonstances. Parce que tributaire du sujet qui la détient, la connaissance est donc non seulement finie, mais également incertaine, fondée sur des croyances érigées en connaissances que les révolutions scientifiques mettent manifestement à mal.

Le concept de compétence est intimement lié à celui de connaissance. La connaissance peut être définie comme un ensemble stabilisé de savoir et de savoir-faire acquis par un individu et mobilisable par ce dernier. La connaissance est donc forgée par des aptitudes, des capacités, la motivation, des sensations. Elle repose sur l'expérience qui permet de construire des représentations du réel.

Selon les modèles du *Knowledge Management*, les connaissances peuvent être tacites ou explicites, individuelles ou collectives. Dans cette approche, on ne s'intéresse pas aux compétences, mais aux connaissances. La compétence étant la capacité à mettre en œuvre des connaissances dans un contexte professionnel donné, et pour répondre aux exigences de l'organisation. L'analyse des connaissances explicites et tacites permet notamment de mieux appréhender comment la compétence collective se structure et se développe.

On considère souvent qu'en entreprise, environ 80 % des connaissances sont tacites. La différence entre le tacite et l'implicite est parfois difficile à cerner. Un enfant sachant faire du vélo ne peut expliquer pourquoi le vélo tient debout quand il roule. Pourtant, il le sait puisqu'il monte dessus. Le savoir est explicite jusqu'au moment où il enfourche le vélo. Savoir pourquoi et comment le vélo tient debout est une connaissance implicite ou tacite, mais cette connaissance pourra aussi devenir explicite[1]. La connaissance s'acquiert. Lorsqu'elle est implicite, elle peut être montrée ; la connaissance explicite peut être démontrée, exposée et expliquée. Elle s'évalue facilement. Les QCM, et autres modes d'évaluation, permettent de connaître rapidement un niveau de connaissance acquis.

La connaissance peut aussi être déclarative, relative aux faits ou procédurale. Connaître les numéros de téléphone est une connaissance déclarative, savoir les retrouver sur le minitel ou l'Internet est une connaissance procédurale. Les connaissances déclaratives sont relatives aux faits, alors que les connaissances procédurales sont relatives aux règles et opérations pour atteindre un but. Savoir que les automobiles utilisent un carburant est une connaissance déclarative, savoir régler un allumage est une connaissance procédurale. Les unes renvoient plutôt à la notion de savoir, les autres à la notion de savoir-faire. Cette distinction entre savoir procédural et déclaratif est très utile en informatique, notamment pour bien discerner ce qui est stocké, déclaré au sein des bases de données et des procédures qui permettent d'y arriver. Selon le modèle de Nonaka, les connaissances peuvent être tacites ou explicites, individuelles et collectives. On constate que, dans la moyenne des entreprises, environ 80 % des connaissances sont tacites.

---

1. Vermersch P., *L'entretien d'explicitation*, ESF, coll. « Pédagogies », 1994.

Typologie des connaissances en entreprise

Connaissances explicites individuelles	Connaissances explicites collectives
Référence à une note écrite, à un dossier personnel	Appel à des bases de données, des ouvrages de référence, textes et publications
Connaissance positionnelle	Normes, plans, standards (qualité…)
Référence à l'expertise statutaire (ingénieur, géomètre, expert…)	Recours à la hiérarchie
	Référence à une règle institutionnalisée
Connaissance technique déclarative, savoir-faire ou méthode	Référence aux performances (objectifs…)
Connaissances tacites individuelles	**Connaissances tacites collectives**
Connaissance automatisée, routines, réflexes	Référence au sens commun
Découverte accidentelle	Référence à la connaissance collective locale
Imagination	Référence à une forme de pensée collective propre à l'organisation
Connaissance pratique	
Connaissance procédurale, compilée	Répertoire d'actions communément utilisé dans l'organisation
	Tradition, culture organisationnelle

La performance

L'origine du terme est anglaise et, dans le monde anglo-saxon, la « performance » est plus facilement liée au domaine du spectacle qu'à l'exécution d'un contrat. En français, la « performance » est connotée d'accomplissement et de succès, dès lors, elle est recherchée. Les premières distinctions entre compétence et performance remontent sans doute aux analyses du linguiste N. Chomsky[1] qui établissait une distinction fondamentale entre la compétence linguistique, assimilée à la connaissance de la langue en situation, et la performance linguistique effective de l'usage de cette langue dans ces mêmes situations.

En France, dans une entreprise, la performance est la façon dont l'organisation définit la réussite dans un métier. La performance est l'expression de la compétence dans un contexte déterminé. Elle naît essentiellement de l'interaction entre la compétence, la motivation et le contexte de travail. Le formateur et l'action de formation devront les

---

1. Chomsky N., *Aspects de la linguistique syntaxique*, Seuil, 1971.

traduire en acte. Cette approche est importante car elle montre bien les différents leviers sur lesquels il est possible d'appuyer pour améliorer une performance : la formation, la communication, la rémunération, etc., parce que l'entreprise a pour vocation de valoriser les compétences dont elle dispose, pour développer et accroître ses performances.

Les compétences d'une caissière de supermarché peuvent être nombreuses et constantes. Ses performances en caisse varieront d'un jour à l'autre en fonction de sa place, de son humeur, des clients, du management ou de son tapis de caisse. En entreprise la performance serait donc bien l'expression de la compétence mise en œuvre dans un contexte précis nécessitant l'adaptation. Cette analyse un peu simple montre toutefois que la formation n'est alors pas le seul levier pour accroître les performances.

Pour une activité donnée, la performance dépend de la compétence des individus mise en pratique dans l'activité, et de la dynamique de l'ensemble. Ainsi, la performance d'une organisation est plus que la somme de la mise en acte des compétences des personnes la composant. Dès lors, la compétence collective repose sans doute sur une certaine alchimie commune, un code plus un langage commun, ensemble symbolique de signifiants et de signifiés, et une volonté de coopération.

Il ne suffit plus aujourd'hui de former. Il faut reconnaître les acquis et communiquer les résultats selon une démarche qualité : dire ce que l'on va faire, faire ce que l'on a dit et le montrer. La troisième partie de ce livre détaille cette approche. L'effort d'évaluation n'est complet que s'il s'accompagne d'une réelle prise de responsabilité et que tous, dans une logique d'entreprise étendue, peuvent le constater. La formation était envisagée par la loi de 1971 comme un moment entre deux états du salarié : la situation acquise et la situation requise. La feuille d'émargement n'est pas le seul document qui atteste de ce passage. L'évaluation fait aujourd'hui partie du dispositif de la formation professionnelle continue des salariés d'entreprise. Aucune action, aucun moment de formation ne saurait donc être conçu sans envisager simultanément son évaluation.

Lorsque les présupposés largement partagés concernant connaissance, compétence et performances sont acquis, il est alors possible d'engager une véritable analyse des besoins débouchant sur l'ingénierie de la formation. « *La compétence est le processus générateur du produit fini qu'est la performance (elle-même mesurable et parfois mesurée/évaluée au titre de la compétence).*[1] »

Évaluer la compétence n'est donc pas évaluer une performance. Évaluer un salarié, notamment lors d'un entretien individuel d'évaluation ne doit pas seulement consister à interroger la réalisation de son chiffre d'affaires, mais surtout à faire le point sur ses forces et ses axes de progrès. Il s'agit de réfléchir avec lui sur les actions d'accompagnement qui lui permettront d'agir avec compétence ; lors d'un rendez-vous client par exemple, de transformer le rendez-vous en une vente. Le chiffre d'affaires ne sera qu'un indicateur de performance, obtenu à la fois par la mobilisation des compétences individuelles du consultant, mais aussi grâce à la contribution de facteurs externes, difficilement mesurables.

La compétence

En 30 ans, la compétence est devenue progressivement un concept phare de la formation professionnelle et des ressources humaines. Elle prévaut aux démarches d'ingénierie et notamment à l'ingénierie de formation. En fait, l'apparition du concept de compétences correspond à une adaptation forte du système de la formation professionnelle à la crise de l'emploi.

Au départ, lors de la mise en place de la loi de 1971, les métiers étaient structurés par fonction autour des qualifications et des emplois. Un glissement va progressivement s'opérer en partant du métier, en passant par la notion de qualification pour en arriver à la compétence. « *La qualification représente donc une figure du métier, mais cette figure est adaptée aux conditions d'exercice du travail industriel*[2] ». Avec l'avènement des services et l'évolution des organisations, on passe du concept de qualification qui fait référence, d'une part, à la notion de poste et, d'autre part, aux notions de connaissance et de savoir-faire de la personne sanc-

---

1. Wittorski R., « De la fabrication des compétences », « La compétence au travail », in *Éducation permanente,* n° 135, fév. 1998.
2. Dugue E., « La logique de la compétence, le retour au passé », in *Éducation permanente,* n° 104.

tionnée par une reconnaissance collective (diplôme, classification, etc.), au concept de compétence qui fait plutôt référence à l'individu et à sa capacité à faire face à une situation.

En effet, la qualification s'appuyait sur le niveau acquis au sein d'un système de classification en fonction de critères préétablis par le groupe social et relativement constants pour l'individu (diplôme, savoir-faire, etc.). À l'inverse, la compétence renvoie à des caractéristiques qui dépendent de la situation de travail car il ne s'agit plus, pour l'individu, de savoir mais « d'être capable de » mettre en application ses savoirs dans une situation de travail donné.

Dès lors, les compétences sont mises au centre et au cœur des organisations et des dispositifs de formation. Aujourd'hui, on ne gère plus des emplois ou des hommes, mais des compétences, on ne recherche plus des candidats, mais des compétences et on fait des bilans... de compétences, bien évidemment ! Après avoir littéralement envahi la gestion des ressources humaines, puis le management, la stratégie et l'entreprise au sens large, les compétences touchent aussi le secteur public de l'emploi en France et en Europe.

La compétence est ainsi devenue incontournable en entreprise dans le domaine des ressources humaines. Pour la qualifier et l'utiliser, des outils et méthodes vont être progressivement développés et adaptés : Répertoire Opérationnel des Métiers (ROME) de l'ANPE, Gestion Prévisionnelle des Emplois et des Compétences (GPEC), bilan de compétences, entretiens d'évaluation, analyses de situations, référentiel de compétences, cartographies diverses, *assessment centers*... Ces outils vont aussi venir asseoir le concept et lui conférer une plus grande légitimité même si, comme le souligne G. Malglaive[1] : « *les comportements humains ne sauraient se réduire à leurs apparences observables.* »

La compétence s'appuie sur la connaissance et engendre la performance. Ce triptyque est en fait central pour la compréhension de toute la méthodologie actuelle de la formation professionnelle continue des

---

1. Malglaive G., *Enseigner à des adultes*, PUF, 1990.

© Groupe Eyrolles

salariés d'entreprise. Le terme compétence est issu du latin *competere*, qui signifie « revenir à ». Au fil du temps, ce mot a pris trois sens complémentaires :

- Acception juridique : aptitude reconnue légalement à une autorité publique de faire tel ou tel acte dans des conditions déterminées.

- Acception courante : connaissance approfondie, reconnue, qui confère le droit de juger ou de décider en certaines matières.

- Acception linguistique, issue de l'anglais *Competence* (N. Chomsky) : système formé par les règles (grammaire) et les éléments auxquels ces règles s'appliquent (lexique), et intégré par l'usager d'une langue, ce qui lui permet de former un nombre indéfini de phrases et de comprendre des phrases jamais entendues.

L'utilisation du terme « compétences » en ressources humaines remonte à 1984. M. de Montmollin[1] a alors défini la compétence comme un « *ensemble stabilisé de savoirs, de conduites types, de procédures standard, de types de raisonnement que l'on peut mettre en œuvre sans apprentissage nouveau* ». La compétence a donc été envisagée, dans un premier temps, comme une compétence individuelle. Néanmoins, les développements récents de l'analyse de la compétence marquent l'émergence du concept de compétence collective.

Pour Guy le Boterf[2], la compétence se définit comme le fait de savoir agir de manière responsable et validée ou de savoir mobiliser, intégrer et transférer des ressources (connaissances, capacités, etc.) dans un contexte professionnel donné.

En fait, la véritable définition opérationnelle de la compétence revient sans doute à ceux qui l'utilisent au quotidien. En décembre 1997, le club « développement et compétence », regroupant différents responsables de formation de grandes entreprises affiliés au GARF, présentait la compétence comme « *la capacité validée à mobiliser les savoirs acquis de toute nature, afin de maîtriser une situation professionnelle dans différentes*

1. Montmollin de M., *L'intelligence de la tâche, éléments d'ergonomie cognitive*, Peter Lang Verlag, 1984.
2. Le Boterf G., *De la compétence à la navigation professionnelle*, Éditions d'Organisation, 1997.

conditions de réalisation ». En juillet 1998, à son tour, le GARF, au sein d'une publication interne, faisait sensiblement évoluer cette définition tout en avouant que « *le concept de compétence est loin d'être reconnu de manière cohérente et stable[1]* ». La compétence devenait alors « *un ensemble de savoirs de toute nature de comportements structuré et mobilisé en fonction d'objectifs dans des situations de travail.* »

De notre point de vue, la compétence sera donc comprise comme une connaissance mise en corps :

- corps individuel traduit par le geste en relation à l'outil de travail ;
- corps collectif traduit par des conventions sociales, des démarches d'équipe et des outils de communication[2].

Un consensus dans la littérature internationale fait apparaître les points d'ancrage suivants pour la notion de compétence :

- La compétence est liée à l'action. Elle permet d'agir, d'effectuer des tâches, et c'est ainsi qu'on peut la repérer. Elle n'existe pas indépendamment de l'activité.
- La compétence est liée à un contexte déterminé, à une situation finalisée.
- La compétence permet de donner une consistance à un ensemble de capacités « informelles » et de savoirs « procéduraux », difficilement répertoriables dans les référentiels traditionnels (de connaissances).

Ces capacités sont intégrées. La compétence n'est pas constituée d'une somme de celles-ci, mais d'une combinaison structurée et construite, permettant l'activité et donc la performance.

Quoi qu'il en soit, ces différentes définitions, y compris celles produites par les responsables de formation eux-mêmes, montrent que le concept leur est devenu indispensable, que la compétence s'observe dans l'action et qu'elle s'acquiert et se construit notamment en formation. En entreprise, la compétence individuelle est définie comme la capacité d'une personne à réaliser des activités ou à résoudre des problèmes dans un contexte professionnel donné et afin de répondre aux exigences de l'organisation.

---

1. GARF, « La démarche compétence », *in* Document interne, 1998.
2. Parmentier Ch., *Former l'entreprise de demain*, Éditions d'Organisation, 1998.

Pour certains, la compétence ne serait qu'individuelle, seule la performance serait collective. La compétence collective désignerait alors une performance collective différente de l'addition des compétences individuelles des membres du collectif de travail. Pour d'autres, il serait possible de faire l'hypothèse d'une compétence collective qui dépasse le niveau individuel. De toute évidence, en entreprise, le concept de compétence est incomplet s'il n'est qu'individuel puisque les réalisations sont collectives et sociales réalisées en îlots, équipes ou « brigades ». Dès lors, la notion de compétence collective va venir enrichir cette première approche de la compétence individuelle. Les travaux récents en sociologie du travail mettent en avant la question de la coopération entre salariés. C'est à travers celle-ci et de l'évocation d'un « *agir ensemble, version riche de la coopération*[1] », que se retrouve le lien avec la compétence collective. La formation devra donc mêler l'individuel et le collectif.

Issue de la notion de la coopération, la compétence collective est identifiable par deux de ses composantes : elle repose sur une image, une représentation, commune aux membres de l'organisation, de la situation, et elle renvoie aux comportements sociaux des individus orientés vers la performance. La notion de compétence collective repose aussi sur deux présupposés majeurs : la convergence d'intérêts entre dirigeants et salariés, et l'émergence d'une volonté de coopération au sein de l'organisation.

Sur le terrain, la compétence de l'entreprise est soumise à l'obsolescence, elle est alors gérée comme un stock. Pour ce faire, le concept même de formation continue est crucial et apparaît donc comme une réponse adaptée. En outre, la notion est nouvelle et peut faire croire que quelque chose a changé dans les modes de gestion des entreprises, mais elle permet surtout de reléguer à l'arrière-plan des notions à plus fort contenu social, comme la qualification ou les systèmes de classification eux-mêmes très souvent liés au concept de poste et non d'emploi.

Sous l'effet conjoint des crises successives et de la recherche de gains de productivité, les situations de sureffectif deviennent le lot commun. Il est alors indispensable d'obtenir une certaine souplesse dans l'utilisation

---

1. Zarifian P., *Objectif compétence*, Liaisons, 1999.

de la main-d'œuvre. Les politiques de mobilité interne vont donc tabler sur des capacités de reconversion. Mais celles-ci coûtent cher, en particulier en formation. Pour limiter les frais, il convient donc de dépasser les logiques anciennes reposant uniquement sur les classifications et d'utiliser au mieux les compétences existantes. Pour cela, il faut les connaître, les analyser et pouvoir les comparer. Ce passage permet de rapprocher des individus et des emplois, des emplois entre eux, de mettre à jour des filières ou des parcours formateurs.

Mais les compétences individuelles ou collectives ne sont pas suffisantes pour décrire tous les processus de l'entreprise. D'autres segmentations interviennent parfois :

- Les **compétences globales**, macrocompétences, technologiques ou managériales qui définissent pour une bonne part l'identité des entreprises ou des organisations et conditionnent ses stratégies. Elles sont principalement détenues par l'encadrement, parfois par tous les salariés, comme le souligne P. Zarifian : « *Au lieu que les salariés soient placés dans une organisation, et entretiennent donc une relation passive à cette organisation, que, pour l'essentiel, ils subissent, les salariés peuvent devenir des acteurs explicites de l'évolution de l'organisation. Et donc développer non seulement une compétence dans l'organisation, mais aussi une compétence sur l'organisation*[1] ».

- Les **compétences opérationnelles** correspondent à un premier niveau d'analyse permettant de décrire les moyens mis en œuvre pour réaliser l'activité professionnelle. Elles se déclinent souvent sous la forme de : « être capable de… », « maîtriser… ». Les compétences opérationnelles décrivent, de manière concrète et directement compréhensible par les opérationnels, les compétences à mettre en œuvre afin de réaliser les activités. Elles sont facilement évaluables et identifiables. L'approche par les compétences opérationnelles est à utiliser pour des problématiques telles que le recrutement ou la rédaction des objectifs pédagogiques d'une formation. La rédaction des compétences opérationnelles étant spécifique à chaque activité, elle permet difficilement d'identifier les compétences transférables d'un poste ou d'une personne à l'autre.

---

1. *Ibidem.*

* Les **compétences transversales** sont les compétences génériques caractérisant de manière similaire toutes les activités. Elles sont soit à dimension mentale (mode de résolution d'un problème), soit à dimension relationnelle. On trouve donc deux types de compétences transversales : les compétences cognitives et les compétences comportementales. Ces dernières sont parfois aussi appelées, à tort, « savoir-être ».

Enfin, G. Hamel et C.K. Prahalad définissaient, en 1990, le concept de compétence clé de l'entreprise, ou *Core Competencies*, comme un « *ensemble de savoir-faire de base qui assure une différenciation compétitive sur un marché* ». Dans cette approche, on s'attache au cœur de métier de l'organisation afin de déterminer quelles sont les compétences qui caractérisent l'organisation au-delà des compétences requises pour la tenue des différents métiers nécessaires au fonctionnement de l'organisation.

De la qualification à la compétence

Auparavant, les métiers étaient structurés par fonction autour des qualifications et des emplois. Puis un glissement s'est opéré : partant du métier, on est passé de la notion de qualification pour en arriver à celle de compétence.

Avec l'avènement des services et l'évolution des organisations, on est ainsi passé du concept de qualification, qui fait référence à la notion de poste, aux notions de connaissances et de savoir-faire de la personne, sanctionnées par une reconnaissance collective (diplôme, certificat de qualification professionnelle, etc.), et enfin au concept de compétence qui, lui, fait référence à l'individu et à sa capacité à faire face à une situation. En effet, les organisations doivent affronter le changement permanent et faire face à des situations professionnelles évolutives, incertaines et aux contours mal définis.

La notion de compétence semble plus adaptée à la gestion de la mobilité professionnelle qu'à celle de la qualification, plus appropriée à un contexte de stabilité des métiers. La compétence, propre à chaque individu est sans doute plus appropriée à une personnalisation des parcours professionnels et de formation. La qualification revêt un caractère plus conventionnel, ses critères résultent de négociations et dépendent notamment des rapports entre les partenaires sociaux. Au début des années 1990, certains sociologues comme M. Stroobants ont d'ailleurs mis en garde contre l'éviction du collectif au profit de l'isolement individuel. D'autres, plus pédagogues, comme G. Malglaive ont aussi repris cette opposition entre individuel et collectif, entre compétence et qualification.

L'effacement apparent de la qualification au profit de la compétence est vu par certains comme la fragilisation des espaces collectifs ; c'est pourquoi les débats avec les partenaires sociaux sur la question de la compétence ont été si vifs. Cette opposition semble aujourd'hui dépassée, considérant que la question de la compétence doit être négociée en référence à la qualification. Comme le rappelle Guy Le Boterf, « *il ne faut pas opposer qualification et compétence, et vouloir remplacer la qualification par les compétences. Le développement des démarches compétence doit enrichir la notion de qualification plutôt que de la supprimer… Ne faut-il pas en effet chercher à conjuguer la nécessité de disposer de points de repère collectifs et la reconnaissance des compétences individuelles ?*[1] »

Le terme de compétence apparaît en gestion des ressources humaines en 1984 et correspond à une mutation du système de relations professionnelles. On passe :

- du concept de qualification qui fait référence, d'une part, à la notion de poste et, d'autre part, aux notions de connaissance et de savoir-faire de la personne sanctionnés par une reconnaissance collective (diplôme, classification…) ;

- au concept de compétence qui fait référence, d'une part, à la notion de métier et, d'autre part, à l'individu et à sa capacité à faire face à une situation.

En effet, la qualification s'appuie sur le niveau acquis au sein d'un système de classification en fonction de critères préétablis par le groupe social et relativement constants pour l'individu (diplôme, savoir-faire…). De plus, les critères tels que le diplôme ne sont plus suffisamment discriminants pour qualifier une personne au travail.

---

1. Le Boterf G., *Développer la compétence des professionnels*, Éditions d'Organisation, 2007.

COMPÉTENCES INDIVIDUELLES ET COMPÉTENCES COLLECTIVES

Avant d'entrer dans le débat qui n'est évidemment pas contradictoire, mais juste complémentaire, il convient de souligner plusieurs approches qui font figure de référence dans ce champ de la compétence. La compétence, même lorsqu'elle est définie au singulier, se pense le plus souvent au pluriel, car il s'agit d'évaluer et de classer des compétences qui renvoient à un système institué dans l'entreprise.

La compétence selon R. Wittorski

« *Finalisée, la compétence est produite par un individu ou un collectif dans une situation donnée et elle est nommée/reconnue socialement. Elle correspond à la mobilisation dans l'action d'un certain nombre de savoirs combinés de façon spécifique en fonction du cadre de perception que se construit l'acteur (individu ou collectif) de la situation.*[1] » Wittorski met en exergue le fait que la compétence peut être individuelle et collective, et qu'il s'agit d'une combinaison de savoirs mis en œuvre dans l'action. Les individus ou les collectifs vont construire leur compétence en fonction de leur cadre de référence et de celui de l'entreprise, et donner ainsi du sens à l'action. Enfin, il met en avant un facteur important dans la mise en œuvre des compétences, celui de la reconnaissance de celles-ci par le collectif.

La compétence pour P. Zarifian

Les travaux en sociologie du travail mettent en avant la question de la coopération entre salariés, c'est à travers celle-ci et de l'évocation d'un « *agir ensemble, version riche de la coopération* » que l'on retrouve le lien avec la compétence collective. La coopération est définie à travers quatre éléments : des objectifs communs entre les différents acteurs ; une compréhension commune de la nature des problèmes et des savoirs à développer ; un accord sur le sens donné aux actions et aux valeurs sur lesquelles elles reposent ; et enfin, l'implication des acteurs qui agissent ensemble.

---

1. Wittorski R., *Analyse du travail et production de compétences collectives*, L'Harmattan, 1997.

Parallèlement, émerge la notion de compétence collective. P. Zarifian donne une définition multidimensionnelle de la compétence, qui complète celle de Wittorski. Il met en avant le rôle essentiel que joue l'individu dans la construction et le développement de ses compétences. Il fait appel à la dimension personnelle de la compétence, c'est-à-dire l'attachement de la compétence à la personne et à son engagement. Cette dimension est possible dans un contexte d'autonomie, corollaire de la prise d'initiative et de la responsabilité. *« La compétence est la prise d'initiative et de responsabilité de l'individu sur des situations professionnelles auxquelles il est confronté. »*

D'autre part, il montre que les compétences ne sont pas immuables mais qu'elles se construisent en interaction avec les situations et les événements. Les connaissances seront alors utilisées et mobilisées en fonction des situations rencontrées, et pourront donc être remises en cause par des apprentissages nouveaux. Il y a donc une part d'incertitude des connaissances et des compétences acquises par les individus. La dynamique d'apprentissage, essentielle à la démarche compétences, dont fait écho Zarifian. *« La compétence est une intelligence pratique des situations qui s'appuie sur des connaissances acquises et les transforme, avec d'autant plus de force que la diversité des situations augmente. »*

Enfin, Zarifian montre qu'un individu seul ne peut faire face à la complexité des situations, qui requièrent souvent l'intervention de plusieurs personnes. Les individus sont donc amenés à travailler ensemble et à coopérer, ce qui nécessite de partager des valeurs communes, de poursuivre des objectifs qui soient compatibles et d'être responsables ensemble. Les salariés qui travaillent au sein d'agences de travail temporaire exercent des missions propres et complémentaires l'une de l'autre. L'organisation du travail doit donc tenir compte de cette coopération et doit prévoir ces espaces collaboratifs. *« La compétence est la faculté à mobiliser des réseaux d'acteurs autour des mêmes situations, à partager des enjeux, à assumer des domaines de coresponsabilité.* [1] *»*

---

1. Zarifian P., *Objectif compétence*, Liaisons, 2001.

La compétence chez Guy Le Boterf

Guy Le Boterf[1] « *définit la compétence en termes de savoir combinatoire et remet le sujet au centre de la compétence, l'individu pouvant être considéré comme entrepreneur de ses compétences. Il construit ses compétences en combinant et en mobilisant un double équipement de ressources : des ressources incorporées (connaissances, savoir-faire, qualités personnelles, expériences…) et des réseaux de ressources de son environnement (réseaux professionnels, banques de données…). La compétence qu'il produit est une séquence d'actions où se combinent de multiples savoir-faire. À partir d'un même capital de ressources, l'individu peut construire plusieurs compétences.* » Le savoir combinatoire d'un individu n'est pas identique et peut évoluer au cours du temps. La personne compétente est celle qui sait construire à temps des compétences pertinentes pour gérer des situations professionnelles de plus en plus complexes. La compétence se construit dans l'action et Guy Le Boterf met au centre de sa démarche le triptyque « *savoir, pouvoir et vouloir agir avec compétence* ».

Au travers de ces quelques définitions non exhaustives, l'objet n'est pas d'en faire l'exégèse, ni de s'étendre sur les différents courants qui les sous-tendent mais de montrer que nous pouvons faire ressortir de ces définitions des points de convergence.

Gérer *des* compétences et gérer *ses* compétences

En entreprise, le concept de compétence est incomplet s'il n'est qu'individuel puisque les réalisations conduites en équipe sont collectives et sociales. Dès lors, la notion de compétence collective enrichit la première approche de la compétence individuelle. Les travaux récents en sociologie du travail ont mis en évidence la question de la coopération entre salariés.

C'est à travers celle-ci que se trouve le lien avec la compétence collective. Philippe Zarifian[2] fait le lien dans la troisième partie de sa définition entre la compétence individuelle couplée nécessairement à la

1. Le Boterf G., *op. cit.*
2. *Ibidem.*

compétence collective. Il fait ainsi apparaître que l'individu, dans son contexte de travail ouvert prônant l'autonomie et le travail d'équipe, ne peut agir seul.

Comme les problèmes à résoudre sont plus complexes et interdépendants, ils dépassent souvent les compétences et les capacités d'action d'un seul individu. L'origine de ces problèmes est souvent une demande humaine (liée à la tertiarisation caractérisée par l'interaction) qu'il faut comprendre, interpréter et transmettre dans un réseau de travail. En effet, toute situation complexe dépasse les compétences d'un seul individu. Cela suppose que chaque individu puisse s'appuyer sur ses collaborateurs dans ses prises d'initiatives. De plus, les collaborateurs n'échangeront leurs compétences que s'ils ont le sentiment de partager les mêmes enjeux, de donner un sens collectif à leurs actions. Aussi faudra-t-il prendre en compte cet espace de travail collaboratif et coopératif propre aux agences, afin d'identifier et de favoriser des comportements favorables à ce contexte de travail.

Si les individus sont, pour partie, les entrepreneurs de leurs propres compétences, ils n'en sont pas les seuls responsables. Il faut considérer le contexte social et organisationnel dans lequel ils se situent et doivent agir, facteur d'émergence de la compétence. D'autres conditions, comme le sentiment d'efficacité personnel, concept développé par Bandura, ou encore la reconnaissance, jouent un rôle dans la production et le développement des compétences.

Les modes d'organisation ont évolué, abandonnant ainsi de manière progressive l'organisation taylorienne. Les gestes attendus, analysés avec précision, étaient prescrits avec autant de détails. Les salariés devaient donc se conformer à ce qui avait été préalablement défini par l'organisation, sans faire preuve d'initiative ni de créativité, ce qui sclérosait en partie le système de travail. Dans ce contexte, l'entreprise s'intéressait seulement à vérifier si un individu était capable de reproduire le geste.

Les transformations dans l'organisation du travail vont amener à faire évoluer certaines conceptions de l'homme au travail. La flexibilité demandée aux entreprises, la polyvalence, la tertiarisation de l'économie vont avoir des répercussions sur ce qui est demandé au salarié. La prescription et, par voie de conséquence, le contrôle de la réalisation des tâches sont moins exploités au profit d'une certaine autonomie et d'une plus forte responsabilité des individus qui agissent.

« Le travail en équipe autonome, la polyvalence, la définition de fonctions transversales intégrant plusieurs métiers anciens, etc. brouillent les repères traditionnels liés aux postes et aux apprentissages techniques définis par spécialité. Ils incitent à une hiérarchie plus liée aux individus qu'aux postes, en même temps qu'ils ouvrent un espace d'intervention plus large aux salariés.[1] »

Avec ce changement d'espace, gérer les ressources humaines, ce n'est plus la capacité à décrire un poste mais la possibilité de décrire ce que les salariés doivent savoir faire pour agir avec compétence. *« Solliciter l'invention à condition que ce soit dans une direction imposée par les dirigeants ; devoir prendre des responsabilités alors que l'on est sans pouvoir réel ; devoir affronter des situations complexes posant des questions éthiques, constituent autant d'injonctions paradoxales. […] Par rapport à cette question de la renormalisation des situations de travail, il faut souligner le rôle essentiel et pourtant sous-estimé des collectifs. […] Le rôle des collectifs est de retenir et de proposer aux agents des règles de conduite et des manières de faire considérées comme efficaces et justes, au moins au niveau du collectif local ou du groupe professionnel.*[2] »

---

1. Lichtenberger Y., « La qualification, enjeu social, défi productif », CFDT, in *Aujourd'hui,* n° 99, 1990.
2. Jobert G., *op. cit.*

Chapitre 4

La gestion des emplois et des compétences

ADAPTER DES MÉTIERS AUX COMPÉTENCES

Les compétences des personnes sont inventoriées de la même façon et avec le même langage que les compétences liées aux métiers. De ce fait, les portefeuilles de compétences sont comparables. On peut ainsi mettre en parallèle les compétences détenues par une personne et celles qui sont requises dans son métier ou dans un métier proche. Il est par conséquent théoriquement possible d'établir une cible dont le centre serait le portefeuille de compétences de l'individu et qui identifierait les métiers proches en termes de compétences requises.

Les comparaisons entre les personnes et les emplois peuvent être utilisées comme outils de :

- Recrutement : les descriptions de métiers en termes de compétences permettent d'établir des grilles de profil afin d'identifier les caractéristiques essentielles requises du candidat à l'embauche.

- Évaluation des personnes : il est possible, grâce à l'analyse en termes de compétences, d'identifier les écarts entre les compétences de la personne et celles requises par différents métiers.

- Individualisation des rémunérations : l'évaluation de la personne par rapport aux compétences requises dans son propre métier permet de mesurer pour partie la performance de la personne dans son activité. Pour partie seulement, car la performance n'est pas uniquement liée à la maîtrise d'une compétence, mais aussi à la motivation de la personne à mettre en œuvre cette compétence. Cette évaluation permet de justifier moins subjectivement de différences de rémunérations éventuelles liées à une politique d'individualisation des salaires.

- Mobilité : l'évaluation de la personne par rapport aux compétences requises par d'autres métiers de l'organisation permet d'identifier vers quel métier cible de l'organisation une personne peut se diriger avec un minimum d'effort d'adaptation professionnelle.

- Formation de rattrapage : l'évaluation de la personne par rapport soit à un métier cible, soit au métier exercé, permet d'identifier les besoins en formation nécessaires pour combler les écarts de compétences.

LA GPEC AU REGARD DE LA LOI

Une suite de textes ont été progressivement produits pour conférer à la GPEC un statut légal. Aux origines de la GPEC dans la législation, on trouve l'article L. 432-1-1 du Code du travail : « *Chaque année, […], le Comité d'entreprise est informé et consulté sur l'évolution de l'emploi et des qualifications dans l'entreprise au cours de l'année passée. Il est informé et consulté sur les prévisions annuelles ou pluriannuelles et les actions notamment de prévention et de formation, que l'employeur envisage de mettre en œuvre compte tenu de ces prévisions, particulièrement au bénéfice des salariés âgés ou présentant des caractéristiques sociales ou de qualification qui les exposent plus que d'autres aux conséquences de l'évolution économique et technologique.* »

L'article L. 432-1-1 du Code du travail a été enrichi de l'article L. 322-7. Des accords d'entreprise conclus dans le cadre d'une convention de branche ou d'un accord professionnel sur l'emploi national, régional ou local, peuvent prévoir la réalisation d'actions de formation de longue durée en vue de favoriser l'adaptation des salariés aux évolutions de l'emploi dans l'entreprise, notamment de ceux qui présentent des caractéristiques sociales les exposant plus particulièrement aux conséquences de l'évolution économique ou technologique.

Ces accords peuvent étendre le bénéfice de ces actions aux salariés dont l'entreprise envisage le reclassement externe, à la condition que ce reclassement soit expressément accepté par le salarié et intervienne sous contrat à durée indéterminée ou dans les conditions prévues pour l'emploi des salariés du secteur public ou des collectivités territoriales. Dans cette construction législative, deux alinéas plus récents sont venus conforter ces textes :

- 1er alinéa issu de la loi n° 89-549 du 2 août 1989 : « *Des accords d'entreprise* [...] *peuvent prévoir la réalisation d'actions de formation de longue durée en vue de favoriser l'adaptation des salariés aux évolutions de l'emploi dans l'entreprise, notamment de ceux qui présentent des caractéristiques sociales les exposant plus particulièrement aux conséquences de l'évolution économique ou technologique* » ;

- dernier alinéa issu de la loi n° 2002-73 du 17 janvier 2002 : « *Les entreprises, dont l'effectif maximal est fixé par décret, qui souhaitent élaborer un plan de gestion prévisionnelle des emplois et des compétences comprenant notamment des actions de formation destinées à assurer l'adaptation des salariés à l'évolution de leurs emplois ou des actions favorisant l'égalité professionnelle entre les femmes et les hommes, en particulier grâce à des mesures améliorant l'articulation entre l'activité professionnelle et la vie personnelle et familiale, peuvent bénéficier d'un dispositif d'appui à la conception de ce plan. Ce dispositif d'appui permettra la prise en charge par l'État d'une partie des frais liés aux études préalables à la conception du plan dans des conditions définies par décret* ».

Quelques jurisprudences isolées ont aussi rappelé que cette obligation de consultation était préalable à un plan social. Jugement du TGI de Lyon 16/12/1996 : Suspension de la procédure de l'information/consultation au titre du Livre III tant que le rapport sur la GPEC n'a pas été fourni au titre du Livre IV. La Cour de cassation favorisait aussi, et déjà, le développement de formules de GPEC comme mode alternatif aux plans sociaux. Cass. soc. 12/01/1999 : Constitue une mesure de gestion prévisionnelle du personnel, le projet consistant à rechercher des salariés candidats à des mesures n'entraînant pas la rupture du contrat de travail telles que temps partiel indemnisé, congé sans solde indemnisé, préretraite progressive, mise en disponibilité (arrêt IBM).

La GPEC dans la loi de cohésion sociale du 18 janvier 2005

La loi dite Borloo du 18 janvier 2005 met en place un processus négocié permettant de changer les conséquences sociales des restructurations décidées par l'entreprise. Cette **loi de programmation pour la cohésion sociale** (texte intégral - 153 articles) prévoit la réalisation sur cinq ans d'un plan visant à traiter ensemble les problèmes d'emploi, de logement et d'égalité des chances.

Elle indique les financements de l'État au titre de la programmation de différents dispositifs évoqués dans le plan Borloo : maisons de l'emploi, contrats aidés, SIAE, ateliers et chantiers d'insertion et fonds départemental d'insertion.

À défaut d'accord de groupe portant sur les thèmes énumérés ci-dessous, l'employeur doit engager tous les trois ans une négociation relative aux thèmes suivants :

- Modalités d'information et de consultation du comité d'entreprise sur la stratégie de l'entreprise et ses effets prévisibles sur l'emploi, ainsi que sur les salaires.

- Mise en place d'un dispositif de gestion prévisionnelle des emplois et des compétences.

- Mesures d'accompagnement susceptibles d'être associées à la GPEC, en particulier en matière de formation, de validation des acquis de l'expérience, de bilan de compétences, ainsi que d'accompagnement de la mobilité professionnelle et géographique des salariés.

- Licenciements économiques d'au moins dix salariés sur trente jours. La négociation sur la GPEC est obligatoire dans les entreprises de dimension communautaire comportant au moins un établissement ou une entreprise de cent cinquante salariés en France, et dans les groupes d'entreprises qui occupent au moins trois cents salariés.

L'article L. 320-2 issu de la loi de cohésion sociale n° 2005-32 du 18/01/2005 crée l'obligation de négocier des accords de GPEC. Deux thèmes de négociation se distinguent :

- *« [...] les modalités d'information et de consultation du comité d'entreprise sur la stratégie de l'entreprise et ses effets prévisibles sur l'emploi ainsi que sur les salaires [...] »* ;

- « [...] *la mise en place d'un dispositif de [GPEC] ainsi que sur les mesures d'accompagnement susceptibles de lui être associées, en particulier en matière de formation, de validation des acquis de l'expérience, de bilan de compétences ainsi que d'accompagnement de la mobilité professionnelle et géographique des salariés* [...].*»*

Dans ce texte, la GPEC est un élément d'une politique anticipatrice de l'emploi. Il est recommandé de l'articuler avec une politique de bassin d'emploi.

Au-delà de son cadre juridique, la GPEC est considérée comme un projet d'entreprise, qui va impliquer le management de l'entreprise, et elle doit être un élément du plan stratégique. La négociation porte sur trois thèmes obligatoires :

- les modalités d'information et de consultation du comité d'entreprise sur la stratégie de l'entreprise et ses effets prévisibles sur l'emploi ainsi que sur les salaires ;
- la mise en place d'un dispositif de gestion prévisionnelle des emplois et des compétences et les mesures d'accompagnement susceptibles de lui être associées ;
- les conditions d'accès et de maintien dans l'emploi des salariés âgés et de leur accès à la formation professionnelle introduite par la loi n° 2003-775 du 21 août 2003.

Ces textes concernant la GPEC sont renforcés par une série de mesures. D'après l'article L. 320-2 II, un nouveau paragraphe issu de la Loi de financement de la Sécurité sociale pour 2007, la négociation peut aussi porter sur des catégories d'emplois menacées par les évolutions économiques ou technologiques [...].

La loi sur l'épargne salariale du 30/12/2006 ajoute encore un nouvel article, L. 320-2-1, au Code du travail. Il porte sur la *création d'un congé de mobilité.* Ce congé semble avoir été conçu comme un dispositif d'anticipation évitant de devoir mettre en œuvre un plan de sauvegarde de l'emploi (PSE). Ce congé doit être envisagé par accord et peut donc trouver sa place dans un accord de GPEC fixant les moyens d'une mobilité interne ou externe à l'entreprise. Le départ du salarié dans le cadre de ce type de congés entraîne la rupture de son contrat de travail.

De même, la consultation du CE est envisagée à l'article L. 432.1.1. Dans cette continuité, l'année 2006 a été marquée d'une succession de jurisprudence qui adapte des textes.

- L'arrêt « pages jaunes » du 11 janvier 2006 : dans le communiqué de presse accompagnant cet arrêt, la Cour de cassation s'interroge sur la nécessité de rendre plus rigoureux le contrôle des licenciements économiques pour les entreprises dont la GPEC aura été défaillante.

- L'arrêt « Dunlop » du 21 novembre 2006 : la GPEC est identifiée comme un outil de prévention des difficultés économiques futures.

- Jugement TGI Nanterre 5 sept. 2006 « Capgemini » : la procédure LIII/LIV est suspendue en l'absence de mise en œuvre d'un accord GPEC existant.

- Jugement du TGI Paris 5 oct. 2006 « Nextiraone » : en l'absence d'accord GPEC, l'employeur doit en premier lieu ouvrir immédiatement une négociation sur le thème. Il doit également boucler l'information et la consultation du CE (sur fondement L. 432-1-1) avant de lancer la procédure LIII/LIV.

- Jugement de la cour d'appel de Versailles 15 nov. 2006 : la coordination entre la GPEC et le PSE (G P S E) reste encore à définir. La GPEC n'exclut pas le recours à une restructuration et n'impose pas l'accord de GPEC comme un préalable à la mise en œuvre du PSE.

- Jugement du TGI Créteil 29 nov. 2006 « Tenovis » : la GPEC doit correspondre à une approche constante qui doit être régulièrement renouvelée. Elle n'est pas un préalable aux licenciements économiques.

La loi de cohésion sociale du 18 janvier 2005 a introduit l'obligation de négocier la mise en place d'un dispositif de GPEC dans les entreprises d'au moins trois cents salariés. À rebours de la mise en œuvre, dans l'urgence, de plans de reclassement et de licenciements collectifs, la GPEC doit être une gestion préventive, dans la durée, pour anticiper et adapter les emplois et les compétences des entreprises sans les crises que constituent les licenciements économiques.

L'obligation de négociation triennale sur la mise en place d'une GPEC dans les entreprises constitue donc une obligation depuis l'entrée en vigueur de la loi du 18 janvier 2005 de cohésion sociale ; en conséquence, le manquement à celle-ci constitue un trouble manifestement illicite de nature à interdire à l'entreprise de poursuivre les procédures d'information et de consultation en vue de la mise en œuvre d'un plan de restructuration accompagné d'un plan de sauvegarde de l'emploi. C'est la position prise en référé (procédure d'urgence), par le tribunal de grande instance de Paris, dans une ordonnance du 5 octobre 2006.

Même si l'entreprise n'a pas l'obligation de conclure un accord sur la GPEC, elle a l'obligation d'avoir engagé cette négociation triennale depuis janvier 2005 et d'avoir mis en place des mesures réelles de gestion et de prévention, en application de l'accord si la négociation aboutit, et par le biais de mesures unilatérales dans le cas contraire. Les syndicats peuvent ainsi voir dans cette obligation une nouvelle arme pour limiter ou retarder, de façon préventive, la mise en place des plans sociaux dans les entreprises.

Au terme de ces évolutions législatives récentes, la GPEC entre dans une nouvelle ère plus flexible, moins normative et alliant au versant collectif un versant individuel. En termes de stratégie, les accords peuvent être synthétisés par le schéma suivant :

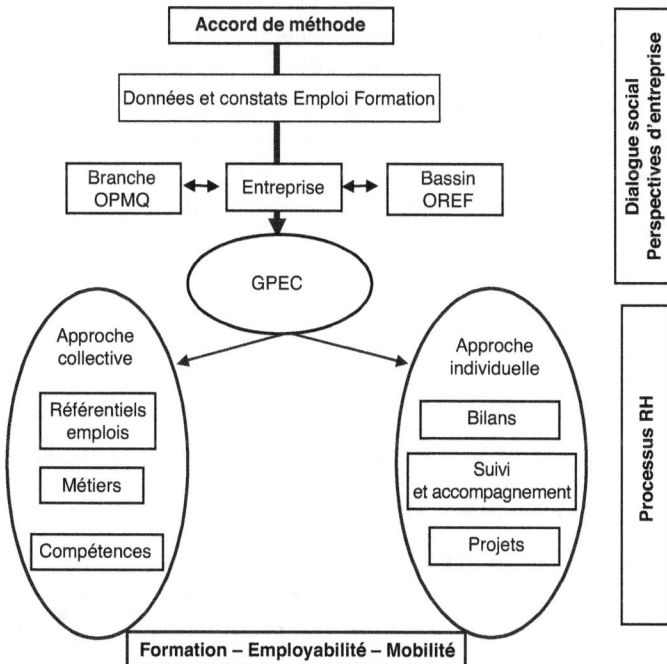

Chaque angle d'attaque, individuel ou collectif, donne lieu à un ensemble d'activités spécifiques en termes de recensement ou d'inventaire, puis en termes de gestion, voire d'évaluation. On établit ainsi des référentiels de compétences prospectifs et il devient théoriquement possible d'identifier les écarts de compétences entre les métiers définis et les salariés présents. Les orientations stratégiques prospectives qui s'ensuivent sont alors articulées sur des outils et des démarches stabilisées et relativement objectives. Elles peuvent donner lieu à la construction d'actions de formation individuelles ou collectives. Enfin, dans ce cadre, il est possible de distinguer aujourd'hui deux approches en matière de gestion des compétences qui reposent sur deux théories de l'organisation et du développement. Voici un tableau permettant de synthétiser un exemple de deux approches en GPEC, de façon un peu antagoniste.

Gestion patrimoniale des emplois et des compétences	Gestion prévisionnelle des emplois et des compétences
Approche centrée sur les compétences	Approche centrée sur les postes
Rapprocher le poste des compétences du collaborateur	Rapprocher les compétences du collaborateur du poste
Développer les compétences individuelles	Prévoir les emplois de demain
Référentiels opérationnels et souvent imprécis	Référentiels lourds, mais le plus souvent très précis
Formation négociée	Formation imposée
Plan de formation bâti autour de projets individuels de développement	Plan de formation bâti autour de projets collectifs de développement
Pilotage à court terme (6 mois – 1 an)	Pilotage à moyen terme (18 mois – 3 ans)
Ex. : gestion de la pyramide des âges	*Ex. : anticipation d'un PSE (GPSE) ou création d'un nouveau service*

Les évolutions de la GPEC

Depuis la loi de 2005, le dispositif légal encadrant la GPEC a été progressivement actualisé au fil d'adaptations législatives, et notamment par :

- **l'accord national interprofessionnel du 11 janvier 2008** qui prévoit la tenue avant les 1er octobre et 31 décembre de l'année deux réunions de consultation du CE sur l'exécution du plan de formation de l'année précédente et sur le projet de plan de l'année à venir.

Il insiste sur l'importance de la GPEC en matière de sécurisation des parcours professionnels et considère que « en tant que démarche globale d'anticipation, la GPEC doit être entièrement dissociée de la gestion des procédures de licenciements collectifs et des PSE ». Il affirme qu'il est nécessaire de rechercher les moyens de développer l'accès à la GPEC dans les entreprises non assujetties à l'obligation triennale d'en négocier la mise en place ;

- le projet de loi portant modernisation du marché du travail (adopté par l'Assemblée nationale le 12 juin 2008) ;

- l'accord national interprofessionnel du 14 novembre 2008 sur la GPEC reprenant en partie l'ANI du 11/01 mais qui n'a pas été approuvé par tous les partenaires sociaux portait sur l'anticipation dans la gestion des compétences et des carrières. Il implique un effort de prévision et de partage des informations relatives aux évolutions technologiques, démographiques et économiques, articulé avec la stratégie que l'entreprise entend mettre en œuvre.

L'anticipation doit favoriser la gestion des compétences :

- en couplant les données prospectives retenues avec la disponibilité des compétences des salariés ;

- en facilitant les évolutions de carrière en interne ou en externe.

Elle doit permettre de faire évoluer les salariés d'au moins un niveau au cours de leur carrière. Cette démarche doit se baser sur une vision globale des emplois et des métiers au sein de la branche professionnelle et/ou du territoire.

L'accord précisait que la mise en œuvre d'une politique de GPEC doit donner lieu au croisement analytique :

- des données économiques démographiques et technologiques générales ;

- des orientations de la stratégie économique de l'entreprise ;

- des informations données par la branche professionnelle et par les observatoires régionaux et de branche tels que présentés précédemment.

Enfin, l'article 7 de cet accord précisait que si la GPEC doit prendre en compte la prospective des métiers (métiers en croissance, stables, en décroissance, en forte modification de contenu ou encore en renouvellement démographique), elle ne doit pas être un outil favorisant les licenciements collectifs.

Ainsi conçue, **elle n'est donc pas une étape préalable aux procédures de licenciements collectifs et aux PSE** qui obéissent à des règles spécifiques et doit, de ce fait, être dissociée de leur gestion. Pour autant, une GPEC conduite dans l'esprit et les conditions du présent accord doit permettre de consolider l'emploi et, le cas échéant, de mieux armer les salariés confrontés à des restructurations.

La consultation du CE

Elle permet de faire le point régulièrement sur la situation passée et sur les perspectives économiques et technologiques susceptibles d'affecter la situation de l'emploi. Elle doit être envisagée annuellement, même après entrée en vigueur de l'accord de GPEC. Lorsque l'accord de GPEC est en vigueur, elle permet de faire le point sur son application et ses conséquences par rapport aux attentes de l'entreprise et des salariés. La situation de l'emploi et ses perspectives restent de la responsabilité exclusive de l'entreprise.

La négociation triennale doit porter sur :

- la mise en place « d'un dispositif de gestion prévisionnelle des emplois et des compétences, sur lequel le comité d'entreprise est informé, ainsi que sur les mesures d'accompagnement susceptibles de lui être associées, en particulier en matière de formation, de validation des acquis de l'expérience, de bilan de compétences ainsi que d'accompagnement de la mobilité professionnelle et géographique des salariés » (article L. 2242-15.2° du Code du travail) ;
- les modalités d'information et de consultation du comité d'entreprise sur la stratégie de l'entreprise et ses effets prévisibles sur l'emploi ainsi que sur les salaires (article L. 2242-15.1° du Code du travail) ;
- la qualification des catégories d'emploi menacées par les évolutions économiques ou technologiques (article L. 2242-16.2° du Code du travail) ;

- les conditions d'accès et de maintien dans l'emploi des salariés âgés, ainsi que de leur accès à la formation professionnelle (article L. 2242-19 du Code du travail).

Pour ce faire, le CE doit être informé :

- sur la mise en place du dispositif de GPEC (C. trav., art. L. 2242-15) et sur les mesures d'accompagnement susceptibles de lui être associées, en particulier en matière de formation, de validation des acquis de l'expérience, de bilan de compétences ainsi que d'accompagnement de la mobilité professionnelle et géographique des salariés ;

- sur le plan de formation, tous les ans (C. trav., art. L. 2323-34). Il fixe, pour une année donnée, les actions de formation qui seront conduites, sous un angle prévisionnel. Cet aspect nécessite d'être accompagné d'une réflexion à plus long terme au regard des besoins et ressources qui seront identifiés.

Si le CE est consulté, tous les salariés doivent être informés directement du contenu des accords de GPEC. Les managers chargés de les mettre en œuvre sur le terrain devraient non seulement être informés mais aussi formés à l'usage de la GPEC dans le cadre global de la sécurisation des parcours professionnels.

Partie 2

LE CADRE DE LA FORMATION PROFESSIONNELLE CONTINUE

La loi Delors du 16 juillet 1971 a imposé aux entreprises, quels que soient leur statut et leur secteur d'activité, une obligation légale de financement de la formation professionnelle continue et inscrit les règles qui la régissent dans le livre 9 du Code du travail. Ce dispositif législatif a été un point de départ formel de l'implication des entreprises dans la logique de la formation.

D'abord plutôt perçue comme une dépense sociale que comme un investissement, la formation professionnelle s'est progressivement imposée comme un élément essentiel de la gestion des ressources humaines et comme un facteur de développement stratégique des performances. Depuis la loi Delors de 1971, la formation a évolué qualitativement et les demandes de formation se sont accrues de façon significative.

Dans son livre, « L'ingénierie de formation pour l'entreprise », T. Ardouin propose une analyse des différentes phases constitutives du processus d'ingénierie de formation : l'analyse, la conception, la réalisation et l'évaluation. En amont de cette analyse et afin de mieux appréhender le développement de l'ingénierie dans les pratiques formatives, il dégage quatre grandes périodes clés de l'histoire de l'évolution de la formation professionnelle continue : « *La formation ne peut agir sans références à l'histoire et à la culture ; une politique de formation est l'héritière de pratiques antérieures* »[1]. Ainsi, la formation va progressivement émerger comme l'outil d'accompagnement des mutations en facilitant le passage d'une société industrielle à une société dominée par les services. Il propose le découpage suivant.

PREMIÈRE PÉRIODE : DE 1971 À 1975

Elle correspond au tout début de la mise en œuvre de la loi instituant le cadre réglementaire et les modalités de financement de la formation professionnelle dans l'entreprise. La formation devient un droit pour le salarié. Perçue comme une charge pour l'entreprise, elle se limite à

---

1. Carré P., Caspar P., *Traité des sciences et des techniques de la formation*, Dunod, 2004.

l'adaptation du salarié à son poste de travail. C'est la période des Trente Glorieuses, le contexte économique est relativement stable et les principes tayloriens de cloisonnement hiérarchique et de parcellisation des tâches et des fonctions sont encore très prégnants dans l'organisation du travail. L'entreprise industrielle est davantage préoccupée par l'optimisation de la production que par l'évolution et le développement des capacités d'autonomie et d'initiative de ses salariés. On ne parle ni d'ingénierie de formation, ni de capital humain.

DEUXIÈME PÉRIODE : DE 1976 À 1982

Cette période est intitulée l'ère du catalogue, « *où c'est l'offre des organismes de formation qui structure la demande des employeurs* »[1]. C'est l'entrée dans une zone de turbulences, le chômage de masse apparaît et la formation est perçue comme « *un outil de réparation des désordres du marché du travail… et des dysfonctionnements mal identifiés.*[2] » L'entreprise ne considère toujours pas la formation comme l'un des éléments importants de sa stratégie de développement.

TROISIÈME PÉRIODE : DE 1983 À 1992

C'est dans la troisième période d'évolution de la formation des adultes que Thierry Ardouin situe l'émergence forte du concept d'ingénierie en formation. Cette période correspond à un changement d'attitude des entreprises dans la gestion de leurs salariés. En effet les nouvelles conditions économiques, l'arrivée des nouvelles technologies, la montée des marchés concurrentiels obligent les entreprises à se restructurer et à adapter les compétences de leurs salariés aux évolutions internes comme externes, afin de se maintenir sur leur marché et de garantir leur pérennité. Au milieu des années 1980, la formation

---

1. Ardouin T., *L'ingénierie de formation pour l'entreprise*, Dunod, 2003.
2. *Ibidem.*

devient un investissement. « *La formation n'apparaît plus seulement comme une solution curative aux problèmes d'emplois, mais comme un outil possible d'accompagnement face aux évolutions économiques*[1]. »

QUATRIÈME PÉRIODE : À PARTIR DE 1993

L'année 1993 marque ainsi le début d'une dernière phase d'évolution de la formation. Elle coïncide aussi avec l'introduction de l'éducation et de la formation dans l'action communautaire et la mise en œuvre d'une politique de formation professionnelle européenne (traité de Maastricht). La flexibilité de l'emploi s'est accrue. Les contenus des métiers et des tâches se sont complexifiés. Ils ont été enrichis de plus de polyvalence, d'autonomie, de qualifications et, dès lors, accroissent la demande d'acquisition de nouvelles compétences de la part des salariés. La démarche formation s'inscrit désormais dans un parcours de progression professionnelle et personnelle qui place l'individu au cœur du processus.

La quatrième et dernière étape de l'histoire de la construction des politiques de formation est donc caractérisée par l'évolution conceptuelle de l'ingénierie. C'est notamment le passage d'une ingénierie séquentielle à une ingénierie concourante, simultanée, axée sur la contribution interactive des acteurs et des métiers au déroulement du projet. Ce qui est recherché, c'est une meilleure compétitivité des processus d'apprentissage au travers de l'innovation et de la créativité. L'utilisation et l'intégration des nouvelles technologies de l'information et de la communication dans les pratiques de formation vont contribuer au déploiement de l'ingénierie simultanée. La notion de pilotage du projet succède aux notions de planification et de contrôle du déroulement séquentiel. Dans cette nouvelle approche, la distinction traditionnelle entre maître d'ouvrage, concepteur, maître d'œuvre et réalisateur tend à s'estomper. C'est l'entrée dans l'économie du savoir, de l'immatériel et de la « servuction », dont l'expression la plus significative est « la formation tout au long de la vie » professionnelle. Sous ce vocable d'abord européen, il s'agit en fait

---

1. Ardouin T., *op. cit.*

de renforcer la nécessité pour l'individu de maintenir, d'actualiser et de capitaliser ses compétences et ses savoirs tout au long de son parcours professionnel afin de maintenir son employabilité. Pour Guy Le Boterf, ce pilotage d'une démarche compétence « *ne peut relever d'une planification linéaire…les démarches compétences auront intérêt à s'inspirer des pratiques de l'ingénierie simultanée ou concourante pratiquée dans diverses entreprises.*[1] » La mise en œuvre de l'ANI de décembre 2003, de la réforme de 2004 et de la loi de cohésion sociale dite Borloo de Janvier 2005 viennent conforter ces approches et constats.

Les dispositions de l'ANI de 2009 sont donc pour partie reprises par le projet de loi relatif à l'orientation et à la formation professionnelle tout au long de la vie de novembre 2009. En effet, la loi n° 2009-1437 du 24 novembre 2009 relative à l'orientation et à la formation professionnelle tout au long de la vie est publiée au *Journal officiel* du mercredi 25 novembre 2009. La loi, adoptée définitivement par le Parlement le 14 octobre 2009, a été validée par le Conseil constitutionnel par décision n° 2009-592 DC du 19 novembre 2009 publiée au même *JO*. Les premiers décrets d'application du texte ont été ensuite publiés en janvier 2010 après avoir été soumis à l'avis du CNFPTLV (Conseil national de la formation professionnelle tout au long de la vie).

Le passage d'une pédagogie de la transmission à une pédagogie de l'appropriation puis, aujourd'hui, de la professionnalisation est une résultante de cette évolution conceptuelle de l'ingénierie. L'ingénierie de formation utilise et intègre désormais mieux les technologies de l'information et de la communication dans ses pratiques. Elles favorisent ainsi l'élargissement du cadre spatio-temporel de la formation. Cela se traduit concrètement par un élargissement des modes de dispense de la formation et donc par moins de stages sur catalogues au profit de dispositifs plus intégrés et plus flexibles répondant sans doute mieux aux attentes des besoins des salariés. « *La notion d'ingénierie prend sa dimension et son utilité sur le champ pédagogique à partir du moment où l'on "ouvre" le dispositif, en modifiant ensemble les espaces, les temps et les modes de l'action pédagogique.*[2] »

---

1. Carré P., Caspar P., *op. cit.*
2. *Ibidem.*

Chapitre 1

La formation professionnelle dans son contexte légal

HISTORIQUE DE LA FORMATION PROFESSIONNELLE CONTINUE DES ADULTES EN FRANCE

En France, la formation professionnelle est structurée en deux domaines bien différents : la formation initiale des jeunes, dispensée sous forme d'apprentissage ou d'enseignement technique, et la formation professionnelle continue des adultes, qui répond aux exigences de l'éducation permanente telle qu'elle a été théoriquement définie, notamment par l'Unesco. Deux ministères représentent chacun ces deux domaines. L'Éducation nationale couvre le premier domaine, tandis que le ministère du Travail est moins visible, sous la tutelle d'un secrétariat d'État. Il est même arrivé que la formation professionnelle fasse l'objet d'un petit oubli lors de la nomination d'un gouvernement. C'est dire la place qu'elle peut occuper parfois dans l'esprit des dirigeants politiques !

La formation professionnelle a évolué au fil des années pour accompagner ces évolutions de stratégie. D'ailleurs, P. Caspar note que « *Les problèmes posés à la formation sont de moins en moins des problèmes de formation. Non parce que l'idée même de formation est moins présente. Au contraire, on l'évoque ou on la convoque à tout moment pour résoudre tous les problèmes ou pour réparer les insuffisances ou les manques d'anticipation dans tous les autres domaines. Mais la grande prise de conscience de ces dernières années est plutôt celle de la nature et de l'ampleur des enjeux auxquels la formation est associée, en tant que processus de préparation et d'accompagnement des changements, voire en tant que facteur d'émergence des ruptures ou des cultures nouvelles.*[1] »

Les origines

L'idée d'une formation permanente n'est pas nouvelle. Pour beaucoup, elle remonterait à l'Antiquité et à Platon. Mais à l'évidence, cette idée évolue au fil des siècles. La représentation médiévale la plus forte est celle du compagnonnage. Maître Jacques, tailleur de pierres, et Père Soubise, charpentier, auraient participé à l'édification du premier temple de Jérusalem au temps de Salomon avant de revenir en Gaule. D'autres versions font référence aux moines constructeurs du XIIe siècle qui auraient créé les premières associations d'ouvriers itinérants. C'est au Moyen Âge que se développe la force des confréries ouvrières en réponse à la puissance grandissante des corporations. L'apprentissage sur les lieux du travail date de cette époque où les corporations constituaient un lieu privilégié pour les transferts du savoir-faire.

Alors même que l'instruction élémentaire n'était pas encore étendue à l'ensemble de la population, la transmission des connaissances nécessaires à l'exercice de certains métiers était donc assurée par ces corporations. L'apprenti devenait à son tour compagnon, et ainsi de suite. Les corporations ont été abolies en 1791 par le décret d'Allarde, mais la qualification des salariés reste un enjeu économique majeur pour les sociétés qui s'engagent progressivement vers des mutations technologiques fortes.

Partout dans le monde, les systèmes d'éducation et d'enseignement ont été initialement réservés à une élite restreinte. L'obligation scolaire et la gratuité de l'enseignement, instaurées par Jules Ferry en 1881 et 1882, permettent, en France, à l'ensemble de la population de bénéficier de

---

1. Caspar P. « Formation des adultes : quelques tendances lourdes et des faits probablement porteurs d'avenir », in *Éducation permanente*, n°127.

l'instruction élémentaire. La formation devait ouvrir les salariés à une culture aussi bien scientifique et technique que littéraire et artistique. C'est dans les milieux républicains de la seconde moitié du XIXᵉ siècle que s'affirma l'aspiration à une éducation pour tous, condition d'une démocratisation complète de la société.

Toutes ces idées doivent beaucoup à la philosophie des Lumières et à Condorcet qui fut l'auteur d'un rapport à l'Assemblée législative, en avril 1792, dans lequel sont utilisés pour la première fois les termes de « formation continue » et d'« interdisciplinarité ». Ainsi naquit sans doute la notion d'éducation permanente. En tout cas, le premier texte qui fait date n'est autre que ce « Rapport sur l'instruction publique » de Condorcet. Il imaginait déjà le principe de la formation continue estimant que : « l'éducation est le seul moyen de libérer les hommes de la pire des servitudes : l'ignorance ». Dans le plan d'instruction publique qu'il présente à l'Assemblée, il propose que l'instruction puisse « assurer aux hommes, dans tous les âges de la vie, la facilité de conserver leurs connaissances, ou d'en acquérir de nouvelles ». Mais pour que ce concept d'éducation permanente bénéficie d'une reconnaissance légale, et prenne un véritable sens, il a fallu attendre plus de deux cents ans.

Sous l'Ancien Régime, l'apprentissage s'effectuait principalement dans les ateliers, sous la direction d'un maître. Le tour de France accompli par les compagnons se faisait après la période d'apprentissage. La révolution industrielle entraîna, tout au long du XIXᵉ siècle, une dégradation de l'apprentissage. Il fallait pourtant une main-d'œuvre adaptée aux nouvelles tâches générées par la division du travail naissante. L'école élémentaire ne prévoyait pas cette préparation. En effet, l'enseignement technique ne fut institué qu'en 1919, après le vote de la loi Astier, qui faisait obligation aux municipalités d'organiser des cours pour tous les jeunes de moins de 18 ans. Ceux-ci devaient avoir la possibilité de suivre une formation prise sur le temps de travail. Enfin, le 19 juillet 1925, fut instituée une taxe d'apprentissage à la charge des entreprises, et cet effort d'organisation et de généralisation fut amplifié à la Libération.

Avant 1971

L'intervention de l'État fut intensifiée dans les pays occidentaux au lendemain de la Seconde Guerre mondiale. Dans de nombreux pays, les pouvoirs publics se donnèrent pour tâche, après consultation des partenaires sociaux, de définir les normes de qualification. C'est ainsi qu'en France, en 1945, Alexandre Parodi, ministre du Travail, fit établir une classification du travail ouvrier. Elle demeura longtemps en vigueur. Cette classification, fondée sur la formation professionnelle et sur le niveau de salaire, distingue les catégories suivantes : manœuvre, ouvrier spécialisé, ouvrier professionnel.

Les premières tentatives significatives de formation pour adultes ont vu le jour durant la crise économique des années 1930. Il s'agissait avant tout d'offrir aux travailleurs un emploi. Après la Libération, surtout pendant les années de croissance économique rapide, les syndicats, les gouvernements et le patronat conçoivent autrement la formation des adultes. La qualification, source de productivité, devait aussi garantir l'homogénéité de l'entreprise. De nombreuses initiatives témoignent de ce dynamisme. Citons par exemple celle de Joffre Dumazedier, qui lance en 1945 un mouvement d'éducation populaire, « Peuple et cultures », ou celle de Bertrand Schwartz, qui crée en 1960 le CUCES (Centre universitaire de coopération économique et sociale) chargé de développer la formation des ouvriers peu qualifiés.

Dans le cadre de la planification, dont l'importance pratique fut grande jusqu'aux années 1970, les bases d'une intervention coordonnée de l'État et des organismes privés furent dressées. C'est ainsi qu'en 1959 la loi Debré introduisit le principe d'une aide aux stagiaires et d'un système de conventionnement entre les pouvoirs publics et les centres de formation. En 1963, l'Institut national de formation des adultes et le Fonds national de l'emploi (FNE) furent créés. Une partie des ressources va à la formation. Une autre forme d'intervention de l'État concernait la formation de certaines catégories de salariés. En effet, l'Administration se devait d'initier une politique d'éducation visant à permettre à un maximum de salariés d'acquérir un niveau supérieur de qualification.

La loi de 1971

On trouve les premiers textes réglementaires sur la formation dans les ordonnances de 1945 relatives aux attributions du comité d'entreprise (CE) qui furent en partie reprises par l'article 84.130[1]. Ces textes créent l'obligation de consultation du CE sur les problèmes de formation. Le droit à la formation, quant à lui, n'a pas fait l'objet d'une seule loi, mais d'une série d'accords qui résultent en partie des mouvements sociaux de mai 1968. Juin 1968 verra la signature des accords de Grenelle ouvrant la voie d'une politique de formation plus étendue. Un an après Mai 68, des négociations sur la formation seront ouvertes. Elles aboutiront, le 9 juillet 1970, à un accord interprofessionnel, signé par les syndicats et le patronat, qui débouche sur la loi du 16 juillet 1971, relative à la formation professionnelle. Aujourd'hui encore, pour certains, toucher ou revoir les fondements de la formation professionnelle, c'est réduire définitivement la portée des accords de Grenelle, seule véritable résultante des mouvements de Mai 68.

Reprenant et complétant les lois de 1966 et de 1968, ainsi que les accords nationaux de 1970 et 1971, la loi sur la « formation professionnelle continue » inspirée par Jacques Delors va devenir le fondement principal à partir duquel va s'ordonner l'ensemble du nouveau dispositif de formation permanente toujours en vigueur en France. Dans cette loi de 1971, l'éducation permanente fait de la formation professionnelle permanente une obligation. Le droit à la formation est reconnu sous la forme d'un congé. L'État, les collectivités locales, les établissements publics et privés, les associations, les organisations professionnelles, syndicales et familiales, ainsi que les entreprises concourent à assurer cette formation professionnelle continue.

Pour comprendre le système actuel, il convient donc d'en replacer les origines dans leur contexte. Reprenant les termes de l'accord national interprofessionnel du 9 juillet 1970, la loi du 16 juillet 1971 formalise la formation dans l'entreprise. L'obligation de dépense qui en découle est d'abord perçue par les entreprises comme une taxe dont l'assiette est la masse salariale. À cette époque, le volet social de la formation

© Groupe Eyrolles

---

1. Du 24 février 1984.

apparaissait comme plus important que le volet économique. La formation professionnelle engagée sur le temps de travail est considérée comme un acquis social. La flexibilité de la formation qui aurait pour conséquence implicite de faire revenir sur cet acquis, et d'obliger le salarié à se former sur son temps personnel est, depuis lors, souvent vécue comme une régression, ou envisagée comme une menace par les partenaires sociaux.

Ainsi, l'histoire de la construction de cette loi de 1971 montre bien l'importance des sources conventionnelles et l'esprit de concertation paritaire qui a animé les différents partenaires de la formation professionnelle. Le développement du droit à la formation sous ses formes modernes est donc lié à l'histoire plus générale des rapports sociaux au sein du monde de travail. En synthèse, les principaux textes légiférant cette formation professionnelle sont, pour la plupart, regroupés au livre IX du Code du travail (art. L. 900-1 et suivants).

Financeur, décideur, organisateur, bénéficiaire, l'entreprise constitue de fait l'entité pivot de la « formation professionnelle continue ». Au regard de la loi de 1971, il convient de souligner que ses rôles sont multiples dans ce système. Trois fonctions lui sont plus particulièrement dévolues : financement, décision, et utilisation. Toutefois, l'analyse de ces différentes fonctions permet de constater aussi l'importance de l'entreprise comme dispensateur de formation. La loi prévoit en effet que l'entreprise puisse investir cette autre fonction. En effet, l'article L. 950-2 du Code du travail stipule que les employeurs peuvent s'acquitter de l'obligation de participation « en finançant des actions de formation au bénéfice de leurs personnels. Ces actions sont organisées dans l'entreprise elle-même… » ; alors l'employeur finance la rémunération des stagiaires et le fonctionnement des stages.

L'un des objectifs de la loi de 1971 était aussi « l'amélioration des relations entre le comité d'entreprise et la direction des entreprises ». Cet objectif a été partiellement atteint puisque, de fait, de nombreux CE ont été créés à la suite de la loi de 1971.

Dans son ensemble, cette loi de 1971 définit pour la première fois le droit reconnu à chaque salarié de suivre une formation. Elle instaure, à l'époque, l'obligation pour les employeurs de financer la formation à hauteur de 0,8 % de la masse salariale. Cette obligation perdure même si le taux varie. Elle renouvelle ainsi les dispositions des lois antérieures sur les conventions entre l'État et les organismes de formation.

Le système national de formation permanente existe désormais, et tout salarié peut en bénéficier par le biais du congé individuel de formation. De nombreux organismes de formation prennent alors un essor considérable. Les GRETA (Groupements d'établissements pour la formation continue), les universités et organismes spécialisés, telle l'AFPA (Association nationale pour la formation professionnelle des adultes), travaillent en liaison étroite avec les entreprises. Dans le secteur public (administration et entreprises nationalisées), la formation permanente est systématiquement organisée.

Les années 1970

Avec la loi de 1971, la formation professionnelle continue des adultes se structure comme un secteur de services marchands. Elle développe des fonctions sociales de régulation, une recherche appropriée en partie représentée par les sciences de l'éducation et un corps de professionnels dévolus. Dans les entreprises, de nouvelles fonctions, par exemple celles de formateur ou responsable formation, sont intégrées au sein des ressources humaines. De nombreuses filières de formation de formateurs sont alors créées.

Mais dès 1974, avec la crise économique et la dégradation du marché du travail, la formation devient un outil pour l'emploi. Ainsi, à la fin des années 1970, plusieurs pactes pour l'emploi vont être mis en œuvre. Les premières tentatives de corrélation emploi-formation apparaissent alors. La formation est progressivement assimilée à une dépense ou une charge que l'entreprise doit gérer au mieux en cherchant à optimiser ce budget. Ce phénomène ayant pour conséquence le début de l'augmentation progressive des dépenses, de nouveaux professionnels de l'orientation apparaissent, ils réalisent des bilans et construisent le lien entre formation et mobilité.

L'aide de l'État commence à être orientée vers les publics en difficulté : chômeurs, jeunes, femmes… La recherche de l'insertion est plus forte et conduit notamment à explorer plus à fond les différentes formules de l'alternance. En 1978, une loi précise les dispositions relatives au congé formation.

Les années 1980

Le bon fonctionnement du nouveau système de formation a été altéré par l'évolution de la situation économique mondiale. Des secteurs entiers de l'industrie ont été touchés par les restructurations qui ont entraîné la suppression définitive de plusieurs milliers d'emplois. Ce fut le cas, en particulier, dans les mines et la sidérurgie de la plupart des pays de la CEE. Alors, dans les suites des travaux du CUCES, B. Schwartz, devenu en 1974 conseiller des universités pour la formation des adultes, lance en 1981 les missions locales d'insertion pour les ouvriers non qualifiés et les chômeurs.

Le contexte économique ne suffit pas à créer des emplois pour les chômeurs. Par ailleurs, il faut encore former ceux-ci à de nouvelles carrières. Or, dans tous les pays industriels, une véritable révolution technologique, liée à une informatisation croissante, est en cours. De nombreuses suppressions d'emplois coïncident avec la création de nouveaux métiers. Cette évolution exige des salariés de l'industrie, et surtout des services, de nouvelles qualifications. Ils doivent détenir de nouvelles compétences pour une meilleure adaptation à des procédés de production de plus en plus complexes. Les compétences, qui hier reposaient sur la maîtrise d'un métier stable, doivent être refondues, et les stages de réinsertion deviennent indispensables car le renouvellement des tâches devient plus rapide que la rotation du personnel. « *D'un côté, le changement incessant des techniques de la demande, des marchés et des produits est, pour les entreprises, le lot de chaque jour. D'où, en ce qui concerne leurs compétences, un constant besoin de renouvellement et de perfectionnement - bien plus rapide que ne peut l'être raisonnablement le renouvellement de leur personnel.*[1] »

Dans de telles conditions, la formation professionnelle permanente a été amenée à connaître, depuis 1984 environ, une évolution sensible. Les pouvoirs publics ont alors cherché des formules qui répondent mieux aux besoins des jeunes travailleurs. Ils ont mis en place les travaux d'utilité publique (TUC), les stages d'initiation à la vie

---

1. Cannacy Y., *Formations en entreprises, interventions conduites de 1987 à 1989 par la CEGOS en partenariat avec plus de 70 entreprises.*

professionnelle (SIVP), les contrats à durée déterminée et les stages « en alternance » se déroulant en partie en entreprise, en partie dans des organismes de formation.

L'exonération de charges pour les employeurs embauchant des jeunes (ordonnance du 16 juillet 1986) et des adultes (loi du 10 juillet 1987) dans le cadre des stages en alternance est décrétée. De même, à cette époque, des contrats de réinsertion dans l'emploi (CRE) pour les bénéficiaires du revenu minimum d'insertion (RMI) furent mis en place. Perçue par certains comme une œuvre de bienfaisance, par d'autres comme une obligation fiscale, la formation continue, pour ne pas parler de l'éducation permanente, reste néanmoins un enjeu social pour tous.

La scolarisation de l'apprentissage, aux dépens de la formation « sur le tas », n'ayant pas résolu les problèmes de formation, la nécessité d'une formation des adultes s'impose plus que jamais. La loi du 24 février 1984 introduit une négociation sur les objectifs et les moyens de la formation au niveau des branches professionnelles. Ces dispositions sont confirmées par la loi du 4 juillet 1990 en introduisant une périodicité quinquennale.

Les années 1990

Au cœur des relations du travail, la formation professionnelle a été inscrite comme un facteur de performance économique et de développement personnel. Elle a joué un rôle essentiel dans le dialogue social et a été source de progression professionnelle pour de nombreuses personnes. Mais le système de formation se trouve aujourd'hui confronté à d'autres défis : l'aggravation de la précarité de l'emploi, l'accélération de la mobilité professionnelle, l'éclatement des statuts, les exigences accrues de renouvellement des connaissances et des savoir-faire… Face à ces défis, une grande partie de la population adulte ne dispose que d'un faible niveau de formation initiale et les jeunes générations, bien que plus diplômées, éprouvent parfois de réelles difficultés d'intégration professionnelle. Sur la base de ces constats, la secrétaire d'État à la Formation professionnelle a présenté au Conseil des ministres, le 17 mars 1999, une communication sur la réforme de la formation professionnelle.

Dans ce contexte, l'importance de la formation professionnelle instaurée dès la loi de 1971 va évidemment s'accroître. Le contrôle est alors renforcé. Déjà établie par les lois du 16/07/1971, du 31/12/1975, du 24/02/1984, la législation concernant ce contrôle de la formation professionnelle sera complétée par celles du 04/07/1990, du 20/12/1993 et du 16/12/1996. Par l'article 75 de la loi quinquennale du 20 décembre 1993, la compétence juridique et le pouvoir des inspecteurs et contrôleurs de la formation professionnelle ont été élargis et renforcés. Des notes du Groupe national de contrôle (GNC) et la jurisprudence complètent ces différents textes. Le contrôle porte sur la réalité et la validité des dépenses justifiant que l'entreprise a bien rempli son obligation légale de versement attestée par la déclaration fiscale 2483 adressée pour le 30 avril de chaque année aux impôts indirects. La réalité est prouvée par l'attestation de présence des stagiaires et une liste d'émargement quotidienne qui doit être conservée par l'organisme de formation. Pour être valide l'action doit répondre à la notion de stage (programme et itinéraire pédagogique). Enfin, les dépenses inscrites doivent être des dépenses réelles.

De même, les attributions du comité d'entreprise sont élargies. La loi du 31 décembre 1991, dans son nouvel article L. 933-4 du Code du travail, intègre les dispositions de la loi du 2 août 1989 qui prévoyaient la mise en œuvre d'actions de formation pouvant s'étaler sur plusieurs années. Dès lors, l'employeur qui élabore un programme pluriannuel de formation doit consulter le comité d'entreprise au cours du dernier trimestre précédant la période couverte par ce programme. Cette consultation doit s'effectuer durant l'une des réunions prévues sur le plan de formation.

On constate néanmoins, dans ce contexte social tendu, de fortes inégalités d'accès à la formation. Ceux qui auraient le plus besoin de faire progresser leurs compétences et d'accéder à une qualification reconnue sont ceux qui bénéficient le moins de la formation continue. Les nouvelles technologies de l'information et de la communication, la transformation des rythmes de vie liés à la réduction du temps de travail, le développement de nouvelles formes d'organisation du travail et de gestion des compétences modifient également les conditions d'apprentissage des connaissances et de progression professionnelle. La tendance est à l'individualisation.

La collecte des fonds de formation a également été modifiée. L'article 74 de la loi quinquennale du 20 décembre 1993 a précisé que les agréments délivrés aux organismes paritaires collecteurs des fonds de la formation professionnelle continue expirait le 31 décembre 1995. Depuis cette date, les organismes collecteurs susceptibles d'être agréés doivent avoir une compétence nationale, interrégionale ou régionale. Par ailleurs, le décret du 28 octobre 1994 pose les règles de création et de fonctionnement des organismes collecteurs paritaires agréés. Il prône la séparation des activités de collecte et de formation. Les chambres consulaires et les ASFO sont notamment concernées.

La loi précise par ailleurs que les tâches de gestion d'un organisme collecteur paritaire agréé ne peuvent en aucun cas être confiées directement ou indirectement à un établissement de formation ou à un établissement de crédit. Un seuil de collecte minimum de 100 millions de francs est prévu pour les organismes à compétence nationale. Les objectifs de cette disposition sont une réduction du nombre d'organismes collecteurs et la recherche d'une plus grande rationalité en dégageant une plus large lisibilité du dispositif, ainsi qu'une meilleure transparence du réseau des organismes. Ainsi, 96 organismes paritaires collecteurs agréés (OPCA) succèdent aux 255 fonds d'assurance formation précédemment agréés.

Début 2000

La secrétaire d'État à la formation professionnelle reporte à nouveau un projet de réforme pour cause d'actualité. Un jour ou l'autre, ce débat finira par avoir lieu car la singularité européenne de notre système devra être revue. Mais pour aboutir, ce débat doit se dérouler dans un climat de sérénité construit en concertation avec les partenaires sociaux. La secrétaire d'État le reconnaît quand elle déclare : « *Je vois mal comment nous pourrions fonder un nouveau système de formation professionnelle sans que les règles du jeu aient été débattues par les partenaires eux-mêmes.* »

En exergue de toutes ces réformes, acquérir de nouvelles compétences et les entretenir reste une préoccupation majeure du salarié qui souhaite « se former tout au long de sa vie ». Cela signifie espérer un meilleur salaire et voir s'ouvrir la possibilité d'effectuer un travail plus intéressant. La qualification et sa validation, qui apparaissent comme une certaine forme de promotion sociale, sont, aujourd'hui encore, fort heureusement au cœur des discussions engagées entre les partenaires sociaux et les pouvoirs publics. Car, « *s'il est vrai que le système éducatif est maître de la pédagogie et des enseignements généraux, il est également vrai que l'entreprise est maîtresse des savoirs et du métier, de l'appréciation de leur utilité et du test final qu'est l'emploi.*[1] »

Les années 2000

L'idée d'une réforme de la formation professionnelle continue des salariés d'entreprise et du dispositif mis en place par la loi de 1971 n'est pas neuve. On la voit apparaître dans les premiers discours officiels dès le début de l'année 1998, comme dans celui que prononce, le 23 janvier 1998, la ministre de l'Emploi et de la Solidarité en clôture de la Ve Université d'hiver de la formation professionnelle. Dans ce discours, Martine Aubry soulignait que le dispositif de formation est devenu « complexe, opaque, incompréhensible pour beaucoup », et que le système de formation professionnelle « ne réduit pas les inégalités sociales ». La nécessité de conduire une réforme apparaît donc au regard de trois priorités :

- la création d'un droit effectif à la formation pour chacun, véritable prémisse du DIF ;
- la validation des compétences et des qualifications acquises au cours de la vie professionnelle, « complément indispensable » au droit à l'évolution professionnelle, et pour élargir la possibilité de faire valider ses acquis professionnels ;
- donner de véritables chances d'accès à la qualification aux demandeurs d'emploi, notamment les plus vulnérables sur le marché du travail.

---

1. Gélinier O., *Le management en crise. Pour une formation proche de l'action*, Economica, 1998.

À l'issue du Conseil des ministres du 17 mars 1999, est diffusé un livre blanc intitulé « La formation professionnelle : diagnostics, défis et enjeux ». C'est le « bilan du système existant » dont souhaitait disposer Nicole Péry avant d'entamer toute réforme de la formation professionnelle. Le document, où sont évalués « les atouts et les faiblesses » du dispositif, a fait l'objet de rencontres régulières avec les partenaires sociaux et les nombreux acteurs et experts concernés par le sujet. Ce diagnostic propose quatre axes pour mener à bien une modernisation du dispositif :

- Développer un droit individuel, transférable et garanti collectivement. Dans le texte, cette proposition renvoie à l'instauration d'un « droit individuel transférable et garanti collectivement » afin que chacun puisse « à tout moment faire usage de ses droits acquis » et construire son projet de formation de « manière négociée ». La garantie collective implique une « mutualisation des fonds et que les droits ouverts à chacun soient plus ou moins importants selon les situations individuelles ». La recherche d'un système de répartition doit être effectuée « sans faire obstacle à la mise en place de dispositifs de capitalisation » qui ne peuvent cependant constituer qu'un « complément ». Ce nouveau dispositif correspond à une « politique intégrée d'égalité des chances entre les hommes et les femmes en matière de formation ».

- Prendre en compte les acquis de l'expérience dans les parcours professionnels.

- Donner toute leur portée aux formations en alternance.

- Clarifier le rôle de tous les acteurs.

Le gouvernement s'attelle alors à la modernisation du système de formation professionnelle en faisant partager ce diagnostic aux acteurs du milieu. Il souhaite mettre les acteurs en mouvement par une mobilisation consensuelle autour des enjeux communs. Le 28 mars 2000, Nicole Péry ouvre une table ronde sur l'offre de formation. Le 12 octobre 2000, le séminaire de clôture permet de prendre connaissance des résultats du travail de ces groupes et de définir les éléments susceptibles d'être retenus dans le processus de réforme. Nicole Péry rend public son « *Rapport sur la professionnalisation de l'offre de formation et des relations entre les utilisateurs et les organismes* ».

Au terme d'une négociation initiée depuis, les confédérations syndicales ont conclu le 20 septembre 2003 un accord national interprofessionnel (ANI) relatif à l'accès des salariés à la formation tout au long de la vie professionnelle. Cet accord donne lieu à une nouvelle loi sur la formation professionnelle, dont les partenaires ont repris l'initiative quant aux modalités du droit de la formation par rapport au pouvoir législatif. L'ANI a pour objectif la refonte du dispositif de formation professionnelle vieux de plus de trente ans.

Avant la loi de 2004, les ANI de 2003

C'est le texte fondateur. Dans la version du 5 décembre 2003, l'accord national interprofessionnel reprend les principales dispositions de l'accord conclu par l'ensemble des partenaires sociaux le 20 septembre 2003. Cet accord visait à moderniser le système de la formation professionnelle pour permettre à chaque salarié d'accéder à :

- un droit individuel à la formation (20 heures par an, cumulables sur 6 ans) ;
- une partie de la formation déroulée en dehors du temps de travail et rémunérée à hauteur de 50 % ;
- un contrat de professionnalisation (il se substituera aux anciens contrats de qualification, d'orientation et d'adaptation) ;
- des financements par les entreprises de la formation en augmentation.

D'autre part la version du 5 décembre s'inspire aussi du texte sur la négociation collective qui avait été approuvé le 16 juillet 2001 par quatre confédérations syndicales nationales : CFDT, FO, CFTC et CFE-CGC. La CGT n'avait pas approuvé ce texte. Ce projet visait à clarifier le rapport entre les responsabilités de l'État et celles des partenaires sociaux dans la définition des règles de la négociation collective. Les principes proposés sont les suivants :

- Engagement de l'État à donner la priorité à la négociation collective avant toute réforme législative touchant aux relations du travail.

- Affirmation du principe de l'accord majoritaire : les accords conclus au niveau des branches devront soit être approuvés par une ou des organisations représentant au moins 50 % des salariés soit, au moins, ne pas rencontrer l'opposition de la majorité des organisations représentatives.

- Affirmation du principe d'une élection de représentativité au niveau de la branche.

- Des accords pourront être conclus avec les élus du personnel dans les entreprises où il n'existe pas de délégué syndical.

- L'accord d'entreprise pourra déroger à l'accord de branche, sauf si celui-ci l'interdit explicitement. L'accord de branche reste cependant un impératif dans trois domaines : les salaires minima, les grilles de classification et la mutualisation de certains financements (prévoyance et formation professionnelle).

Après un préambule rappelant, à partir de constats, les objectifs poursuivis, ces deux textes fondus dans l'ANI du 05/12/2003 tracent en partie les deux principaux titres de la loi qui en découle. Un arrêté du 17 décembre 2004, publié au *Journal officiel* du 24 décembre, rend obligatoires « *pour tous les employeurs et tous les salariés compris dans son champ d'application, les dispositions de l'ANI du 5 décembre 2003 relatif à l'accès des salariés à la formation tout au long de la vie professionnelle* », avec certaines exclusions et réserves.

Suite à cet ANI, une nouvelle loi sur la formation professionnelle des salariés et le dialogue social a été envisagée, rédigée, proposée, amendée et votée.

La loi de mai 2004

Elle a été votée par les députés le 4 mai 2004. Publiée au *Bulletin officiel* le 5 mai, elle est entrée en application le 7 mai 2004. Elle est d'abord destinée aux salariés en poste dans les entreprises privées de toutes tailles. Les salariés du public ne sont pas encore concernés par cette réforme, qui s'adresse aux entreprises et à leurs salariés en modifiant le livre IX du Code du travail.

La loi n° 2004-391 du 4 mai 2004 relative à la formation professionnelle et au dialogue social est divisée en trois titres. Les deux titres
principaux du projet de loi, le premier et le deuxième, manifestent le
souhait du gouvernement de respecter les accords conclus par les partenaires sociaux, d'en assurer la transposition législative et de relancer
le dialogue social. À la base de ce souhait, un droit du travail négocié
est considéré comme plus protecteur des salariés et mieux adapté aux
évolutions de l'emploi. L'autonomie des partenaires sociaux lors de la
négociation a été recherchée pour construire la meilleure articulation
possible entre leurs initiatives et le rôle de garant de l'ordre public
confié au législateur.

Le premier titre, relatif à la formation tout au long de la vie, reprend les
principales dispositions de l'accord national interprofessionnel conclu
en septembre 2003 pour rénover le système de formation professionnelle. Proches de ceux de l'ANI, les principaux objectifs du titre I de la
loi sont :

- la création d'un droit individuel à la formation, mis en œuvre pour
  partie en dehors du temps de travail et donnant lieu à une allocation
  de formation égale à 50 % du salaire ;
- la mise en place d'un contrat de professionnalisation pour favoriser
  l'insertion des jeunes et la réinsertion professionnelle des demandeurs d'emploi, ainsi que la mise en œuvre d'une période de professionnalisation pour les salariés, notamment les salariés en seconde
  partie de carrière ;
- l'amélioration des dispositifs d'information et d'orientation des personnes tout au long de la vie ;
- l'accroissement de l'effort financier des entreprises et notamment
  des petites et moyennes, ainsi que la réorganisation des conditions
  de mutualisation des fonds ;
- le renforcement des conditions d'exercice du dialogue social et des
  partenariats locaux.

Le titre II est la suite d'une position commune des partenaires sociaux
conclue en juillet 2001. Il vise à favoriser le développement de la
négociation collective en France. Il traduit la volonté d'engager une
réforme de la négociation collective dont l'objet est de contribuer au

développement de la démocratie sociale. Le dialogue et la négociation entre partenaires sociaux doivent prendre une place essentielle pour définir, dans le champ du travail, les règles applicables au niveau interprofessionnel, dans la branche et au niveau de l'entreprise. Un nouvel équilibre entre les rôles respectifs de l'État et les partenaires sociaux doit être défini, ainsi que cela est la règle dans la plupart des pays de l'Union européenne. Sans remettre en cause le principe de faveur entre les différents niveaux de négociation, ni les prescriptions impératives du Code du travail, le projet vise à instituer de nouvelles marges d'autonomie dans les rapports entre les accords d'entreprise et les accords de branches ou interprofessionnels.

La loi comme d'ailleurs l'accord des partenaires sociaux sont entrés en vigueur dès l'année 2004. Ils prévoient les outils pour suivre la mise en œuvre. Les partenaires sociaux feront le bilan de la mise en œuvre du droit individuel fin 2006 et celui de la mise en œuvre générale de l'accord fin 2008. Il conviendra alors de vérifier que ces dispositifs ont permis de répondre aux trois grandes questions posées par le diagnostic : celles de l'égalité d'accès à la formation, de la dimension qualifiante et de la lisibilité du système.

Les ANI et la loi de novembre 2009

La réforme de 2004 et son évaluation, la volonté du Président annoncent déjà une nouvelle réforme. En effet, un nouvel ANI sur « le développement de la formation tout au long de la vie professionnelle, la professionnalisation et la sécurisation des parcours professionnels » du 7 janvier 2009 constitue la base d'une nouvelle réforme de la formation.

L'accord national interprofessionnel du 7 janvier 2009 (*Accord national interprofessionnel, 5 oct. 2009 sur le développement de la formation tout au long de la vie professionnelle, la professionnalisation et la sécurisation des parcours professionnels*) vient compléter et amender l'ANI du 5 décembre 2003 – acte fondateur de la réforme introduite par la loi n° 2004-391 du 4 mai 2004 « sur la formation professionnelle tout au long de la vie » (*JO* du 5 mai). L'ANI concrétise également des mesures introduites par l'ANI du 11 janvier 2008 relatif à la modernisation du marché du travail tandis que d'autres de ses dispositions ont vocation à s'articuler avec les négociations actuelles sur l'**assurance chômage** ou récemment intervenues sur la **gestion prévisionnelle des emplois et des compétences (GPEC)**.

Les références en introduction de l'ANI de janvier 2008 sont :

- la mise en œuvre de **l'accord national interprofessionnel du 5 décembre 2003** relatif à l'accès des salariés à la formation tout au long de la vie professionnelle a permis, comme constaté à l'occasion de **son évaluation réalisée au premier semestre 2008,** de donner une nouvelle impulsion aux dispositions et dispositifs conventionnels, notamment en augmentant sensiblement le taux d'accès des salariés à la formation, en améliorant l'égalité d'accès à la formation, en diffusant les principes de professionnalisation et en développant l'initiative du salarié ;

- conformément à **l'accord national interprofessionnel sur la modernisation du marché du travail du 11 janvier 2008**, cette dynamique doit être poursuivie et amplifiée afin d'apporter de nouvelles réponses concrètes aux salariés, aux demandeurs d'emploi ainsi qu'aux entreprises.

Cet ANI envisage aussi de modifier le paysage de la gouvernance de la formation professionnelle. Les instances politiques paritaires sont principalement, au niveau national le CPNFP, le Conseil national d'évaluations de la formation professionnelle, les CPNE, et au niveau territorial, les commissions paritaires de branches territoriales ou régionales, lorsqu'elles existent, et les COPIRE. Leurs missions sont différenciées selon le caractère national ou territorial et sont précisées ou complétées afin de renforcer la gouvernance paritaire et une meilleure coordination avec l'État, les régions et tout autre collectivité territoriale compétente en matière de formation professionnelle, d'emploi et d'insertion.

À terme, un seul et même texte a réuni les deux accords interprofessionnels sur la formation professionnelle, celui du 5 décembre 2003 et celui du 7 janvier 2009 qui fusionnent. Le texte a été signé par l'ensemble des partenaires sociaux. Ce nouvel ANI daté du **5 octobre 2009** reprend donc l'ensemble des dispositions de l'ANI du 5 décembre 2003 en les complétant avec celles du 7 janvier 2009.

Figurent dans ce nouveau texte des dispositions relatives notamment :

- à l'entretien professionnel et au bilan d'étape professionnel ;
- au DIF (principe de portabilité du DIF) ;
- au fonds paritaire de sécurisation des parcours professionnels (FPSPP) (rôle du FPSPP dans la qualification et la requalification des salariés et des demandeurs d'emplois) ;
- aux nouvelles missions des OPCA.

Le cycle législatif est alors en marche par les présentations du texte :

- au Conseil des ministres du 29 avril 2009 ;
- à l'Assemblé nationale le 21 juillet 2009 ;
- au Sénat le 23 septembre 2009 ;
- au CMP le 6 octobre 2009 ;

La loi fut votée à l'Assemblée nationale et au Sénat les 13 et 14 octobre 2009. Le recours au déposé contre l'article 53 devant le Conseil constitutionnel fut rejeté le 19 novembre 2007. La loi fut donc adoptée.

Les dispositions de l'ANI sont donc pour partie reprises par le **projet de loi**, relatif à l'orientation et à la formation professionnelle tout au long de la vie, de novembre 2009. En effet, la loi n° 2009-1437 du 24 novembre 2009 relative à l'orientation et à la formation professionnelle tout au long de la vie est publiée au *Journal officiel* du mercredi 25 novembre 2009. La loi, adoptée définitivement par le Parlement le 14 octobre 2009, a été validée par le Conseil constitutionnel par décision n° 2009-592 DC du 19 novembre 2009 publiée au même *JO*. Les premiers décrets d'application du texte ont été ensuite publiés en janvier 2010 après avoir été soumis à l'avis du CNFPTLV (Conseil national de la formation professionnelle tout au long de la vie), notamment celui sur le FPSPP (Fonds paritaire de sécurisation des parcours professionnels.

La loi comprend 62 articles répartis en 8 titres : droit à l'information, à l'orientation et à la qualification professionnelles ; simplification et développement de la formation professionnelle tout au long de la vie ; sécurisation des parcours professionnels ; contrats en alternance ; emploi des jeunes ; gestion des fonds de la formation professionnelle ; offre et organismes de formation ; coordination des politiques de formation professionnelle et contrôle de la formation professionnelle. Cette loi reprend donc les grands axes de l'ANI (accord national inter-professionnel sur la formation professionnelle) du 7 janvier 2009 signé unanimement par les partenaires sociaux et intégré depuis dans l'ANI général du 5 octobre 2009.

En synthèse, les principales mesures introduites par cette loi sont :

- que les OPCA devront conclure avec l'État une **convention triennale d'objectifs et de moyens.** Leurs missions sont précisées et leur agrément n'est accordé par l'État que lorsque le montant de leur collecte annuelle est supérieur à un seuil fixé par décret ;

- la mise en œuvre de la **portabilité du DIF** en cas de changement d'employeurs ;

- la création de la **POE (préparation opérationnelle à l'emploi),** formation de 400 heures proposée aux demandeurs d'emploi sur une offre déposée à Pôle emploi ;

- la possibilité de suivre des formations pendant les périodes de **chômage partiel** ;

- **les contrats de professionnalisation** de 24 mois pour les publics prioritaires (allocataires du RSA, de l'ASS et de l'AAH) ;

- les **apprentis sans employeur** pourront entamer leur formation pendant deux mois dans les CFA volontaires jusqu'au 31 octobre 2010 ;

- les **CFA** peuvent accueillir pour une durée maximale d'un an les élèves ayant atteint l'âge de quinze ans pour leur permettre de suivre, sous statut scolaire, une formation en alternance ;

- les conseillers d'**orientation de l'AFPA** seront transférés à Pôle emploi avant le 1er avril 2010 ;

- les **PRDF** (plans régionaux de développement des formations) feront l'objet d'une contractualisation entre les régions et l'État ;

- l'ouverture des **écoles de la deuxième chance** aux 16-25 ans au lieu des 18-22 ans ;

- la création d'un **passeport « orientation/formation »** ;

- la création d'un « **droit à l'orientation** » et d'un délégué à l'information et à l'orientation placé auprès du Premier ministre ;

- l'expérimentation d'un **livret de compétences** pour les élèves des premier et second degrés ;

- la création du **FPSPP** (Fonds paritaire de sécurisation des parcours professionnels) qui a succédé au FUP (Fonds unique de péréquation) en 2010. Ce FPSPP « remplace l'actuel Fonds unique de péréquation ». La composition paritaire des membres du FPSPP est donc identique à celle de l'ancien FUP. Les instances politiques de gestion de la formation mise en place au niveau national sont :
  - le comité paritaire national de la formation professionnelle (CPNFP), chargé de veiller à la bonne application des ANI en matière de FP, d'agréer les OPCA, d'assurer la liaison avec les pouvoirs publics,
  - le conseil national de la formation tout au long de la vie (CNFPTLV), chargé notamment d'émettre un avis sur les projets de textes relatifs à la FP, formuler des recommandations, etc. ;

- en sus des instances nationales existantes, création d'un nouveau comité désigné « CNEFP », présidé par une personnalité qualifiée. Rôle : évaluation des politiques paritaires de formation, des programmes et des financements mis en œuvre par le FPSPP. À ce titre, il sera chargé d'établir un rapport public annuel faisant état de ses travaux.

Chapitre 2

Le cadre réglementaire actuel

Quelles que soient la forme et la durée de son contrat de travail, le salarié peut se former en tout ou partie pendant le temps de travail. Le statut du salarié pendant la formation – c'est-à-dire sa rémunération, sa protection sociale, ses obligations à l'égard de l'employeur ou encore le mode de prise en charge des coûts de la formation – dépend du cadre juridique dans lequel il se trouve : plan de formation de l'entreprise, congé individuel de formation (CIF), droit individuel à la formation (DIF), validation des acquis de l'expérience (VAE), périodes de professionnalisation, etc.

Les actions de formation doivent se dérouler conformément à un programme établi en fonction d'objectifs préalablement définis. Ce programme doit préciser les moyens pédagogiques et d'encadrement mis en œuvre, ainsi que le dispositif retenu pour suivre son exécution et en apprécier les résultats.

QU'EST-CE QU'UNE ACTION DE FORMATION ?

Une action de formation professionnelle doit être réalisée conformément à un programme préétabli qui, en fonction d'objectifs déterminés, précise les moyens pédagogiques, techniques et d'encadrement mis en œuvre, ainsi que les moyens permettant de suivre son exécution et d'en apprécier les résultats. Les types d'actions de formation ouvertes aux salariés dans le cadre des dispositifs et des financements prévus par le Code du travail sont les suivants :

- Les actions de préformation et de préparation à la vie professionnelle, qui ont pour objet de permettre à toute personne, sans qualification professionnelle et sans contrat de travail, d'atteindre le niveau nécessaire pour suivre un stage de formation professionnelle proprement dit ou pour entrer directement dans la vie professionnelle.

- Les actions d'adaptation et de développement des compétences des salariés, dont l'objet est de favoriser l'adaptation des salariés à leur poste de travail, à l'évolution des emplois, ainsi que leur maintien dans l'emploi, et de participer au développement des compétences des salariés.

- Les actions de promotion, en vue d'acquérir une qualification plus élevée.

- Les actions de prévention. Elles ont pour objet de réduire les risques d'inadaptation des qualifications en préparant les travailleurs à une mutation d'activité.

- Les actions d'acquisition, d'entretien ou de perfectionnement des connaissances : elles offrent aux salariés les moyens d'accéder à la culture, de maintenir ou de parfaire leur qualification.

- Les actions de formation ayant pour but la lutte contre l'illettrisme et l'apprentissage de la langue française.

La formation professionnelle est aussi ouverte à d'autres types d'actions :

- Les actions de bilan de compétences. Susceptible de précéder une action de formation proprement dite, l'action de bilan de compétences permet au salarié d'analyser ses compétences professionnelles et personnelles, ses aptitudes et motivations en vue de définir un projet professionnel ou de formation.

- Les actions permettant de faire valider les acquis de l'expérience en vue de l'acquisition d'un diplôme, d'un titre à finalité professionnelle ou d'un certificat de qualification professionnelle figurant sur une liste établie par la commission paritaire d'une branche professionnelle, enregistrés dans le répertoire national des certifications professionnelles.

Qui dispense les actions de formation ?

Une entreprise peut organiser elle-même la formation de ses salariés ou faire appel à un prestataire extérieur. Un salarié en congé de formation choisit librement son organisme de formation. Un impératif toutefois : une action de formation – autre que celle organisée en interne par l'entreprise pour ses propres salariés – doit être dispensée par un organisme de formation qui a déclaré son activité auprès de la préfecture de la région où il est implanté. Cette déclaration doit être déposée dès la conclusion de la première convention ou du premier contrat de formation ; l'organisme doit être pourvu du numéro de déclaration d'activité correspondant.

Un bilan de compétences ne peut être organisé que par un prestataire inscrit sur une liste établie par un organisme chargé de la gestion du congé individuel de formation (les FONGECIF ou certains OPCA de branche).

L'organisation de la formation depuis l'entreprise

L'employeur est dans l'obligation d'organiser la formation de ses salariés dans les cas suivants :

- Tout au long de l'exécution des contrats de travail, l'employeur a le devoir d'assurer l'adaptation des salariés à leur poste de travail. Il doit également veiller au maintien de leur capacité à occuper un emploi, au regard notamment de l'évolution des emplois, des technologies et des organisations. En cas de suppression d'emploi : l'obligation de reclassement des salariés concernés s'accompagne de celle visant à assurer leur adaptation au nouvel emploi, notamment par une formation adéquate et suffisante.

- À la suite de l'embauche d'un jeune en contrat d'insertion en alternance, l'organisation de la formation s'impose à l'employeur, qui est tenu de laisser le jeune suivre les actions de formation prévues.

- Lorsqu'un accord ou la convention collective applicable à l'entreprise prévoit des périodes de formation obligatoires (après une mutation, un congé de longue durée…).

- Si le contrat de travail d'un salarié contient l'engagement de l'employeur de le former.

Dans ces hypothèses, l'obligation de l'employeur a pour corollaire le devoir du salarié de suivre la formation. L'ensemble des contributions financières sert au financement des coûts de formation, de rémunération et de transport, hébergement et restauration des salariés en formation. Sauf dans le cadre du CIF, il appartient à l'employeur d'assurer la prise en charge financière, avec ou sans le soutien de l'OPCA, de l'ensemble de ces frais : aucune participation financière ne peut être exigée du salarié.

En revanche, le salarié bénéficiaire d'un congé individuel de formation qui se voit refuser le financement de sa formation peut être amené à en régler lui-même le coût suivant des modalités particulières.

Le Code du travail impose aux entreprises des contributions financières minimales calculées sur leur masse salariale. Celles-ci sont, soit constituées de dépenses de l'entreprise, soit constituées de versements à des organismes spécialisés, créés et gérés par les partenaires sociaux : les organismes paritaires collecteurs agréés (OPCA). Les dispositions applicables ont été modifiées en dernier lieu par l'ordonnance n°2005-895 du 2 août 2005 qui crée un régime spécifique de participation des employeurs de 10 et 20 salariés et institue un « lissage » des effets du franchissement des seuils de 10 et 20 salariés ; ces dispositions nouvelles s'appliquent à la participation au titre de la formation continue due pour les rémunérations versées à compter du 01 janvier 2005.

	Entreprises de moins de 10 salariés	Entreprises de plus de 10 salariés
ACTIONS	**LOI DU 4 MAI**	**LOI DU 4 MAI**
Contribution générale	0,4 % à l'entrée en vigueur de la loi et 0,55 % à compter du 01 janvier 2005	1,6 % de la masse salariale 2 % pour les ETT
CIF		Versement obligatoire OPACIF : 0,20 % et 0,30 % pour les ETP
Alternance avant la loi, et contrat et période de professionnalisation avec la loi du 04 mai 2004	*Contrat et période de professionnalisation :* Versement obligatoire aux organismes collecteurs agréés au titre des contrats et périodes de professionnalisation et du DIF : 0,15 %	Versement obligatoire aux organismes collecteurs agréés au titre des contrats et périodes de professionnalisation et du DIF : 0,50 %

.../...

« Plan de formation »		0,9 % en général, 1,20 % pour les ETT Versement obligatoire aux organismes agréés du plan de formation
CIF-CDD	Non déterminé	Non déterminé

Le dispositif d'atténuation des effets de seuil mis en place par l'ordonnance du 2 août 2005 est conçu de manière à tenir compte du droit conventionnel : pour les entreprises de 10 à moins de 20 salariés, le versement légal ou conventionnel dû au titre du congé individuel de formation fait l'objet d'une exonération fixe, de même que le versement légal ou conventionnel dû au titre du financement de la professionnalisation.

LE DÉPART DES SALARIÉS EN FORMATION

Le départ d'un salarié d'entreprise en formation peut s'effectuer dans le cadre de quatre modalités principales : plan, DIF, périodes de professionnalisation et CIF.

Distinguer le plan de formation et le 0,9 %

Le plan de formation vise l'organisation de la formation dans l'entreprise ; la « contribution solde » son financement. Au-delà de la simple question sémantique, fusionner ces deux notions équivaut à, d'une part, réduire les possibilités offertes par la réglementation sur la « contribution solde » et, d'autre part, limiter le financement du plan à cette même contribution.

Les différentes définitions du plan de formation :

– approche limitée : les actions sont à la seule initiative de l'employeur 0,9 % (par opposition au DIF et aux congés formation) ;

– approche globale : il s'agit de toutes les actions de formation engagées au sein de l'entreprise, qu'elles soient à l'initiative de l'employeur ou du salarié. Elles sont proposées à la consultation du comité d'entreprise ;

– approche gestionnaire : utilisée au regard de l'imputabilité ; désigne alors toutes les dépenses de formation qui seront déclarées fiscalement ou les dépenses de formation pouvant être prises en charge par l'OPCA (au titre du 0,9 % ou 0,5 % mutualisés) ;

...../...

…/…

– approche étendue : désignée pour parler de toutes les dépenses de formation réelles de l'entreprise, y compris les formations dites « non imputables ». Il traduit l'effort formation dans sa globalité.

Le plan de formation est donc l'une des modalités d'accès à la formation à côté du droit individuel à la formation (DIF), et du congé individuel de formation (CIF) (art. L. 6321-1 du Code du travail). Sa caractéristique principale est qu'il réunit toutes les actions de formation de la seule initiative de l'employeur, décidées ou acceptées par celui-ci. La contribution solde est la fraction de la participation à la formation professionnelle continue (le « 1,6 % minimum ») gérée en tout ou partie par l'employeur (art. L. 6331-9 du Code du travail).

Cette contribution finance le plan de formation, mais peut également servir à financer des départs dans le cadre du droit individuel à la formation, du congé individuel de formation, de la période et du contrat de professionnalisation. Cette contribution n'a jamais été enfermée dans le financement du seul plan de formation de l'entreprise. Cela permet en particulier au DIF de trouver une source de financement lorsqu'il ne rentre pas dans les priorités prises en charge par l'OPCA au titre du 0,5 % versé par l'entreprise.

La contribution employeur 0,9 %

À ce stade, le plan de formation est considéré comme l'activité de formation liée au 0,9 % minimum. Les principales dispositions concernant le plan de formation sont contenues dans l'article 10 de la loi, lequel modifie les articles 932-1 et 932-2 du Code du travail. Il crée l'obligation pour l'employeur « d'assurer l'adaptation de ses salariés à leur poste de travail et à l'évolution de leur emploi. Il participe en outre au développement de leurs compétences ».

Il s'organise désormais autour de trois nouvelles catégories d'actions de formation, dont le champ est déterminé par l'employeur, qui définissent le régime applicable au temps de formation :

- les actions d'adaptation au poste de travail, réalisées pendant le temps de travail ;
- les actions de formation liées à l'évolution des emplois ou celles qui participent au maintien dans l'emploi ;

- les actions de formation ayant pour objet le développement des compétences des salariés. Elles peuvent, en application d'un accord écrit, entre le salarié et l'employeur, qui peut être dénoncé dans les huit jours de sa conclusion, se dérouler hors du temps de travail effectif dans la limite de 80 heures par an et par salarié. Les heures de formation réalisées en dehors du temps de travail donnent lieu au versement par l'entreprise d'une allocation de formation d'un montant égal à 50 % de la rémunération nette de référence du salarié concerné. Réalisées pendant ou hors temps de travail après accord du salarié dans la limite de 80 heures/an.

La loi relative à l'orientation et à la formation professionnelle tout au long de la vie, en reprenant l'ANI du 7 janvier 2009, apporte des aménagements sur ce dispositif d'accès à la formation des salariés. Jusqu'à présent, l'employeur devait classer les actions qu'il avait retenues dans le plan de formation selon leurs finalités :

- adaptation au poste de travail (objectif 1) ;

- évolution et maintien dans l'emploi (objectif 2) ;

- développement des compétences (objectif 3).

À chaque objectif correspondait un régime juridique spécifique au regard du temps de travail et de la rémunération versée au salarié pendant la formation. La loi de 2009, tout en maintenant l'intitulé des trois objectifs, ne distingue plus, s'agissant de la consultation du comité d'entreprise, que deux régimes juridiques. Les actions relevant des objectifs 1 et 2 doivent être présentées conjointement au comité d'entreprise. Elles constituent désormais un temps de travail effectif et donnent lieu, pendant la réalisation de la formation, au maintien de la rémunération.

La nouvelle loi de 2009, tout en maintenant les trois objectifs des actions de formation possibles dans le plan, prévoit :

- d'une part, que le document transmis aux membres du comité d'entreprise regroupe dans une même catégorie d'actions les objectifs 1 et 2 ;

- d'autre part, que les actions des objectifs 1 et 2 relèvent du même régime juridique lorsque la formation se déroule au-delà de la durée du temps de travail : versement de l'allocation formation.

Les actions liées à l'objectif 3 doivent être présentées de façon distincte au comité d'entreprise. Elles peuvent toujours être suivies en dehors du temps de travail et indemnisées au titre de l'allocation de formation égale à 50 % du salaire horaire net (article L. 6321-2 du Code du travail, modifié par l'article 8 du projet de loi du 14 octobre 2009).

L'accès des salariés à des actions de formation au titre du plan est assuré à l'initiative de l'employeur. Les instances représentatives du personnel doivent être consultées sur la catégorisation des trois types d'actions de formation. Il n'existe aucune obligation de répartition du volume de formation entre les trois catégories. Il revient à l'employeur de catégoriser les trois types d'actions en fonction de leurs objectifs respectifs et d'informer les instances représentatives du personnel sur ce point lors de leur consultation.

Lorsque, en application des dispositions du PF III, tout ou partie de la formation se déroule en dehors du temps de travail, l'entreprise définit avec le salarié, avant son départ en formation, la nature des engagements auxquels elle souscrit dès lors que l'intéressé aura suivi avec assiduité la formation et satisfait aux évaluations prévues. Ces engagements portent sur les conditions dans lesquelles le salarié accède en priorité, dans un délai d'un an à l'issue de la formation, aux fonctions disponibles correspondant aux connaissances ainsi acquises, et sur l'attribution de la classification correspondant à l'emploi occupé. Ces engagements portent également sur les modalités de prise en compte des efforts accomplis par le salarié.

La formation hors temps de travail ne peut s'effectuer qu'avec l'accord préalable du salarié et exclusivement pour les actions de type II et III. Dans ce cas, l'accord doit être formalisé par écrit entre le salarié et l'employeur. Cet accord est susceptible d'être dénoncé sous 8 jours. Le refus du salarié de participer à des actions de formation ne constitue ni une faute, ni un motif de licenciement. L'entreprise définit avec le salarié, avant son départ en formation, la nature des engagements auxquels elle souscrit si le salarié se montre assidu et réussit les évaluations. Ces engagements portent sur trois points :

- l'accès prioritaire pendant un an aux fonctions disponibles correspondant à la formation ;

- l'attribution de la classification correspondant à l'emploi occupé ;
- la prise en compte des efforts du salarié.

Le salarié peut demander à suivre une formation prévue dans le plan de formation de l'entreprise. La loi n'impose aucune procédure : la demande et la réponse sont formulées librement, selon les usages ou les dispositions conventionnelles qui peuvent exister dans l'entreprise. Si l'employeur accepte, le départ en formation du salarié reste assimilé à l'exécution normale du contrat de travail et ne peut être requalifié en congé individuel de formation.

En revanche, un salarié ne peut refuser de suivre une formation dans le cadre du plan de formation : la demande de l'employeur relève de son pouvoir de direction, ne pas s'y soumettre peut être qualifié de faute professionnelle. Il existe cependant des exceptions.

Le droit individuel à la formation (DIF)

La loi n° 2004-391 du 4 mai 2004 relative à la formation professionnelle tout au long de la vie et au dialogue social modifiant les articles L. 933-1 à L. 933-6 du Code du travail, faisant suite à l'accord national interprofessionnel du 20 septembre 2003, ouvre pour les salariés bénéficiant d'un contrat de travail à durée indéterminée de droit privé, un droit individuel à formation d'une durée de 20 heures minimum par an, cumulable sur une période de six ans. Au terme de ce délai de six ans, et à défaut de son utilisation en tout ou partie, le DIF est plafonné à 120 heures.

Le bénéfice du DIF permet au salarié de participer à des actions de formation mises en œuvre en dehors du temps de travail, sauf dispositions contraires prévues dans un accord collectif de branche ou d'entreprise.

Le DIF est mis en œuvre à l'initiative du salarié, le choix de l'action de formation est arrêté dans le cadre d'un accord écrit conclu entre le salarié et son entreprise. En cas de désaccord persistant sur 2 ans entre l'entreprise et le salarié sur le choix de l'action de formation, l'organisme paritaire agréé au titre du congé individuel de formation dont relève l'entreprise, assure par priorité la prise en charge de l'action de formation dans le cadre du congé individuel de formation, sous réserve que cette action soit conforme aux critères définis par l'organisme. Dans ce cas, l'employeur est tenu de verser à l'organisme le montant de l'allocation de formation et les frais de formation (base forfaitaire).

Les coûts de formation liés à la mise en œuvre du DIF ainsi que le montant de l'allocation de formation versée au salarié pendant la réalisation en dehors du temps de travail des actions de formation sont à la charge de l'entreprise. Le montant de l'allocation est égal à 50 % de la rémunération nette du salarié. Ces dépenses sont imputables sur l'obligation légale de l'entreprise de participer au développement de la formation professionnelle continue.

Ce dispositif a été complété par les décrets du 25 août 2004, n° 2004-870 relatif à la consultation du comité d'entreprise en matière de formation professionnelle et n° 2004-871 déterminant le salaire horaire de référence pour le calcul du montant de l'allocation de formation.

Dans la loi de 2009, les dispositions relatives à la portabilité du droit individuel à la formation (DIF) ont été profondément remaniées par les sénateurs. Les applications du DIF en entreprise ont notamment été déclinées dans une première série de décrets d'application de la loi du 24 novembre 2009, parus au *Journal officiel* le 18 janvier 2010.

La notion de « transférabilité » a été écartée pour celle plus globale de « portabilité » qui recouvre toutes les options ouvertes au salarié qui perd son emploi. Il pourra « porter » ses droits au titre du DIF lors de la rupture de son contrat de travail, durant sa période de chômage ou pendant deux ans chez son nouvel employeur pour financer tout ou partie d'une action de bilan de compétences, de validation des acquis de l'expérience ou de formation. Les principes suivants sont prévus :

- en cas de licenciement, l'employeur informe le salarié de ses droits en matière de DIF dans la lettre de licenciement. Les droits acquis au titre du DIF et l'OPCA compétent figurent sur le certificat de travail ;

- seule la faute lourde est exclue de la portabilité et non plus la faute grave en cas de licenciement ;

- les actions de formation réalisées pendant la durée du préavis de licenciement se déroulent pendant le temps de travail ;

- en cas de démission, le salarié peut demander à bénéficier de son DIF sous réserve que la formation débute avant la fin de son préavis ;
- en cas de départ à la retraite, le salarié ne peut bénéficier de ses droits acquis au titre du DIF ;
- le financement des heures de formation se fait sur la base d'un montant forfaitaire (nombre d'heures de DIF multiplié par 9,15 euros).

La réforme de 2009 introduit la portabilité du DIF, et le décret paru au *JO* le 19 janvier 2010 n° 2010-64 sur le DIF prévoit la mention des droits acquis au titre du DIF dans le certificat de travail. Le certificat de travail délivré par l'employeur au salarié à l'expiration du contrat de travail doit désormais comporter trois mentions supplémentaires (dispositions ajoutées à l'article D. 1234-6 du Code du travail) :

- le solde du nombre d'heures acquises au titre du droit individuel à la formation et non utilisées, « y compris dans le cas défini à l'article L. 6323-17 » du Code du travail ;
- la somme correspondant à ce solde ;
- l'OPCA agréé au titre de la section professionnalisation de l'entreprise compétent pour verser cette somme lorsque l'ex-salarié devenu demandeur d'emploi en fait la demande, pour financer tout ou partie d'une action de bilan de compétences, de VAE (validation des acquis de l'expérience) ou de formation.

L'article L. 6323-17 du Code du travail modifié par la loi du 24 novembre 2009 prévoit qu'en cas de licenciement non consécutif à une faute lourde, et si le salarié en fait la demande avant la fin du préavis, la somme correspondant au solde du nombre d'heures acquises au titre du DIF et non utilisées, multiplié par le montant forfaitaire de 9,15 euros, permet de financer tout ou partie d'une action de bilan de compétences, de VAE ou de formation. À défaut d'une telle demande, la somme n'est pas due par l'employeur. Lorsque l'action est réalisée pendant l'exercice du préavis, elle se déroule pendant le temps de travail. En cas de démission, le salarié peut demander à bénéficier de son DIF sous réserve que l'action de bilan de compétences, de VAE ou de formation soit engagée avant la fin du préavis.

Le solde du nombre d'heures acquises au titre du DIF correspond au compteur DIF au terme du contrat de travail. S'il y a eu utilisation du DIF durant le préavis, la somme utilisée est convertie en heures puis déduite du compteur DIF.

Le droit individuel à la formation est portable en cas de licenciement du salarié, sauf pour faute lourde. Le demandeur d'emploi peut demander, auprès de Pôle emploi, à utiliser son DIF portable acquis auprès du dernier employeur afin de financer tout ou partie d'une action de formation, un bilan de compétence ou une validation des acquis de l'expérience.

Le financement n'est possible qu'après avis du référent Pôle emploi chargé de l'accompagnement du demandeur d'emploi et, en priorité, pendant sa période de prise en charge par l'assurance chômage.

En cas d'accord, la prise en charge forfaitaire de 9,15 euros × crédit DIF portable est assurée par l'OPCA de l'ancien employeur.

Le salarié peut, dans les deux ans qui suivent son embauche auprès d'un nouvel employeur, demander à utiliser son DIF portable pour financer une action de formation, un bilan de compétence ou une validation des acquis de l'expérience, ou avec l'accord de l'employeur, ou sans.

En cas d'accord, l'action peut se dérouler pendant ou en dehors du temps de travail et donner lieu au versement d'une rémunération ou de l'allocation de formation.

En cas de désaccord, l'action doit relever du DIF prioritaire de la branche et être réalisée en dehors du temps de travail, sans que l'employeur n'ait à verser d'allocation de formation pour les heures réalisées en dehors du temps de travail.

La prise en charge du DIF portable avec ou sans accord de l'employeur est réalisée par l'OPCA du nouvel employeur sur la base du forfait 9,15 euros × crédit DIF portable.

Les salariés employés en vertu d'un contrat de travail à durée déterminée peuvent bénéficier du droit individuel à la formation *prorata temporis*, à l'issue du délai de quatre mois fixé. L'employeur est tenu d'informer le salarié de ses droits à ce titre. Le FONGECIF ou l'OPACIF assure la prise en charge des frais de formation, de transport et d'hébergement ainsi que de l'allocation de formation due à ces salariés.

Voir :

- Art. L. 6323-21 nouveau du Code du travail.
- Art. D. 1234-6 nouveau du Code du travail.
- Loi n° 2009-1437 du 24 novembre 2009, art. 6 (*JO* du 25 novembre 2009).

Les périodes de professionnalisation

Les périodes de professionnalisation s'adressent aux salariés présents dans l'entreprise et titulaires d'un CDI. Elles sont pour objet de permettre à leur bénéficiaire :

- D'acquérir l'une des qualifications prévues à l'article L. 900-3 du Code du travail. Cette qualification doit correspondre aux besoins de l'économie prévisibles à court ou moyen terme et doit également : soit être enregistrée dans le répertoire national des certifications professionnelles, soit être reconnue dans les classifications d'une convention collective nationale de branche ; soit figurer sur une liste établie par la commission paritaire nationale de l'emploi d'une branche professionnelle.

- De participer à une action de formation dont l'objectif est défini par la commission paritaire nationale de la branche professionnelle dont relève l'entreprise.

La liste des qualifications accessibles au titre des périodes de professionnalisation est fixée par les partenaires sociaux, soit dans le cadre d'une convention ou d'un accord collectif de branche, soit, à défaut, par accord collectif conclu entre les organisations représentatives d'employeurs et de salariés signataires d'un accord constitutif d'un OPCA interprofessionnel.

La période de professionnalisation associe des enseignements généraux, professionnels et technologiques à l'acquisition d'un savoir-faire par l'exercice dans l'entreprise d'une ou plusieurs activités professionnelles en relation avec les qualifications recherchées. La possibilité de suivre une formation dans le cadre d'une période de professionnalisation est ouverte à cinq catégories de salariés :

- Les salariés dont la qualification est insuffisante au regard de l'évolution des technologies et de l'organisation du travail.

- Les salariés qui comptent 20 ans d'activité professionnelle ou âgés d'au moins 45 ans et disposant d'une ancienneté minimum d'un an de présence dans la dernière entreprise qui les emploie.

- Les salariés qui envisagent la création ou la reprise d'une entreprise.

- Les femmes qui reprennent une activité professionnelle après un congé de maternité ou les hommes et les femmes après un congé parental.

- Les bénéficiaires de l'obligation d'emploi prévue à l'article L. 323-3 du Code du travail, notamment les travailleurs handicapés.

Les actions de formation peuvent être réalisées pendant le temps de travail avec maintien de la rémunération ou en dehors du temps de travail avec accord du salarié et versement d'une allocation formation (50 % du net).

La loi de 2009 et ses décrets d'application viennent actualiser les mesures liées à la professionnalisation :

- le décret n° 2010-60 du 18 janvier 2010 modifie les articles D. 6332-87 et D. 6332-91 du Code du travail, relatifs aux modalités de prise en charge des dépenses liées à la mise en œuvre du contrat ou de la période de professionnalisation ;

- le décret n° 2010-61 du 18 janvier 2010 fixe à 120 heures la durée minimale des périodes de professionnalisation prises en compte pour ouvrir droit aux versements au titre de la péréquation par le FPSPP (Fonds paritaire de sécurisation des parcours professionnels) ;

- le décret n° 2010-62 du 18 janvier 2010 fixe à 80 heures la durée minimale de la formation reçue dans le cadre de la période de professionnalisation par les salariés bénéficiaires d'un contrat unique d'insertion.

Le congé individuel de formation (CIF)

Tout salarié qui en remplit les conditions peut accéder à un congé individuel de formation (CIF), quel que soit l'effectif de l'entreprise. Ce CIF est le droit de s'absenter de son poste de travail pour suivre une formation de son choix. Pour en bénéficier, le salarié doit remplir certaines conditions et présenter sa demande à l'employeur, selon une procédure déterminée. Le salarié peut bénéficier, également sous certaines conditions, d'une prise en charge de sa rémunération et des frais liés au congé de la part de l'organisme paritaire collecteur agréé au titre du CIF (OPACIF) ou encore d'organismes dont la compétence est limitée à une entreprise ou un groupe d'entreprises (AGECIF).

Le CIF permet à tout travailleur, au cours de sa vie professionnelle, de suivre à son initiative et à titre individuel, des actions de formation, indépendamment de sa participation aux stages compris dans le plan de formation de l'entreprise. Sauf accord sur une durée plus longue, l'absence ne peut être supérieure à un an pour un stage à temps plein ou à 1 200 heures pour un stage à temps partiel. Ce congé permet également de préparer et de passer un examen.

Pour l'accès au CIF, une condition d'ancienneté est nécessaire : 24 mois consécutifs ou non en tant que salarié, dont 12 mois dans l'entreprise (36 mois dans les entreprises artisanales de moins de 10 salariés). Un délai de franchise entre deux CIF doit être respecté. Sa durée, qui dépend de celle du précédent congé individuel de formation, ne peut être inférieure à 6 mois, ni supérieure à 6 ans.

Dans ce cadre, le salarié présente à son employeur dans un délai de 60 jours (ou 120 jours pour des stages d'une durée continue de plus de 6 mois) une demande écrite d'autorisation d'absence qui indique avec précision l'intitulé, la date d'ouverture, la durée de la formation, ainsi que l'organisme qui la réalise. Que peut répondre l'employeur ? Si le salarié remplit les conditions d'ouverture du droit au CIF (ancienneté, délai de franchise) et respecte la procédure de demande d'autorisation d'absence, l'employeur ne peut pas s'opposer au départ en formation du salarié. Il peut cependant en reporter la date pour des motifs de service détaillés dans la loi et lorsque, dans une entreprise ou un établissement, toutes les demandes de congé ne peuvent être satisfaites simultanément.

Enfin, le financement du congé individuel de formation est assuré par des organismes paritaires agréés par l'État. Il s'agit principalement des FONGECIF (fonds de gestion du CIF, présents dans chaque région). Cependant, dans quelques secteurs professionnels (spectacle, agriculture, économie sociale…), ce sont les OPCA (organismes paritaires collecteurs agréés) de branche qui sont chargés du financement du CIF.

Les principales mesures contenues dans la loi de 2009 sur le CIF sont :

- l'incitation pour faire bénéficier un nombre croissant de salariés ;
- la prise en charge identique des coûts pédagogiques pour les formations réalisées en dehors des périodes d'exécution normale du contrat de travail ;
- la conservation par le salarié du bénéfice de la Sécurité sociale et de la protection accidents du travail et maladies professionnelles.

L'accord national interprofessionnel du 9 janvier 2009 prévoit un dispositif de CIF hors temps de travail avec prise en charge possible par les OPACIF des seuls coûts pédagogiques en dehors de tout versement de rémunération. L'article L. 6322-64 du Code du travail, tel qu'il résulte de l'article 10 de la loi du 24 novembre 2009 prévoit que « dès lors que le salarié dispose d'une ancienneté d'un an dans l'entreprise, l'OPACIF dont il dépend peut, à sa demande, assurer la prise en charge de tout ou partie des frais liés à la réalisation d'une formation se déroulant hors temps de travail ». Pendant la durée de sa formation, le salarié bénéficie de la législation de la Sécurité sociale relative à la protection en matière d'accidents du travail et de maladies professionnelles.

Les décrets d'application viennent confirmer que pour le CIF hors temps de travail, la durée minimum de la formation hors temps de travail pouvant être prise en charge par l'OPACIF (organisme collecteur agréé au titre du congé individuel de formation) est fixée à 120 heures.

La POE

La réforme de la formation professionnelle, adoptée définitivement par le Parlement le 14 octobre 2009, validée par le Conseil constitutionnel par décision n° 2009-592 DC du 19 novembre 2009 publiée au même *JO* introduit un nouveau dispositif : la préparation opérationnelle à l'emploi (POE). Il s'agit de formations de 400 heures proposées aux demandeurs d'emploi sur une offre déposée à Pôle emploi en vue d'acquérir le socle de compétences professionnelles nécessaires pour occuper un poste proposé.

La POE est prise en charge par Pôle emploi et, partiellement, par l'OPCA concerné au titre de la professionnalisation ou plus largement des fonds mutualisés. Le bénéficiaire a, pendant l'action de formation, le statut de stagiaire de la formation professionnelle. La POE est individualisée et dispensée préalablement à l'entrée dans l'entreprise. À l'issue de la formation, l'employeur devrait conclure un contrat de travail ou envisager des modalités d'un accompagnement renforcé.

Le passeport formation

Au départ, le passeport formation est une initiative présentée dans l'ANI du 20 septembre 2003 au livre 1, titre 1, chapitre 2 : le passeport formation. Il est aussi décrit dans l'avenant 1 de l'ANI en ces termes : « Il favorise la mobilité interne ou externe du salarié [...] chaque salarié doit être en mesure d'identifier et de faire certifier ses connaissances, ses compétences et ses aptitudes professionnelles, acquises soit par la formation initiale ou continue, soit du fait de ses expériences professionnelles.[...] Dans cette perspective, les parties signataires du présent accord souhaitent que chaque salarié puisse, à son initiative, établir son "passeport formation" qui reste sa propriété et dont il garde la responsabilité d'utilisation ».

Le passeport formation a finalement été reconnu par la loi 19 novembre 2009[1]. Elle stipule notamment que chaque salarié peut à son initiative établir un passeport de formation afin de pouvoir identifier et faire

© Groupe Eyrolles

---

1. L'article L. 6315-2 du Code du travail.

certifier ses connaissances, compétences, aptitudes professionnelles acquises dans le cadre de la formation initiale ou continue, ou lors de ses expériences professionnelles.

Ce document est personnel, il reste la propriété du salarié qui en conserve la libre disposition. Il y aurait discrimination illégale pour refus d'embauche au motif que la personne qui répond à une offre d'emploi ne communique pas son passeport formation.

L'employeur ne peut exiger du salarié qui répond à une offre d'embauche qu'il lui présente son passeport orientation et formation. Est illicite le fait de refuser l'embauche d'un salarié en raison de son refus ou de son impossibilité de présenter son passeport orientation et formation.

Un décret en Conseil d'État déterminera les modalités de mise en œuvre de cet article.

La loi impose aux employeurs de mettre à disposition de toute personne un modèle de passeport orientation et formation qui recense, dans le cadre de la formation initiale, les diplômes et titres ainsi que les aptitudes, connaissances et compétences acquises, susceptibles d'aider à l'orientation. Et dans le cadre de la formation continue :

- tout ou partie des informations recueillies à l'occasion d'un entretien professionnel, d'un bilan de compétences ou d'un bilan d'étape professionnel ;
- les actions de formation prescrites par l'institution mentionnée à l'article L. 5312-1 ;
- les actions de formation mises en œuvre par l'employeur ou relevant de l'initiative individuelle ;
- les expériences professionnelles acquises lors des périodes de stage ou de formation en entreprise ;
- les qualifications obtenues ;
- les habilitations de personnes ;
- le ou les emplois occupés et les activités bénévoles, ainsi que les connaissances, les compétences et les aptitudes professionnelles mises en œuvre dans le cadre de ces emplois et de ces activités.

Une annexe au passeport formation peut contenir les décisions de l'entretien professionnel en matière de formation. Il existe un modèle proposé par le FUP (Fonds unique de péréquation – FPSPP) en format numérique : www.passeportformation.eu

Le bilan d'étape professionnel (BEP)

La réforme de la formation professionnelle continue de 2009 prolonge les dispositions de la loi du 11 janvier 2008 sur la modernisation du marché du travail et des mesures envisagées par les consultations sur la GPEC en vue de l'accord du 14 novembre 2008 sur la GPEC et au final l'ANI du 7 janvier 2009. La loi de novembre 2009 fixe (article 12) le principe suivant lequel le salarié ayant au moins deux ans d'ancienneté dans la même entreprise devrait bénéficier d'un bilan d'étape professionnel (BEP) renouvelable à sa demande tous les cinq ans et devrait être informé de cette possibilité lors de son embauche. Le BEP a un double objectif, il permet :

- au salarié d'appréhender ses capacités, d'évaluer ses besoins et de devenir moteur de son propre projet professionnel ;
- à l'employeur de déterminer les besoins et objectifs individuels de professionnalisation des salariés, dans une optique de sécurisation des parcours professionnels et de gestion prévisionnelle de l'emploi et des compétences.

Ce bilan d'étape professionnel, instauré dans les faits dès l'ANI du 11 janvier 2008 sur la modernisation du marché du travail, a été rendu obligatoire par la loi sur la formation (article L. 6315-1 du Code du travail). Toutefois, un accord interprofessionnel doit définir les conditions de son application. Courant 2011, cet accord n'est pas encore intervenu et n'est pas réellement prévu.

L'ACCUEIL ET LA FORMATION DE SALARIÉS EN CONTRATS D'ALTERNANCE

La formation en alternance est assez ancienne en France comme à l'étranger. La formation sur le tas effectuée chez le maître artisan s'est développée entre le Xe et le XIIIe siècles. Puis, cette alternance prend réellement forme avec le compagnonnage rendu obligatoire entre les XIIIe et XIXe siècles. Elle est ensuite légalisée notamment avec :

- La loi du 4 mars 1851 qui fixe les règles de l'apprentissage et les devoirs du maître d'apprentissage « *solidaire envers l'apprenti en bon père de famille, surveiller sa conduite, soit dans la maison, soit en dehors* ».

- La loi du 11 décembre 1880 qui crée des écoles manuelles d'apprentissage.

- La loi Astier, du 25 juillet 1919, qui crée des cours professionnels obligatoires pour les apprentis de moins de 18 ans.

Le début de l'alternance[1] formelle remonte donc aussi à la fin XIXe et au début XXe siècles, avec la modernisation de l'apprentissage mise en œuvre notamment pour répondre aux besoins de qualification créés par la révolution industrielle. Dans ce cadre, la loi du 13 juillet 1925 instaure la taxe d'apprentissage. Puis vient la promotion de cette alternance, développée entre 1971 et 1991, et l'institutionnalisation de l'alternance et du tutorat comme une voie permettant de solutionner la crise de l'emploi.

La formation en alternance est mise en œuvre dans le cadre de contrats de travail de type particulier. Elle est fondée sur l'articulation de périodes d'acquisition de savoir-faire en entreprise et de périodes de formation théorique dispensées en centres de formation ou, dans le cadre des contrats de professionnalisation, par l'entreprise elle-même si elle dispose d'un service de formation. Elle s'adresse aux jeunes de moins de 26 ans, mais aussi, dans le cadre des contrats de professionnalisation, aux demandeurs d'emploi de 26 ans et plus. Dans le cadre d'un contrat en alternance, l'employeur s'engage à fournir un emploi au salarié et à organiser sa formation.

---

1. Le terme « alternance » est ici entendu dans son sens général : un système de formation par lequel un jeune bénéficie d'une formation théorique en organisme de formation et d'une formation pratique en entreprise.

La formation en alternance est organisée autour de deux contrats, chacun destiné à un public déterminé, avec un objectif précis :

- le contrat d'apprentissage dans le cadre de la formation initiale et de l'insertion en alternance ;
- le contrat de professionnalisation (la loi du 4 mai 2004 « *relative à la formation professionnelle tout au long de la vie et au dialogue social* » a créé le « contrat de professionnalisation » et organisé la fin progressive de certains contrats d'insertion en alternance existant jusque-là, comme les contrats de qualification, d'orientation et d'adaptation).

Ce contrat est garant de la mise en œuvre de l'alternance pédagogique entre l'entreprise et le prestataire de la formation. Dans le cadre de l'apprentissage, l'employeur doit désigner un maître d'apprentissage chargé de contribuer à l'acquisition par l'apprenti des compétences correspondant à la qualification recherchée et au titre ou diplôme préparé. Dans le cadre du contrat de professionnalisation, un tuteur peut être nommé par l'employeur afin d'accueillir, d'informer, d'aider et de guider le titulaire de ce contrat, pendant toute la durée de l'action de professionnalisation.

La mission tutorale qui accompagne le tutorat est ancienne : on en trouve des traces depuis le Moyen Âge. Jusque dans les années 1980, elle s'exerce exclusivement dans le cadre de l'apprentissage, la loi ne la prenant en compte que pour indiquer succinctement les missions du maître d'apprentissage. Avec l'introduction des contrats d'insertion en alternance, on constate un développement et une diversification du tutorat.

Aujourd'hui, le tuteur ou le maître d'apprentissage peuvent être un salarié (volontaire) de l'entreprise ou l'employeur lui-même. Le tuteur est choisi en fonction de son niveau de qualification et de la durée d'exercice de l'activité professionnelle correspondant à la qualification ou à la formation préparée. Le tuteur et le maître d'apprentissage ne peuvent suivre qu'un nombre limité de salariés bénéficiaires de contrats d'insertion en alternance ou de périodes de professionnalisation :

- pour le tuteur, trois salariés maximum (deux, s'il s'agit du chef d'entreprise) ;
- pour le maître d'apprentissage, un seul salarié (deux, s'il est le chef d'entreprise).

Dans le cadre des contrats d'apprentissage, la fonction tutorale peut désormais être partagée entre plusieurs salariés de l'entreprise d'accueil, constituant une équipe tutorale (loi du 18 janvier 2005 de programmation pour la cohésion sociale).

Applicables dès septembre 2011, deux lois (loi n° 2011-893 du 28 juillet 2011 pour le développement de l'alternance et la sécurisation des parcours professionnels – *JO* du 29 juillet 2011 – et loi n° 2011-900 du 29 juillet 2011 de finances rectificative pour 2011, article 23 – *JO* du 30 juillet 2011)modifient de nombreuses dispositions relatives à l'alternance. Il s'agit en particulier d'inciter financièrement les entreprises à recruter des jeunes en contrat d'apprentissage ou de professionnalisation ; d'en élargir le recours à certains secteurs particuliers (travail temporaire, particuliers employeurs, activités saisonnières) et d'assouplir les règles en vigueur. La loi pour le développement de l'alternance et de la sécurisation des parcours professionnels et la loi de finances rectificative pour 2011 ont pour objectif d'augmenter de 200 000 le nombre d'alternants dans les entreprises d'ici 2015. Ils sont actuellement 600 000. Pour cela, ces lois prévoient une série d'aides au développement de l'alternance et en particulier la création d'un système de bonus-malus sur la taxe d'apprentissage pour les entreprises de plus de 250 salariés.

LE CONTRAT D'APPRENTISSAGE

L'apprentissage est une voie de la formation professionnelle initiale qui permet de préparer les diplômes et titres à finalité professionnelle (CAP, bac professionnel, BTS, titres d'ingénieur, etc.). Cette formation en alternance est une voie d'insertion dans l'emploi. Le gouvernement a décidé de relancer l'apprentissage, dont les effectifs stagnent autour de 360 000 apprentis depuis 2000, après avoir fortement crû dans les années 1990. Pour atteindre l'objectif de 500 000 apprentis en 2009, un ensemble de mesures importantes a été adopté dans la loi de programmation pour la cohésion sociale du 18 janvier 2005. Concernant l'apprentissage, les mesures adoptées s'articulent autour de quatre axes d'amélioration : le statut de l'apprenti, les conditions de formation, l'aide aux employeurs d'apprentis, l'organisation institutionnelle et le financement.

La loi contient aussi deux dispositions clefs :

- La création du fonds national de développement et de modernisation de l'apprentissage (FNDMA) qui sera le support permettant d'atteindre une forte croissance des effectifs d'apprentis, en finançant au niveau de chaque région des contrats d'objectifs et de moyens entre l'État, les conseils régionaux et les partenaires intéressés, dont notamment les chambres consulaires. Ces contrats d'objectifs et de moyens représentent un potentiel important pour l'évolution de l'apprentissage. Le fonds de développement et de modernisation sera doté en année pleine de plus de 200 M€, permettant de faire passer le budget global de fonctionnement des CFA de 1 500 M€ à plus de 1 700 M€, soit une augmentation de 13 % en volume.

- L'instauration d'un crédit d'impôt de 1 600 € par apprenti et par an, au bénéfice des employeurs d'apprentis, qui est une mesure d'incitation très forte. Elle devrait également permettre le relèvement des salaires d'embauche des apprentis (actuellement 25 % du SMIC pour les 16-17 ans) qui doit faire l'objet de négociations entre les partenaires sociaux prochainement.

Par ailleurs, les principales mesures sont :

- la création d'une carte d'apprenti à caractère national, l'exonération totale de l'impôt sur le revenu des apprentis dans la limite du SMIC ;

- plusieurs mesures d'assouplissement du contrat d'apprentissage (durée, âge limite, etc.) destinées à favoriser le développement de l'apprentissage dans l'enseignement supérieur et auprès de nouveaux publics (repreneurs – créateurs d'entreprise) ;

- l'amélioration de la formation des formateurs en CFA et l'intensification des relations entre apprenti, maître d'apprentissage et formateurs, en vue d'améliorer la qualité de la formation en alternance ;

- un meilleur contrôle de la collecte de la taxe d'apprentissage et une plus grande transparence des flux (un rapport annuel au Parlement sur la mise en œuvre de l'ensemble des mesures permettra d'évaluer leur adéquation aux objectifs).

En parallèle, l'organisation du financement des CFA a été modifiée par la loi de finances pour 2005. Ceci étant, le plan de modernisation de l'apprentissage comporte aussi plusieurs autres dispositions législatives qui figurent dans la loi du 4 mai 2004 relative à la formation professionnelle tout au long de la vie, et surtout un dispositif d'accompagnement dont, par exemple, des actions de communication.

Le contrat d'apprentissage s'adresse aux jeunes de 16 à 25 ans (des dérogations à cette limite d'âge sont possibles dans certaines situations). Son objectif est l'acquisition d'un diplôme de l'enseignement professionnel ou technologique ou d'un titre répertorié. Ces titres et diplômes font désormais l'objet d'une procédure d'enregistrement dans le répertoire national des certifications professionnelles (RNCP). Les diplômes et titres délivrés au nom de l'État sont enregistrés de droit au RNCP. Les certifications des organismes privés, parapublics et les certificats de qualification professionnelle de branche sont inscrits au répertoire, sur dossier et après avis favorable de la Commission nationale de la certification professionnelle (CNCP).

L'apprentissage repose sur le principe de l'alternance entre enseignement théorique en centre de formation d'apprentis (CFA) et enseignement du métier chez l'employeur avec lequel l'apprenti a signé son contrat. La durée du contrat peut varier de 1 à 3 ans en fonction du type de profession et de la qualification préparée. Cette durée peut être adaptée pour tenir compte du niveau initial de compétence de l'apprenti ou de la qualité de travailleur handicapé.

La durée du contrat peut également varier entre 6 mois et 1 an, lorsque la formation a pour objet l'acquisition d'un diplôme ou d'un titre bien précis.

Le jeune est obligatoirement suivi par un maître d'apprentissage ou par une équipe tutorale : soit le chef de l'entreprise, soit l'un des salariés. Le maître a pour mission de contribuer à l'acquisition par l'apprenti des compétences nécessaires à l'obtention du titre ou du diplôme préparé, en liaison avec le CFA.

Le contrat d'apprentissage est un contrat de travail écrit de type particulier. Il est établi sur un formulaire type signé par l'employeur et l'apprenti. L'apprenti est un salarié à part entière. À ce titre, les lois, les règlements et la convention collective de la branche professionnelle ou de l'entreprise lui sont applicables dans les mêmes conditions qu'aux autres salariés. L'employeur doit permettre à l'apprenti de suivre les cours professionnels. Ce temps est compris dans le temps de travail. L'apprenti âgé de 18 ans et plus est soumis aux règles applicables dans l'entreprise.

Pendant la durée du contrat, l'employeur doit assurer à l'apprenti une formation méthodique et complète conduisant au diplôme ou au titre prévu dans le contrat, en lui confiant des tâches ou des postes en relation directe avec la formation prévue dans le contrat, et il doit faire suivre à l'apprenti la formation dispensée par le CFA.

La rémunération varie selon l'âge du jeune et sa progression dans le ou les cycles de formation faisant l'objet de l'apprentissage. Elle est calculée en pourcentage du Smic.

La loi de 2009 introduit quelques modifications substantielles dans la gestion de l'apprentissage.

- Contrat d'apprentissage :
  - après rupture du contrat d'apprentissage, application d'une période d'essai pour poursuivre le contrat chez un nouvel employeur ;
  - statut de stagiaire de la FP pour jeunes en CFA, sans employeur ou dont le contrat est rompu, pendant deux mois maximum et pour les CFA volontaires.
- Taxe d'apprentissage :
  - majoration TA transformée en contribution supplémentaire, dont produit reversé FNDMA ;
  - prise en compte des jeunes accomplissant un VIE, ou doctorants en CIFRE pour le calcul du quota à atteindre.

LE CONTRAT DE PROFESSIONNALISATION

Son objectif est de permettre aux bénéficiaires d'acquérir une qualification professionnelle et de favoriser leur insertion ou réinsertion professionnelle. Les bénéficiaires âgés de 16 à 25 ans révolus sont rémunérés en pourcentage du Smic selon leur âge et leur niveau de formation ; les salariés âgés de 26 ans et plus perçoivent une rémunération qui ne peut être ni inférieure au Smic ni à 85 % du salaire minimum conventionnel. Ce contrat ouvre droit pour l'employeur à une exonération des cotisations patronales de Sécurité sociale quand le bénéficiaire a entre 16 et 25 ans ou quand il s'agit d'un demandeur d'emploi âgé de 45 ans ou plus.

Les personnes suivantes peuvent être embauchées dans le cadre d'un contrat de professionnalisation :

- les jeunes âgés de 16 à 25 ans révolus qui peuvent ainsi compléter leur formation initiale ;
- les demandeurs d'emploi âgés de 26 ans et plus.

Le contrat de professionnalisation est un contrat de travail en alternance à durée déterminée ou indéterminée avec une action de professionnalisation. Il doit dans tous les cas être établi par écrit. L'employeur s'engage à assurer aux bénéficiaires d'un contrat de professionnalisation une formation leur permettant d'acquérir une qualification professionnelle et à leur fournir un emploi en relation avec cet objectif pendant la durée du contrat à durée déterminée ou de l'action de professionnalisation dans le cadre d'un contrat à durée indéterminée. De son côté, le titulaire du contrat s'engage à travailler pour le compte de cet employeur et à suivre la formation prévue au contrat.

L'action de professionnalisation comporte des périodes de travail en entreprise et des périodes de formation. Sa durée est comprise entre 6 et 12 mois. Cette durée peut être étendue dans la limite de 24 mois par convention ou accord collectif de branche, notamment pour les personnes sorties du système scolaire sans qualification professionnelle reconnue ou lorsque la nature des qualifications visées l'exige.

Les actions d'évaluation et d'accompagnement, ainsi que les enseignements généraux, professionnels et technologiques sont mis en œuvre par un organisme de formation ou par l'entreprise elle-même si elle dispose d'un service de formation. Ces actions ont une durée comprise entre 15 % et 25 % de la durée totale du contrat à durée déterminée, sans pouvoir être inférieure à 150 heures, ou de l'action de professionnalisation d'un contrat à durée indéterminée. Des dispositions conventionnelles peuvent prévoir des actions de formation d'une durée plus longue pour certaines catégories de bénéficiaires.

Les actions de formation sont financées par les organismes paritaires collecteurs agréés (OPCA) au titre des contrats et périodes de professionnalisation : le financement s'effectue sur la base des forfaits horaires fixés par accord conventionnel ou, à défaut d'un tel accord, sur la base de 9,15 € de l'heure. Ces forfaits comprennent les frais pédagogiques, les rémunérations, les cotisations et contributions sociales légales et conventionnelles, ainsi que les frais de transport, etc.

Sauf dispositions conventionnelles ou contractuelles plus favorables, les salariés âgés de moins de 26 ans en contrat de professionnalisation perçoivent pendant la durée de leur contrat à durée déterminée, ou de l'action de professionnalisation, un salaire minimum calculé en fonction de leur âge et de leur niveau de formation. Ce salaire ne peut être inférieur à 55 % du Smic pour les bénéficiaires âgés de moins de 21 ans et à 70 % du Smic pour les bénéficiaires de 21 ans et plus. Ces rémunérations ne peuvent être inférieures, respectivement, à 65 % et 80 % du Smic, dès lors que le bénéficiaire est titulaire d'une qualification au moins égale à celle d'un baccalauréat professionnel ou d'un titre ou d'un diplôme à finalité professionnelle de même niveau.

Le décret du 17 mai 2011 (n° 2011-535) modifie la procédure d'enregistrement des contrats de professionnalisation. Il prévoit que le délai imparti aux OPCA pour donner un avis sur la conformité du contrat de professionnalisation aux dispositions légales et conventionnelles, et prendre une décision de prise en charge financière, est réduit de trente à vingt jours. À défaut de réponse expresse dans ce délai, l'OPCA prend en charge le contrat de professionnalisation. Le décret prévoit également la suppression de la procédure d'enregistrement par la Direccte compétente au profit d'une simple procédure de dépôt sous forme dématérialisée auprès de celle-ci. Les dispositions issues du décret s'appliquent aux contrats de professionnalisation déposés auprès des OPCA depuis le 20 mai 2011.

L'article 1er précise que la transmission du contrat de professionnalisation à l'OPCA devra être faite par l'employeur « dans les cinq jours au plus » suivant sa conclusion. L'organisme collecteur devra également être destinataire du programme de la formation dans le même délai.

BILAN ET VALIDATION

Dans le cadre légal de la formation professionnelle continue, les salariés d'entreprise peuvent aussi bénéficier d'action de bilan de compétences et de validation de leurs acquis.

Le bilan de compétences

Le bilan de compétences permet à un salarié de faire le point sur ses compétences, aptitudes et motivations et de définir un projet professionnel ou de formation. Réalisé par un prestataire extérieur à l'entreprise, selon des étapes bien précises, le bilan de compétences peut être décidé par l'employeur ou mis en œuvre à l'initiative du salarié, dans le cadre d'un congé spécifique. Le bilan de compétences donne lieu à la rédaction d'un document de synthèse en vue de définir ou de confirmer un projet professionnel et, le cas échéant, un projet de formation.

Pour être notamment accompagné dans l'élaboration d'un projet professionnel, dans le cadre de la formation financée par l'entreprise, il est possible d'envisager de suivre un bilan de compétences. Ce bilan de compétences est un type de formation un peu particulier (art. L. 900-2). Il existe toutefois et permet aux salariés d'analyser leurs compétences professionnelles et personnelles, ainsi que leurs aptitudes et leurs motivations afin de définir un projet professionnel et, le cas échéant, un projet de formation.

Basé sur le volontariat du salarié, le bilan de compétences peut être réalisé dans le cadre d'un congé spécifique ou du plan de formation de l'entreprise. Le salarié justifiant d'au moins cinq années d'activité salariée, dont douze mois dans l'entreprise, peut demander une autorisation d'absence d'une durée maximale de vingt-quatre heures à son employeur pour réaliser un bilan de compétences. La demande, écrite, doit indiquer les dates et la durée du bilan de compétences, ainsi que la dénomination de l'organisme prestataire. Elle est transmise à l'employeur au plus tard 60 jours avant le début du bilan de compétences.

Ce bilan est le plus souvent destiné aux seniors qui peuvent bénéficier d'une mise en œuvre pendant ou hors du temps de travail. Plus généralement, il peut être réalisé à l'initiative du salarié aux conditions suivantes :

- justifier d'une ancienneté en tant que salarié(e) de cinq ans (consécutifs ou non), dont douze mois dans l'entreprise actuelle ;

- respecter un délai de franchise de cinq ans entre deux congés de bilan de compétences chez le même employeur ;

- adresser une demande écrite à l'employeur au plus tard dans les soixante jours qui précèdent le bilan de compétences.

Dans les trente jours suivant la réception de la demande, l'employeur doit faire connaître par écrit à l'intéressé son accord, ou les raisons de service motivant le report de l'autorisation d'absence. Ce report ne peut excéder six mois. Le salarié bénéficiaire d'un congé de bilan de compétences peut présenter une demande de prise en charge des dépenses afférentes à ce congé à l'organisme collecteur (FONGECIF ou, dans certains cas, OPCA de branche) auquel l'employeur verse la contribution destinée au financement des congés individuels de formation. Le refus n'est possible que si le salarié ne répond pas aux conditions d'accès au congé de bilan de compétences. Pendant le congé de bilan de compétences (vingt-quatre heures de temps de travail maximum), le contrat de travail est suspendu. L'employeur n'est pas tenu de maintenir la rémunération ni de prendre en charge les frais de bilan. Au terme du congé, le salarié retrouve son poste ou l'équivalent.

Évidemment, ce bilan peut être engagé avec l'accord de l'entreprise ou à son insu, dans une démarche individuelle. S'il est financé par l'entreprise, dans la majorité des cas, les conclusions du bilan de compétences restent la propriété du salarié. Il est libre de les diffuser à son employeur ou de les garder confidentielles. Habituellement, en entreprise, le bilan de compétences peut être financé :

- à travers les fonds du FONGECIF ;

- à travers le plan de formation ;

- à travers le DIF (en cas de démission ou de licenciement, excepté pour faute grave) ;

- par des partenaires externes à l'entreprise ; il convient alors de se retourner vers l'ANPE ou l'APEC ou certaines collectivités territoriales ou locales.

Dans le premier cas, le financement doit être demandé par le salarié au FONGECIF dont dépend l'entreprise. Selon ses critères et priorités, cet organisme peut prendre en charge la rémunération du salarié et, éventuellement, les coûts pédagogiques et frais annexes.

De nombreux organismes proposent différentes prestations au titre de ce bilan. L'échelle de prix de ces bilans varie parfois de 1 à 10. Les antennes locales des CIBC regroupent plusieurs offres et permettent de se faire une bonne idée.

La validation des acquis de l'expérience (VAE)

Les premiers décrets de validation concernent la validation des acquis professionnels (VAP), un dispositif de formation institué par la loi du 27 janvier 1984 et mis en œuvre par le décret d'août 1985. La VAP a été modifiée par la loi du 20 juillet 1992. Elle permettait à toute personne ayant exercé une activité professionnelle pendant cinq ans de faire valoir son expérience pour être dispensée d'une partie des épreuves d'un diplôme. Les dispenses étaient accordées aussi bien pour les épreuves générales que pour les épreuves professionnelles, mais elles ne pouvaient couvrir la totalité du diplôme. Une épreuve au moins devait être subie de manière traditionnelle.

La validation des acquis de l'expérience est un dispositif de formation institué par la loi du 17 janvier 2002. Instaurée par la loi de modernisation, et reconnue par le Code du travail, la VAE se substitue à la VAP. Elle permet de faire reconnaître son expérience afin d'obtenir un diplôme, un titre ou un certificat de qualification professionnelle. Diplômes, titres et certificats sont ainsi accessibles grâce à l'expérience, selon d'autres modalités que l'examen. La validation des acquis de l'expérience est un droit ouvert à tous : salariés ou non, demandeurs d'emploi, bénévoles, agents publics quels que soient les diplômes précédemment obtenus ou le niveau de qualification. Une seule condition est requise : justifier d'une expérience professionnelle de trois ans en continu ou en discontinu, en rapport avec le contenu de la certification envisagée.

La VAE s'applique à l'ensemble des diplômes et titres à vocation professionnelle, ainsi qu'aux certificats de qualification, sous réserve toutefois de figurer dans le répertoire national des certifications professionnelles. Le répertoire national des certifications professionnelles se substitue à la liste d'homologation tenue par la Commission technique d'homologation des titres et diplômes de l'enseignement technologique. Placée auprès du Premier ministre, la Commission nationale de la certification professionnelle remplace la Commission technique d'homologation des titres et diplômes.

La VAE se déroule selon différentes modalités :

- Constitution d'un dossier par le candidat qui retrace précisément son expérience.
- Réunion d'un jury, avec entretien éventuel.
- Et, lorsque cette procédure est prévue par l'autorité qui délivre la certification, mise en situation professionnelle réelle ou reconstituée.

Le jury vérifie si le candidat possède les compétences, aptitudes et connaissances exigées pour l'obtention du diplôme, titre ou certificat concerné et prononce :

- La validation totale lorsque toutes les conditions sont réunies. Le jury propose alors l'attribution de la certification.
- La validation partielle. Le jury précise dans ce cas la nature des connaissances et aptitudes devant faire l'objet d'un contrôle complémentaire.
- Le refus de validation lorsque les conditions de compétences, d'aptitudes et de connaissances ne sont pas remplies.

La VAE peut être organisée dans le cadre du plan de formation de l'entreprise ou d'un congé spécifique : le congé pour validation des acquis de l'expérience. Dans le cadre du plan de formation, l'employeur peut décider d'inscrire des actions de VAE dans le plan de formation de l'entreprise. Afin de mettre en œuvre de telles actions, une convention doit être conclue entre l'employeur, le salarié bénéficiaire et ou les organismes qui interviennent en vue de la validation des acquis du candidat.

Chapitre 3

Financer la formation

CONSTRUIRE UN BUDGET

La loi du 4 mai 2004 a précisé les finalités de la formation professionnelle continue en ajoutant aux objectifs de « *l'insertion ou la réinsertion
professionnelle, de l'accès aux différents niveaux de la qualification professionnelle et de la contribution au développement économique et culturel et à
la promotion sociale des travailleurs* », ceux du « *maintien dans l'emploi et
du développement des compétences* ». Ce lien à l'emploi ne se limite pas
aux conditions d'exercice de l'emploi ou à l'acquisition des qualifications ou compétences nécessaires aux fonctions occupées dans le cadre
d'une activité professionnelle, puisque la formation concerne également les actions d'acquisition, d'entretien et de perfectionnement des
connaissances. Ces acquisitions de compétences ne sont pas forcément
liées au poste ou à la fonction que les personnes occupent ou qu'elles
sont susceptibles d'occuper, elles peuvent également viser à leur donner
les moyens « *d'accéder à la culture, de maintenir ou de parfaire leur qualification ou leur niveau culturel ainsi que d'assumer des responsabilités
accrues dans la vie associative* ».

Le champ d'application des dispositions de la formation professionnelle
concerne les actions de formation professionnelle proprement dites,
dont les objets sont définis par les sept types d'actions de formation
évoqués dans les alinéas 2 à 8 de l'article L. 900-2 du Code du travail

(actions de préformation et de préparation à la vie professionnelle, actions d'adaptation et de développement des compétences des salariés, actions de promotion, actions de prévention, actions de conversion, actions d'acquisition, d'entretien ou de perfectionnement des connaissances, actions de formation continue relatives à la radioprotection des personnes prévues à l'article L. 1333-11 du Code de la santé publique). Les modalités de mise en œuvre de ces actions de formation sont définies par l'article L. 920-1 du Code du travail. Elles font l'objet de la circulaire DGEFP 2006-10 du 16 mars 2006 relative aux textes modifiant les droits et obligations des dispensateurs de formation et adaptant le contrôle.

Ce champ d'application comprend également des actions qui ne correspondent pas, pour tout ou partie de leurs modalités de mise en œuvre, aux actions de formation évoquées ci-dessus :

- Le droit de toute personne de faire valider les acquis de son expérience, notamment professionnelle (article L. 900-1 5e alinéa et 9e, 10e alinéas de l'article L. 900-2).

- La possibilité de réaliser des bilans de compétences (10e alinéa de l'article L. 900-2).

- Les conditions d'exercice du droit pour un travailleur de suivre une formation permettant d'acquérir une qualification correspondant aux besoins de l'économie prévisibles à court ou moyen terme (L. 900-3).

- Les actions de lutte contre l'illettrisme et pour l'apprentissage de la langue française (article L. 900-6).

- Les actions en faveur des créateurs repreneurs d'entreprises artisanales, commerciales ou libérales font également partie du champ de la formation professionnelle conformément à l'article premier de la loi n° 2005-882 du 2 août 2005 en faveur des petites et moyennes entreprises (article L. 953-5 du Code du travail).

- Les salaires des salariés d'entreprises, désignés pour siéger dans une commission, un conseil ou un comité administratif, appelés à traiter des problèmes d'emploi ou de formation professionnelle, ou lorsqu'ils participent à un jury d'examen sont, pour le temps passé dans l'exercice de ces fonctions, considérés comme des dépenses imputables sur l'obligation de participation des employeurs (L. 992-8 du Code du travail).

LE DIF AU REGARD DES BUDGETS

Le 13 octobre 2004, le comité d'urgence du CNC (Conseil national de la comptabilité) a rendu public son avis sur « la comptabilisation du DIF (droit individuel à la formation) » : « *les dépenses de formation enga-gées au titre du DIF ne constituent pas un passif provisionnable* » sauf exceptions. En effet, selon les articles 312-1 et suivants du plan compta-ble général et l'avis n° 00-01 § 1.3 du Conseil national de la comptabi-lité, les conditions de fond pour comptabiliser une provision pour risques et charges sont les suivantes :

* Existence d'une obligation à l'égard d'un tiers à la clôture de l'exer-cice (obligation juridique légale, réglementaire ou contractuelle, ou obligation implicite du fait de pratiques de l'entreprise). Le tiers concerné peut être un salarié de l'entreprise.

* Sortie probable ou certaine de ressources au bénéfice du tiers pour éteindre cette obligation.

* Absence de contrepartie (avantage économique) au moins équiva-lente attendue.

* Montant de l'obligation évaluée avec une fiabilité suffisante.

Dans cet avis, les dépenses de formation engagées au titre du DIF, « *lorsqu'il y a un accord entre l'entreprise et le salarié* » doivent être analysées « *comme des charges de période* » de l'exercice. Selon cette analyse, les dépenses liées au DIF ne constituent pas un passif provisionnable. Seules les dépenses de for-mation effectivement engagées au titre du DIF, suite à une « codécision » entre le salarié et son employeur doivent être comptabilisées en charges au cours de l'exercice pendant lequel la dépense est constatée. L'avis précise que lors de la clôture de l'exercice, l'entreprise doit donner « *une information* » en annexe de ses comptes sur « *le volume d'heures de formation cumulé corres-pondant aux droits acquis au titre du DIF* », sur la base de l'attestation annuelle remise au salarié. L'entreprise doit également préciser « *le volume d'heures de formation n'ayant pas donné lieu à première demande* ».

Le comité d'urgence du CNC retient toutefois deux exceptions pour lesquelles la dépense de formation future née au titre du DIF constitue un passif qui peut faire l'objet d'une provision :

* En cas de « *désaccord persistant sur deux exercices successifs* » entre le salarié et l'entreprise. Dans ce cas, si le salarié « *demande à bénéficier*

d'un CIF (congé individuel de formation) auprès du FONGECIF (…), le montant de l'allocation de formation prévue à l'article L. 933-5 du Code du travail, majoré des coûts de formation calculés forfaitairement » doit donner lieu « *à la constatation d'un passif dès l'accord du FONGECIF.* »

* Lorsqu'un salarié licencié ou démissionnaire demande à bénéficier de son DIF avant la fin de son délai de congé.

De même, l'allocation de formation, égale à 50 % du salaire net du salarié, qui indemnise ce dernier lorsque l'action de formation est dispensée en dehors du temps de travail, ne rémunère pas un service passé du salarié. Si le DIF est exercé durant le temps de travail, cette allocation n'est pas due. Le comité considère que cet élément de rémunération est un avantage à court terme accordé au salarié en contrepartie d'une réduction de ses congés qui ne donne pas lieu à la constatation d'une provision.

Pour le CNC, le DIF reste donc « *une décision de gestion* » ou « *d'opportunité* » de l'entreprise car cette dernière joue un rôle sur « *le contenu* », « *la date de réalisation* » et « *les modalités d'organisation de la formation* ». L'existence d'une contrepartie est donc « *présupposée* ». Pour le CNC, le fait que « *ces dépenses sont imputables sur l'obligation légale de l'entreprise* » constitue une autre forme de contrepartie. Le comité rappelle que sa position, telle qu'exprimée dans l'avis, ne saurait préjuger de situations nouvelles qui résulteraient des dispositions d'accords de branche ou d'entreprise ou d'usages pouvant conduire, par exemple, à substituer au dispositif prévu un système d'indemnisation rémunérant les services passés.

Dans ce contexte, le comité estime toutefois qu'il devra réexaminer ce sujet à l'expiration des deux premières années d'application.

LA FORMATION HORS TEMPS DE TRAVAIL ET L'ALLOCATION FORMATION

Le décret n°2004-871 du 25 août 2004 détermine le salaire horaire de référence pour le calcul du montant de l'allocation de formation visée au deuxième alinéa du III de l'article L. 932-1. En ce qui concerne l'application des dispositions du deuxième alinéa du III de l'article

L. 932-1 et de celles de l'article L. 933-4 de la loi du 04 mai 2004, relative à la formation professionnelle tout au long de la vie et au dialogue social, il est prévu que les heures de formation réalisées en dehors du temps de travail dans le cadre du plan de formation de l'entreprise, donnent lieu au versement par l'entreprise d'une allocation de formation d'un montant égal à 50 % de la rémunération nette de référence du salarié concerné. Le même dispositif est applicable dans le cadre du droit individuel à la formation.

Le salaire horaire de référence pour le calcul du montant de l'allocation de formation est déterminé par le rapport constaté entre le total des rémunérations nettes versées au salarié par son entreprise au cours des douze derniers mois précédant le début de la formation et le nombre total d'heures rémunérées au cours de ces mêmes douze derniers mois. Lorsque le salarié ne dispose pas de l'ancienneté suffisante dans l'entreprise pour ce calcul, sont pris en compte le total des rémunérations et le total des heures rémunérées depuis son arrivée dans l'entreprise. En ce qui concerne les salariés intérimaires, sont prises en compte les heures rémunérées au titre de la mission en cours ou, à défaut, de la dernière mission.

Pour les salariés dont la durée du travail est fixée par une convention de forfait en jours, le salaire horaire de référence est déterminé par le rapport entre la rémunération nette annuelle versée au salarié et la formule suivante :

$$\frac{151,67 \text{ heures} \times \text{nombre de jours de la convention individuelle de forfait} \times 12 \text{ mois}}{217 \text{ jours}}$$

À défaut d'un accord collectif interprofessionnel, de branche ou d'entreprise prévoyant des dispositions particulières en la matière, l'allocation de formation est versée par l'employeur au salarié concerné, au plus tard à la date normale d'échéance de la paie du mois suivant celui où les heures de formation ont été effectuées en dehors du temps de travail, dans le cadre des dispositions de l'article L. 932-1 ou de l'article L. 933-4.

Un document récapitulatif retraçant l'ensemble des heures de formation effectuées et des versements de l'allocation y afférents est remis au salarié chaque année. Ce document est annexé au bulletin de paie.

L'allocation de formation versée par l'entreprise au salarié qui suit une formation en dehors du temps de travail dans le cadre du DIF est exclue de l'assiette de la CSG (contribution sociale généralisée) et de celle de la CRDS (contribution au remboursement de la dette sociale). Cette décision a été prise par la direction de la Sécurité sociale du ministère des Solidarités, de la Santé et de la Famille dans un courrier en date du 20 décembre 2004, en réponse à un questionnement de la sous-direction du contrôle national de la formation professionnelle de la DGEFP (Délégation générale à l'emploi et à la formation professionnelle). Ce courrier précise cette disposition ainsi :

« *L'allocation de formation [visée au III de l'article L. 932-1 du Code du travail] versée par l'entreprise, dont le montant est égal à 50 % de la rémunération nette de référence du salarié concerné, ne revêt pas le caractère de rémunération au sens de l'article L. 242-1 du CSS (Code de la Sécurité sociale) en application de l'article L. 932-1 précité. Elle est donc exclue de l'assiette des cotisations de Sécurité sociale.* »

Le quatrième alinéa de l'article L. 136-2 CSS précise que la CSG est assise sur les traitements, salaires et toutes sommes versées en contrepartie ou à l'occasion du travail évalué selon les règles fixées à l'article L. 242-1 CSS.

L'allocation de formation est donc exclue de l'assiette de la CSG et, par renvoi de l'article 14 de l'ordonnance n° 96-50 du 24 janvier 1996 à l'article L. 136-2 CSS, de celle de la CRDS.

Enfin, [le courrier] précise que « *si l'allocation de formation n'a pas le caractère de rémunération en application de l'article L. 932-1 du Code du travail, elle n'a pas davantage celui de revenu de remplacement. Elle n'est donc soumise à aucun prélèvement à ce titre.* »

ACHETER DE LA FORMATION

L'ordonnance du 30 juin 2005 relative à la simplification et à l'adaptation du droit dans les domaines de la formation professionnelle simplifie les rapports contractuels entre les vendeurs et les acheteurs de formation. Elle est complétée par les fiches I à V de la circulaire DGEFP n° 2006-10 du 16 mars 2006.

La législation relative aux organismes de formation est ancienne. Les entreprises, les organismes paritaires collecteurs agréés (OPCA) achètent des actions de formation auprès des prestataires sur la base d'un contrat, dénommé convention de formation, conclu entre les différentes parties. Ainsi, la formalisation de l'acte d'achat de formation ne repose plus nécessairement sur la conclusion d'une convention. Toutefois, le bon de commande, la fiche d'inscription ou l'émission d'une facture contiennent un certain nombre de mentions obligatoires afin de formaliser l'achat de formation.

L'achat de formation est défini en fonction de l'article L. 900-2 du Code du travail qui comprend l'achat d'actions de formation, mais également les prestations de bilan de compétences et de validation des acquis de l'expérience.

Le Code du travail précise les conditions de déroulement des actions de formation professionnelle. Afin de délimiter les contours pratiques de l'acte formatif, il importe en effet d'indiquer qu'une action de formation doit toujours se dérouler conformément à un programme préétabli qui fixerait des objectifs déterminés, des moyens pédagogiques, techniques et d'encadrement mis en œuvre, ainsi que les modalités d'appréciation des résultats. Ces mentions correspondent aux exigences prévues par l'article R. 950-4 du Code du travail qui définit l'action de formation imputable.

Tout en étant simplifié quant à sa formalisation, l'achat de formation conserve ses spécificités. En effet, dans la mesure où l'achat de formation entraîne une conséquence essentielle sur le plan fiscal, les sommes dépensées pour son application sont libératoires de la participation de l'employeur au titre de la formation professionnelle continue, et le prestataire de formation doit toujours faire état, dans la convention, le bon de commande et la facture, des mentions obligatoires concernant la prestation de formation, à savoir : l'intitulé, la nature, la durée, l'effectif, les modalités de déroulement et le prix.

CRITÈRES D'IMPUTABILITÉ DES ACTIONS DE FORMATION

Tout dispensateur de formation désirant développer une activité de formation pérenne doit connaître les possibilités d'imputation, sur le budget formation des entreprises, des dépenses faisant l'objet d'une convention de formation.

Les actions de formation financées par les employeurs en vue de s'acquitter de leur obligation de participer au développement de la formation professionnelle continue doivent porter sur des connaissances transférables. Les savoirs acquis en formation professionnelle par un stagiaire au sein d'une entreprise doivent, en effet, être suffisamment génériques pour qu'il puisse les réutiliser dans d'autres entreprises. À ce titre, les formations produits ou les stages portant sur les procédures propres à l'entreprise ne sont généralement pas pris en compte dans les dépenses éligibles à l'effort de formation.

En complément de cette première condition, l'entreprise doit être capable de fournir des preuves sur la réalité et la validité de la formation aux services de contrôle. Ces preuves doivent être apportées à travers les quatre éléments suivants :

- les objectifs de la formation préalablement déterminés ;
- un programme décrivant les thèmes traités au cours de la formation ;
- des moyens pédagogiques et d'encadrement mis en œuvre ;
- les dispositifs de suivi de l'exécution du programme et d'appréciation des résultats.

Article R. 950-4 alinéa 1 du Code du travail

Ces quatre critères sont détaillés dans la circulaire n° 37 du ministère du Travail, de l'Emploi et de la Formation professionnelle du 14 mars 1986. Certains cas particuliers sont aussi détaillés par un ensemble de circulaires. Ils concernent, par exemple, l'enseignement à distance, l'enseignement assisté par ordinateur, la formation ouverte et à distance, ainsi que quelques cas plus exotiques comme « *la formation du personnel utilisant des appareils de bronzage UV* » !

La formation doit être en principe dispensée dans des locaux distincts des lieux de production et ne pas se dérouler sur le poste de travail. Toutefois, lorsqu'elle comporte un enseignement pratique, celui-ci peut être donné sur les lieux de production. Dans ce cas, il est rendu compte au comité d'entreprise et aux délégués du personnel ou, à défaut, à la commission formation des mesures prises pour que l'enseignement ainsi donné réponde aux conditions fixées précédemment.

Article R. 950-18 du Code du travail

Une nouvelle circulaire de référence, la circulaire DGEFP n° 2006/35 relative à l'action de formation et aux prestations entrant dans le champ de la formation professionnelle continue, a été signée le 14 novembre 2006. Elle apporte plutôt des précisions que des innovations : les quatre grandes circulaires de référence de 1972, 1986, 2001 et 2006 ne sont aucunement abrogées ou annulées, mais plutôt confirmées et adaptées à l'évolution du contexte (notamment technologique).

Cette circulaire est accompagnée de deux annexes :

- La première (annexe A) a trait aux modifications affectant les dispositions générales relatives aux actions de formation, aux parcours individuels personnalisés et aux autres actions entrant dans le champ de la formation continue : bilans de compétences, validation des acquis de l'expérience, formations destinées aux cadres associatifs, coopératifs et mutualistes bénévoles, actions en faveur des créateurs repreneurs d'entreprises.

- La seconde (annexe B) a trait aux conditions d'imputabilité dans le cadre de la participation des employeurs, aux conditions générales, notamment celles résultant de la loi du 4 mai 2003, aux cas d'exclusion hors du champ de l'imputabilité et aux cas particuliers des actions relatives à la sécurité.

Les prestations suivantes ne sont jamais imputables sur le budget formation de l'entreprise :

- l'assistance technique à la mise en route et à l'installation d'une machine ou d'un engin ;
- l'assistance technique à la mise en œuvre d'un système de production ou d'organisation du travail à une entreprise ;
- les actions de simple information et de sensibilisation ;
- toute intervention qui ne ferait pas l'objet d'un encadrement pédagogique approprié.

Tout chef d'établissement a une obligation légale d'organiser pour ses salariés une formation pratique et appropriée en matière de prévention des accidents de travail, d'hygiène et de sécurité (CHSCT). Les salariés concernés sont les suivants :

- Les travailleurs nouvellement embauchés.

- Ceux qui changent de poste de travail ou de technique.

- Les travailleurs temporaires, à l'exception de ceux auxquels il est fait appel en vue de l'exécution de travaux urgents nécessités par des mesures de sécurité et déjà dotés de la qualification nécessaire à cette intervention.

- À la demande du médecin du travail, les salariés qui reprennent leur activité après un arrêt de travail d'une durée d'au moins 21 jours.

Le législateur a posé le principe de la non-imputabilité de ces dépenses sur la participation des employeurs à la formation continue. La formation pratique appropriée à la sécurité du travail au sein de l'établissement reste donc totalement à la charge de l'employeur. Cette formation à la sécurité a pour objet d'instruire le salarié des précautions à prendre pour assurer sa propre sécurité et, le cas échéant, celle des autres personnes occupées dans l'établissement. Ainsi, ne sont pas imputables :

- Les simples transmissions d'informations aux salariés de l'entreprise sur les risques qu'ils encourent au sein de l'établissement, sur les dispositifs de sécurité et les règles à respecter en ce domaine.

- Les actions dispensées aux salariés à leur poste de travail pour les avertir des risques individuels ou collectifs liés à leur activité professionnelle : circulation des personnes sur les lieux de travail et au sein de l'établissement, comportements et gestes à respecter dans l'exécution des tâches, conduite à tenir lorsqu'une intoxication ou un accident survient sur les lieux de travail.

LES CAHIERS DES CHARGES

La norme Afnor X 50-756 propose un canevas précis pour élaborer un cahier des charges de formation. Voici, inspirées de la norme, une quinzaine de rubriques à ne pas oublier pour réaliser un cahier des charges.

Rubriques	Commentaires
Titre	Veiller à ce qu'il soit court et parlant.
Auteur et valideur	Si possible faire signer les auteurs et les valideurs, cela renforce leur engagement.
Version	C'est bien utile lorsqu'il y a une demi-douzaine de versions successives !
Contexte	Rappeler succinctement le contexte du projet et les caractéristiques de l'entreprise (chiffres clés…).
Objectifs	Distinguer clairement les objectifs stratégiques et opérationnels des objectifs de formation et pédagogiques.
Population concernée	Être le plus précis possible pour faciliter le travail des organismes de formation (voir *supra*, questionnaire d'analyse de la demande).
Contraintes	Les contraintes ne sont pas que matérielles ou budgétaires, elles sont aussi culturelles, organisationnelles et, évidemment, temporelles.
Processus pédagogique	Le terme « processus pédagogique » est ici plus approprié que la notion de stage. Il fait référence à l'amont (prescription de la formation et implication du stagiaire) et à l'aval (suivi et accompagnement).
Modalités pédagogiques	Indiquer éventuellement le type de pédagogie attendu ou, à l'inverse, les types inappropriés.
Messages clés	Si des messages politiques sont à diffuser au cours de la formation, il est souhaitable que l'organisme partenaire ait les connaissances et les partage.
Profil des formateurs	Indiquer le nombre d'années d'expérience dans le domaine enseigné et en pédagogie. Si nécessaire, exiger des références dans le secteur de l'entreprise.
Volume et planification	Rappeler le nombre de jours d'animation et, si possible, les périodes afin que les organismes puissent évaluer leurs futures charges de travail.
Dispositif d'évaluation	Indiquer éventuellement les indicateurs d'évaluation et les outils disponibles pour recueillir les données.
Processus de sélection	Rappeler les principales dates de remise des propositions, d'oral (s'il y en a un), et de prise de décision finale.
Interlocuteurs et coordonnées	C'est toujours utile pour centraliser l'information tout au long du processus de sélection.

LA DÉCLARATION FISCALE 2483

Les entreprises qui occupent au moins 50 salariés attestent sur l'honneur, dans la déclaration fiscale 2483, qu'elles ont satisfait à l'obligation de consultation du comité d'entreprise prévue à l'article L. 951-8 du Code du travail. Cette déclaration doit être remplie sur un imprimé CERFA n° 11168*08. À la demande de l'administration, elles doivent aussi communiquer les procès-verbaux justifiant du respect de cette obligation. Les employeurs doivent produire à la demande de l'administration :

* soit le procès-verbal de délibération du comité d'entreprise ou de l'organisme qui s'y substitue ;

* soit, dans les entreprises employant au moins 50 salariés et qui ne sont pas tenues d'avoir un comité d'entreprise, le procès-verbal de délibération de la commission spéciale ;

* soit, lorsque le comité d'entreprise n'a pas été régulièrement constitué ou renouvelé, le procès-verbal constatant cette carence.

Deux types de procès-verbaux du comité d'entreprise sont à produire à la demande de l'administration :

* celui ou ceux sur les orientations de la formation professionnelle en fonction des perspectives économiques et de l'évolution de l'emploi, des investissements et des technologies dans l'entreprise ;

* ceux sur l'exécution du plan de formation de l'année N et sur le projet de plan pour l'année N +1. Lorsqu'un programme pluriannuel de formation est élaboré par l'entreprise, le comité d'entreprise du dernier trimestre précédant la période couverte par le programme, lors de l'une des deux réunions annuelles prévues sur le plan.

Lorsque l'entreprise compte un ou plusieurs établissements, chacun d'entre eux occupant au moins cinquante salariés, un comité d'établissement doit être constitué. C'est alors chaque comité d'établissement qui doit être consulté ; il est souhaitable que le comité central d'entreprise soit également consulté sur l'ensemble de la politique de formation de l'entreprise, mais ce sont les procès-verbaux des réunions des différents comités d'établissements (ou les PV de carence) qui devront être disponibles si l'administration le demande.

La déclaration 2483 doit être accompagnée, le cas échéant, d'un versement :

- pour insuffisance de dépenses ;
- pour régularisation en cas d'ajustement des versements effectués à un organisme formateur ;
- pour défaut de consultation du comité d'entreprise ; dans ce cas, l'employeur subit une majoration spéciale de 50 % de l'obligation annuelle qui lui incombait.

LES DÉPENSES DE FORMATION INTERNE

La formation interne est celle dont la maîtrise d'œuvre est assurée par l'employeur. Elle regroupe les dépenses suivantes.

Les frais de personnel formateur et non-formateur

Ces frais comprennent les rémunérations brutes du personnel formateur et non-formateur, les cotisations de Sécurité sociale y afférentes à la charge de l'employeur et les charges légales assises sur ces rémunérations. Le personnel non-formateur s'entend de celui affecté exclusivement à l'organisation et à l'administration des actions.

Les charges légales comprennent :

- les cotisations aux régimes de retraite complémentaire en ce qui concerne leurs taux minima obligatoires ;
- les cotisations d'assurance chômage ;
- les cotisations au titre de la garantie des créances des salariés en cas de liquidation judiciaire ou redressement judiciaire ;
- les obligations assises sur les salaires (participation à l'effort de construction, taxe d'apprentissage, participation au développement de la formation professionnelle continue, taxe sur les salaires) ;
- les versements relatifs aux transports en commun.

Les autres frais de fonctionnement

Il s'agit des frais suivants :

- les dépenses de location et d'entretien des locaux et du mobilier affectés à la formation ;
- les dépenses de fonctionnement pédagogique des actions ;
- les dépenses d'organisation administrative des actions (un forfait représentant 5 % des frais de personnels formateurs ou non-formateurs est admis) ;
- les dépenses de transport et d'hébergement des enseignants lorsqu'elles sont liées à la réalisation d'actions.

LES DÉPENSES DE FORMATION EXTERNE

La formation externe est celle réalisée par un prestataire de formation dûment déclaré auprès du préfet de région territorialement compétent. Il convient de distinguer le total des dépenses engagées pour la réalisation *stricto sensu* d'actions de formation de celles engagées, en application de convention, pour des bilans de compétences ou des actions validation des acquis de l'expérience, assimilées à des actions de formation, en vertu des dispositions de l'article L. 900-2 du Code du travail.

Chapitre 4

Aides et subventions

La formation qui est un outil du dialogue social en entreprise ne peut vivre de subvention. Néanmoins, ces dernières peuvent aider. Le système de cofinancement est devenu progressivement multi-acteur : Union européenne, État, régions, secteurs interprofessionnels et branches professionnelles. Rechercher des cofinancements nécessite de comprendre la logique de chacun des acteurs. La concertation et le paritarisme sont deux piliers du système de cofinancement. Les aides au financement de la formation professionnelle ne peuvent prendre appui que sur des politiques de formation partagées avec les partenaires sociaux et entre les différents acteurs du système de formation.

Le montant des aides au financement de la formation professionnelle dépend de la prise en compte des attentes de chacun des acteurs du système de formation. Celles-ci sont notamment :

- la lutte contre le chômage et la précarité ;
- l'aide aux personnes fragilisées (faible qualification et/ou niveau d'étude, difficulté d'insertion, etc.) ;
- la lutte contre l'exclusion, et notamment l'illettrisme ;
- l'égalité homme/femmes ;
- le soutien aux personnes handicapées ;

- l'accompagnement du choc démographique, et notamment la formation des seniors ;
- le soutien à la création ou à la reprise d'entreprises.

AUPRÈS DES RÉGIONS ET AUTRES COLLECTIVITÉS TERRITORIALES

Depuis 1983, la décentralisation a transféré aux régions une compétence générale en matière de formation professionnelle. Par conséquent, les conseils régionaux peuvent décider souverainement d'accorder des aides spécifiques aux entreprises (intervention du Fonds régional de l'apprentissage et de la formation professionnelle continue).

Par ailleurs, bien que la décentralisation ne le prévoie pas expressément, les départements et les communes ont la possibilité d'accorder des aides à la formation dans l'entreprise. En effet, les conseils généraux et les mairies peuvent s'associer au financement d'aides envisagées par la région, mais aussi créer des aides spécifiques. Ces aides apparaissent dans le cadre des priorités arrêtées par les conseils généraux et les mairies ; elles prennent des formes variées et obéissent à des conditions particulières. Pour connaître leur nature et leurs conditions d'obtention, il convient de se rapprocher de chaque collectivité située dans le champ géographique de l'entreprise.

La plupart des aides publiques et régionales à la formation dans l'entreprise bénéficient d'un cofinancement du Fonds social européen défini pour des périodes de programmation pluriannuelles. L'Europe a défini les conditions d'attribution des aides publiques à la formation au regard du droit de la concurrence.

L'EDDF a été remplacé par l'EDEC. EDEC et ADEC ont tous deux la même nature d'aide au conseil tournée vers l'anticipation des changements du travail au sein des entreprises. *Circ. DGEFP n° 2004-010 du 29.3.04 (BOTEFP n° 2004-9 du 20.5.04)*

Auprès de l'État

À côté des incitations fiscales – excédents reportables –, l'État et les régions proposent des aides financières à la formation dans l'entreprise. Ce financement public (national ou régional) permettra à l'entreprise d'obtenir une subvention du Fonds social européen (FSE).

L'État met en place des aides publiques aux entreprises en fonction des orientations de sa politique d'emploi et de ses compétences délimitées dans le domaine de la formation professionnelle. Afin de permettre aux salariés d'adapter ou d'accroître leurs compétences et leurs qualifications, ou de se reconvertir, l'État incite les entreprises à les former ou à faire valider leurs acquis professionnels. Ces incitations prennent la forme d'engagements contractuels réciproques entre l'État et les entreprises et aboutissent à la signature de conventions permettant, pour la plupart, d'obtenir des aides. L'État intervient à plusieurs niveaux :

- Pour favoriser le développement de l'emploi et des compétences : prestations de conseil aux entreprises, étude prospective sur les métiers au niveau d'une branche professionnelle, soutien à l'effort de formation de l'entreprise.

- Pour la protection des emplois. Ces aides visent des salariés dont l'emploi est menacé à court terme. Elles sont par conséquent financées par le Fonds national pour l'emploi (FNE).

Toutes ces aides publiques poursuivent donc des objectifs variés et sont gérées par l'État aux différents échelons territoriaux (national, régional, départemental). L'instruction, le suivi, la gestion financière de ces dispositifs d'aides de l'État sont en grande partie confiés aux niveaux régional et départemental.

La Direction départementale du travail, de l'emploi et de la formation professionnelle (DDTEFP) est chargée de mettre en œuvre ces dispositifs. Elle assure l'information des entreprises, réceptionne les dossiers, les instruit et réalise un suivi effectif de l'exécution des conventions. Elle est l'interlocutrice de l'entreprise. Cependant, la Direction régionale du travail, de l'emploi et de la formation professionnelle (DRTEFP) intervient lors d'actions cofinancées par le FSE.

Les aides publiques de l'État répondent à l'un des objectifs suivants.

Développement du conseil

Les représentants des branches professionnelles et les entreprises qui envisagent d'avoir recours à un conseil en formation, afin d'évaluer les besoins de formation ou d'élaborer un projet de formation, peuvent obtenir des aides publiques pour financer l'étude.

Développement de l'emploi et des compétences

Les entreprises qui souhaitent mettre en œuvre un programme de formation répondant aux orientations prioritaires des pouvoirs publics peuvent conclure avec ceux-ci un engagement de développement de l'emploi et des compétences (EDEC). Développer la formation, c'est aussi faciliter la promotion professionnelle. Ainsi, les petites entreprises qui souhaitent remplacer un salarié parti en formation peuvent obtenir des aides publiques.

Préservation et développement de l'emploi

Les entreprises confrontées à un problème d'emploi à court terme peuvent envisager la mise en œuvre d'une formation de qualification ou d'adaptation. Elles peuvent obtenir du Fonds national de l'emploi des aides publiques pour la financer. Pour faciliter l'embauche des personnes confrontées à un problème d'emploi, des aides publiques sont accordées aux employeurs.

Amélioration de la situation de certains salariés

Des aides publiques peuvent être attribuées aux entreprises qui envisagent la mise en œuvre d'actions de formation visant à l'amélioration des conditions de travail, telle que l'égalité professionnelle entre les femmes et les hommes, etc. Pour l'insertion de travailleurs handicapés, des aides à l'embauche sont mises en place. Pour l'insertion des travailleurs étrangers, le Fonds d'action et de soutien pour l'intégration et la lutte contre les discriminations (FASILD) pour les travailleurs immigrés et leur famille peut participer non seulement au financement de dispositifs de droit commun (EDEC, convention FNE-Formation, etc.), mais également ment à des actions spécifiques.

Auprès de l'Europe

Les fonds européens accessibles depuis la formation continue sont scindés en deux parties : les fonds structurels et les programmes d'action. L'orientation des textes européens a d'abord été de favoriser le plein emploi. « *Pour soutenir les trois objectifs du plein emploi, de la qualité et de la productivité du travail et de la cohésion associée à un marché du travail favorisant l'intégration, dix nouvelles lignes directrices ont été adoptées : définir des mesures actives et préventives en faveur des chômeurs et des inactifs ; créer des emplois et encourager l'esprit d'entreprise ; faire face aux changements et promouvoir la capacité d'adaptation au travail et la mobilité ; promouvoir le développement du capital humain ainsi que l'éducation et la formation tout au long de la vie ; augmenter l'offre de main-d'œuvre et promouvoir le vieillissement actif ; assurer l'égalité entre les femmes et les hommes ; promouvoir l'intégration des personnes défavorisées sur le marché du travail et lutter contre la discrimination dont elles font l'objet ; rendre l'emploi financièrement plus attrayant grâce à des incitations ; transformer le travail non déclaré en emploi régulier et s'attaquer aux disparités régionales en matière d'emploi.*[1] »

« *Le 12 septembre 2001, la commission a adopté un ensemble de documents relatifs à l'emploi [...] la Commission prône en particulier des politiques actives et préventives visant à lutter contre le chômage des jeunes et le chômage de longue durée, une offre accrue de main-d'œuvre, une stratégie globale d'éducation et de formation tout au long de la vie, l'allègement de la fiscalité sur la main-d'œuvre et un dosage global des politiques.*[2] »

Dans un avis du 14 février 2001, le Conseil a souligné l'importance des questions concernant l'éducation et la formation dans les lignes directrices pour l'emploi. Il a en particulier salué le nouvel objectif horizontal de ces lignes directrices que constitue la qualité de l'emploi, qui englobe à la fois les qualifications, l'éducation et la formation tout au long de la vie. Pour sa part, la Commission a adopté, le

---

1. Rapport général 2003. Chapitre IV. Espace économique et social communautaire, Section 3. Emploi et politique sociale.
2. Rapport général 2001. Chapitre III. Espace économique et social communautaire, Section 3. Emploi et politique sociale.

13 février 2002, un plan d'action en matière de compétences et de mobilité qui comporte notamment des propositions pour un régime plus efficace de reconnaissance des qualifications et des diplômes.[1] »

La décision du Parlement européen et du Conseil du 15 novembre 2006 établit un programme d'action dans le domaine de l'éducation et de la formation tout au long de la vie. Dans le rapport édité suite à cette décision du Parlement et du Conseil européens, on retrouve les différents accords et les décisions prises lors des divers conseils ayant eu lieu avant 2006 et ayant donné naissance à la législation actuelle.

Ainsi, la décision de Bologne signée le 19 juin 1999 par les ministres de l'Éducation de 29 pays européens établit un processus intergouvernemental visant à créer d'ici 2010 un « *espace européen de l'enseignement supérieur* ».

Quant au Conseil européen de Lisbonne qui a eu lieu les 23 et 24 mars 2000, il définit un objectif stratégique consistant à faire en sorte que « *l'Union européenne devienne l'économie de la connaissance la plus compétitive et la plus dynamique du monde, capable d'une croissance économique durable accompagnée d'une amélioration quantitative et qualitative de l'emploi et d'une plus grande cohésion sociale.* »

Ces décisions portent sur une idée, celle qu'une « *société avancée reposant sur le savoir est la clé d'une croissance et de taux d'emploi plus élevés.* » D'autre part, le Conseil européen de Barcelone qui eut lieu les 15 et 16 mars 2002 a fixé pour objectif de « *faire des systèmes d'enseignement et de formation de l'Union européenne, d'ici à 2010, une référence de qualité mondiale.* »

Suite à ces réflexions et décisions, et parce que le Conseil souhaite renforcer la coopération entre les différents pays, en particulier en matière d'enseignement et de formation professionnelle, la création d'un programme pour l'éducation et la formation tout au long de la vie est décidée afin de « *contribuer, par l'éducation et la formation tout au long de la vie, au développement de l'Union européenne en tant que société de la connaissance*

---

1. Rapport général 2002. Chapitre IV. Citoyenneté et qualité de vie. Section 3. Éducation et culture.

avancée, caractérisée par un développement économique durable accompagné d'une amélioration quantitative et qualitative de l'emploi et d'une plus grande cohésion sociale. » Et c'est dans sa communication intitulée « *Construire notre avenir commun – Défis politiques et moyens budgétaires de l'Union élargie 2007-2013* » que la Commission présente une série d'objectifs quantifiés à atteindre par la nouvelle génération de programmes communautaires. Ce programme a pour objectif principal de contribuer, par l'éducation et la formation tout au long de la vie, au développement de la communauté en tant que « *société de la connaissance avancée* ». Ce programme est divisé en quatre sous-programmes appelés programmes sectoriels : Comenius, Erasmus, Leonardo da Vinci, Grundvig. Ces quatre sous-programmes se partagent le champ de la formation tout au long de la vie :

- **Comenius** s'attache à la formation préscolaire et scolaire dès le plus jeune âge (crèche et maternelle) jusqu'à la fin de l'adolescence (collège et lycée).

- **Erasmus** s'attache à la formation dans l'enseignement supérieur (universités et écoles du supérieur) et à la formation professionnelle du supérieur.

- **Leonardo da Vinci** s'attache à l'enseignement et la formation professionnels comme Erasmus, mais seulement en dehors du supérieur (CAP, bac pro…).

- **Grundvig** est spécifiquement dédié à toutes les autres formes de formation des adultes.

De même, mais dans un registre différent, les Fonds structurels proprement dits sont au nombre de quatre : le Feder, le Feoga section « Orientation », le FSE et l'Ifop. Le Fonds de cohésion intervient de manière complémentaire par rapport aux Fonds structurels. Parallèlement, la Banque européenne d'investissement (BEI) peut être sollicitée pour accorder des prêts.

Les principaux fonds structurels impliquant la formation professionnelle continue sont mentionnés ci-après.

COMENIUS	ERASMUS	LEONARDO DA VINCI	GRUNDVIG
OBJECTIFS			
Vise les besoins en matière **d'enseignement préscolaire et scolaire** jusqu'à la fin du deuxième cycle de l'enseignement secondaire, ainsi que les établissements et les organisations dispensant cet enseignement.	Vise les besoins en matière d'enseignement et d'apprentissage de tous les participants à **l'enseignement supérieur formel et à l'enseignement et à la formation professionnels de niveau supérieur,** quelle que soit la durée de leur cursus ou diplôme, y compris les études de doctorat, ainsi que les établissements et les organisations dispensant ou facilitant cet enseignement et cette formation.	Vise les besoins en matière d'enseignement et d'apprentissage de tous les participants à **l'enseignement et à la formation professionnels autres qu'au niveau supérieur,** ainsi que les établissements et organisations dispensant ou facilitant cet enseignement et cette formation.	Vise les besoins en matière d'enseignement et d'apprentissage des participants à **toutes les formes d'éducation des adultes,** ainsi que les établissements et organisations dispensant ou facilitant cette éducation.
SONT CONCERNÉS :			
• les élèves de l'enseignement scolaire jusqu'à la fin du deuxième cycle de l'enseignement secondaire ; • les écoles spécifiées par les États membres ; • le personnel de ces établissements ; • les associations et autres concernés par l'éducation scolaire ; • les responsables de l'enseignement aux niveaux local, régional et national ;	• les étudiants dans toutes les formes de l'enseignement et de la formation de niveau supérieur ; • les établissements d'enseignement supérieur désignés par les États membres ; • les personnels de ces établissements ; • les associations concernées par l'enseignement supérieur ; • les entreprises, les partenaires sociaux et autres représentants du monde professionnel ;	• les personnes suivant un apprentissage dans toutes les formes d'enseignement et de formation professionnels à l'exception du troisième cycle ; • les personnes présentes sur le marché du travail ; • les établissements de formation dans des domaines relevant du programme L. da Vinci ; • le personnel de ces établissements ;	• les apprenants suivant un enseignement pour adultes ; • les établissements de formation pour adultes ; • le personnel de ces établissements ; • les associations de la formation pour adultes ; • les organismes d'orientation, de conseil et d'information relatifs à tous les aspects de l'éducation et de la formation tout au long de la vie ;

.../...

.../...

• les centres de recherche et organismes s'occupant de questions d'éducation et de formation tout au long de la vie ; • les organismes d'orientation, de conseil et d'information relatifs à tous les aspects de l'éducation et de la formation tout au long de la vie.	• les responsables de l'enseignement et de la formation aux niveaux local, régional et national ; • les centres de recherche et les autres organismes s'occupant de questions d'éducation et de formation tout au long de la vie ; • les organismes d'orientation, de conseil et d'information relatif à tous les aspects de l'éducation et de la formation tout au long de la vie.	• les associations de la formation professionnelle ; • les entreprises, les partenaires sociaux et autres représentants du monde professionnel ; • les organismes d'orientation, de conseil et d'information relatifs à tous les aspects de l'éducation et de la formation tout au long de la vie ; • les responsables de la formation professionnelle aux niveaux local, régional et national ; • les centres de recherche et les autres organismes s'occupant de questions d'éducation et de formation tout au long de la vie.	• les responsables de la formation professionnelle aux niveaux local, régional et national ; • les centres de recherche et les autres organismes s'occupant de questions d'éducation et de formation tout au long de la vie ; • les entreprises.

Le Fonds européen de développement régional (Feder)

Créé en 1975, le Feder cofinance les actions destinées à réduire les écarts de développement socio-économique entre les différentes régions des États membres. Ses ressources sont ciblées sur certaines régions désavantagées. Durant la période de programmation 2000-2006, le Feder a pour mission essentielle le soutien aux Objectifs 1 et 2. Il contribue également à la promotion d'un développement durable ainsi qu'à la création d'emplois durables. Dans le cadre de cette mission, le Feder participe au financement d'investissements productifs permettant la création ou le maintien d'emplois durables, d'investissements en infrastructures, de mesures d'animation et de soutien aux initiatives de développement local et d'emploi, et aux activités des PME.

D'autre part, le Feder finance deux initiatives communautaires : Interreg et Urban. Enfin, il participe au financement d'actions innovatrices et d'assistance technique. Le Feder est le seul Fonds structurel à faire systématiquement l'objet de programmes régionaux.

Fonds européen d'orientation et de garantie agricole (Feoga)

Le Feoga est l'instrument financier de la politique de développement rural considéré comme le deuxième pilier de la politique agricole commune (PAC). Il finance des mesures de développement rural sur tout le territoire de l'UE.

Fonds social européen (FSE)

Le FSE est le plus ancien des quatre fonds structurels (1957). Sa mission est définie dans les articles 146 et suivants du traité instituant la Communauté européenne. Pour la nouvelle période de programmation de 2000 à 2006, le FSE soutient et complète les activités des États membres qui visent à développer le marché du travail ainsi que les ressources humaines, en particulier dans le cadre des plans d'action nationaux pour l'emploi (PNAE).

Le FSE finance les actions de l'Objectif 3. D'autre part, il contribue à la mise en œuvre de l'initiative communautaire Equal, ainsi qu'au financement d'actions innovatrices et d'assistance technique.

Le FSE apporte un soutien financier sous forme d'aides portant sur :

- l'assistance aux personnes ;
- l'assistance aux structures et mesures d'accompagnement afin d'améliorer l'efficacité des aides en direction des individus ;
- les mesures d'assistance technique.

Les dernières catégories doivent permettre d'améliorer l'efficacité des activités liées à l'assistance aux personnes.

Partie 3

DU PLAN
AUX ACTIONS DE FORMATION

« Le principe d'une formation pour les adultes s'est longtemps décidé sur un engagement politique et idéologique national qui s'est trouvé maintes fois controversé avant de devenir un droit pour tous et une activité économique[1] ». La formation professionnelle tout au long de la vie constitue une obligation nationale. Elle est légiférée dans son cadre et renvoie au dialogue social le soin de définir les modalités pratiques de son fonctionnement. Réciproquement, la formation professionnelle est un outil du dialogue social qu'elle entretient. Elle en dépend et, en retour, le construit. Elle ne peut donc être considérée ni comme une fin en soi, ni juste comme un moyen. Il s'agit d'une activité stratégique de l'entreprise, souvent gérée par des buts et des objectifs, qui permettrait théoriquement de combler des écarts entre les compétences acquises et les compétences requises pour l'exercice de nouvelles fonctions dans des contextes spécifiques, en mutation et productifs.

C'est une activité de prescription à régulation paritaire. En entreprise, c'est aussi un ensemble d'actions regroupées au sein d'un plan élaboré sur la base de dispositifs de formation conçus pour maintenir des salariés, individuellement et collectivement, au niveau de compétence exigé par l'évolution des activités des entreprises et des institutions qui les emploient.

L'ingénierie de formation est organisée autour du plan de formation qui repose sur des stratégies, des besoins, des méthodes et aussi sur une palette d'actions de formation aussi variées que concrètes et appuyées sur les apprentissages visés, les lieux, le temps et la dynamique qui fonde ces apprentissages. Ainsi, et comme l'exprime Michel Parlier, *« Les processus d'apprentissage occupent une place centrale dans les organisations ; celles-ci, en effet, doivent créer de façon permanente les conditions de l'acquisition et de la maîtrise de nouvelles connaissances et de nouvelles compétences à tous les niveaux[2] ».* Ils conduisent en préalable à aborder la question essentielle de ce que c'est qu'apprendre pour un salarié.

---

1. Étude CEREQ n°71, *L'offre de formation continue. Les organismes et leur marché*, 1998.
2. Parlier M., *Ressources Humaines*, Éditions d'Organisation, 2005.

Apprendre, ce n'est pas répéter, c'est former et enrichir des concepts, c'est mettre à l'épreuve ses représentations pour pouvoir les adapter. Dans un champ de connaissances, le formateur doit donc aider les apprenants à passer d'une représentation empirique à une représentation fonctionnelle. Pour ce faire, il dispose d'un arsenal de méthodes et conserve à l'esprit certaines règles lors de la conception des actions de formation simple. Un adulte apprend d'autant mieux qu'il peut classer, organiser, structurer ses connaissances par rapport à ce qu'il sait. Un adulte apprend donc plus vite et plus facilement dans un domaine qu'il connaît que dans un domaine qu'il découvre.

Reprenant la phrase désormais célèbre d'A. D. Geus, « *la capacité à apprendre plus vite que ses concurrents est peut-être le seul avantage concurrentiel* », P. Carré traite de la question des conditions nécessaires pour apprendre dans « *L'apprenance, vers un nouveau rapport au savoir* ». Il définit cette notion d'apprenance comme un « *ensemble durable de dispositions favorables à l'acte d'apprendre dans toutes les situations, qu'elles soient formelles ou non, expérientielles ou didactiques, autodirigées ou dirigées, intentionnelles ou fortuites.* »

Plus qu'un nouveau modèle d'organisation à promouvoir, l'apprenance revêt alors l'apparat séducteur d'une philosophie rendant l'individu acteur responsable de son parcours « existentiel », non seulement ici et maintenant dans l'entreprise mais aussi, ici ou là dans une autre entreprise, et encore maintenant et demain dans la perspective d'une carrière se construisant tout au long de la vie. L'apprenant ne serait plus un « réceptacle » passif mais deviendrait « architecte » de son propre devenir, gestionnaire de ses compétences, entrepreneur de lui-même et créateur de richesse. Mais dans ce cadre, l'entreprise doit également, au travers d'une organisation innovante, dépasser les schémas traditionnels et mettre en place un apprentissage organisationnel. Comme l'évoque aussi Philippe Carré, « *Apprendre concerne donc tout à la fois les individus, les équipes et les entreprises. C'est l'entreprise dans son ensemble qu'il faut concevoir comme un système apprenant.*[1] »

---

1. *Ibidem.*

Chapitre 1

Le plan de formation :
entre stratégie et analyse des besoins

Premier objet de l'ingénierie de formation, le plan de formation de l'entreprise est à la croisée de deux chemins, de deux logiques :

- une logique *top down*, ou descendante, construite à partir des orientations définies par le management opérationnel ;

- une logique *bottom up*, ou ascendante, élaborée à partir du recueil des besoins individuels des salariés, voire des équipes.

Le plan de formation se situe quelque part à la croisée de ces deux logiques. Son point d'ancrage est défini par le dialogue social de l'entreprise suivant le schéma suivant :

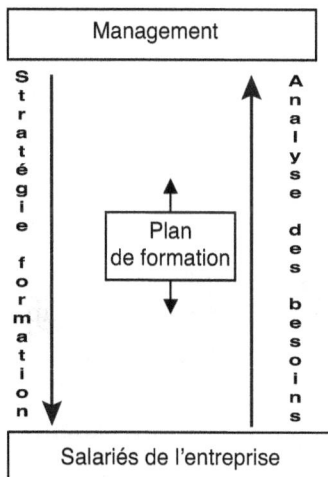

STRATÉGIE DE DÉVELOPPEMENT DE L'ENTREPRISE

Plus le plan de formation sera orienté par le management de l'entreprise, plus il sera construit par la stratégie que celle-ci aura définie ; plus il sera à l'écoute des salariés, plus il sera conduit par l'analyse de leurs besoins. La rencontre de ces logiques dépend d'abord du dialogue social construit au sein de l'entreprise. C'est ce dialogue qui conditionne la rencontre entre la stratégie de l'entreprise et l'expression des besoins individuels de chaque salarié. Plus l'entreprise est importante en nombre de salariés, plus cette dimension est formalisée et organisée.

Dans les faits, plusieurs stratégies sont combinées dans l'entreprise pour délivrer et élaborer la stratégie de formation. Il convient de les détailler, non dans ce quelles sont, car cette analyse dépasse évidemment les modestes compétences de cet ouvrage, mais surtout dans ce qu'elles sont articulées pour orienter la stratégie de formation de l'entreprise.

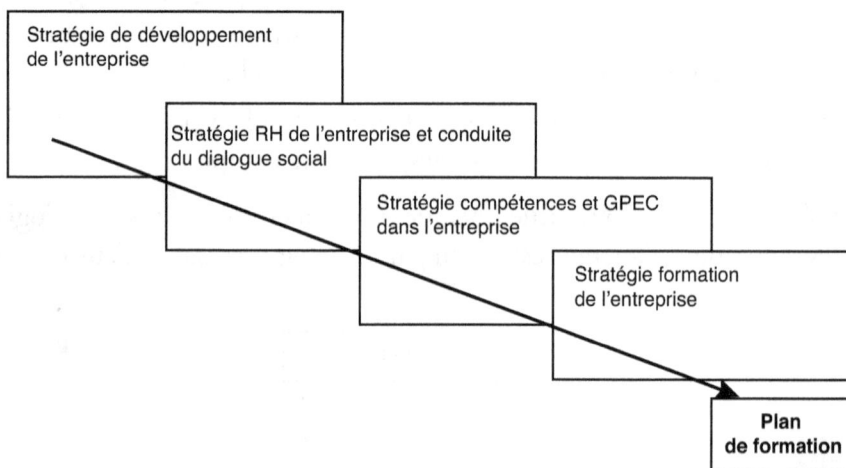

La stratégie de développement d'une entreprise permet de concevoir les finalités, les missions de production ou de service, sa vocation, son identité, on parle aussi parfois de ses valeurs, ses marchés, ses clients, prospects et concurrents… La stratégie définit les fins à poursuivre et à promouvoir sur le terrain. Elle définit, de façon plus ou moins concertée, la manière de percevoir et de conduire les affaires. Elle permet d'orienter, d'organiser et d'évaluer l'action individuelle et collective. Elle sert de référent et on la trouve souvent explicitée dans la charte ou le projet d'entreprise. Elle articule en termes d'éthique des convictions morales au sens des affaires.

L'analyse stratégique d'une entreprise comporte quatre étapes qui ne sont pas nécessairement chronologiques, mais s'enrichissent mutuellement :

- La réflexion stratégique, qui évalue les contraintes, ressources, forces, faiblesses, les opportunités et menaces internes ou externes.
- L'analyse du marché, de ses évolutions et tendances.
- L'allocation ou recherche de ressources internes ou externes.
- La formulation et la hiérarchisation de finalités, buts et objectifs stratégiques de développement.

La stratégie peut être déclinée en plans d'action parfois « glissants » pour chacune des grandes fonctions de l'entreprise. Sont ainsi décrites les fonctions plutôt stabilisées de l'entreprise. Les activités plus innovantes, habituellement englobées sous les termes d'« intrapreneuriat », d'innovation et ou de diversification sont sans doute moins formalisées.

Stratégie RH de l'entreprise et conduite du dialogue social

C'est par rapport à la stratégie et aux objectifs de développement de l'entreprise qu'est définie la stratégie de gestion des ressources humaines de l'entreprise. Elle l'accompagne et en découle. Il n'est pas rare que dans l'énoncé de la stratégie de développement d'une entreprise, on trouve les lignes directrices de ce que devrait être la stratégie RH rapportée dans le bilan social lorsqu'il existe.

En matière de ressources humaines, la stratégie RH est souvent définie sous forme d'objectifs, de moyens, de ressources et de contraintes. C'est aussi vrai des autres grandes fonctions de l'entreprise. On parle par exemple de stratégie commerciale pour désigner les objectifs, moyens et contraintes qui détermineront l'action de la direction commerciale. Il en va de même pour la gestion des ressources humaines. Une grande différence réside toutefois dans le statut de cette activité, qui est plutôt centre de coût que de profit, et dont les résultats se mesurent souvent par le silence qu'ils engendrent.

Une stratégie de gestion de ressources humaines définit aussi des valeurs, des normes, des principes. C'est pourquoi elle est souvent exprimée au niveau de la direction générale dans le cadre de la stratégie de l'entreprise. La stratégie de gestion des ressources humaines va chercher à concilier une certaine vision des relations productives élaborées entre les salariés et l'entreprise, entre le social et l'économique. De nombreux ouvrages disponibles sur le marché détaillent ces éléments. Le Code du travail est sans doute le plus exhaustif !

Ainsi, dans l'hypothèse où deux entreprises auraient la même stratégie de développement, elles peuvent encore se différencier par leur stratégie de gestion des ressources humaines, voire par leur stratégie formation. C'est par exemple le cas des grands cabinets d'audit ou de travail temporaire, qui sont parfois sur des marchés sensiblement similaires et qui développent alors chacun des stratégies RH et de formation assez différentes. L'un, plus libéral, peut privilégier l'atteinte des objectifs économiques quel qu'en soit le coût social et, l'autre, rechercher une plus forte convergence entre les objectifs économiques et les finalités humaines en optimisant le recours à ses ressources internes.

STRATÉGIE COMPÉTENCES

Comme cela a été montré au chapitre 4 de la partie 1, la GPEC est un outil majeur qui découle de la stratégie RH et oriente la stratégie de formation de l'entreprise. La stratégie compétences permet de définir ce qui se situe en amont et en aval des actions de formation. Elle fait partie de la stratégie RH et est plus directement orientée vers la mobilité, le recrutement et l'employabilité.

STRATÉGIE DE FORMATION

La stratégie de formation recouvre souvent deux sens.

C'est d'une part l'expression des objectifs prioritaires du dispositif de formation interne à court, moyen, long terme, ainsi que la définition des principes d'organisation des moyens qui seront utilisés (centralisés, décentralisés, internes ou externes…). Les objectifs qu'on appelle aussi « axes stratégiques » ou « orientations » sont déterminés à partir de la stratégie de l'entreprise, de la gestion des ressources humaines et de la GPEC qui en fait partie.

C'est d'autre part la formulation des principes, normes et valeurs qui guideront les acteurs de la formation professionnelle depuis l'entreprise tels qu'ils ont pu être présentés au premier chapitre de cet ouvrage.

Les ressources étant limitées et les situations d'entreprises étant toutes différentes et spécifiques, il est important de hiérarchiser les objectifs dévolus à la formation en fonction du contexte de chaque entreprise. Dans la perspective d'une analyse préalable à l'ingénierie de formation, le tableau suivant aide à apprécier des ressources dévolues au plan de formation. Cette grille propose une série d'items permettant d'analyser une stratégie de formation au sein d'une entreprise. Elle n'est ni exhaustive, ni hiérarchisée et est proposée à titre d'exemple. Il convient en effet de considérer dans une démarche d'audit de stratégie de formation que les grilles de recueil des données sont particulièrement structurantes des résultats obtenus.

Évaluer la stratégie de formation d'une entreprise

Items à considérer sans hiérarchie	Indicateurs quantitatifs et/ou qualitatifs
Durée moyenne des formations	
Planification du plan de formation	
Logiques d'élaboration du plan de formation	
Pourcentage de la masse salariale en formation	
Qualité et transparence de l'offre de formation	
Répartition du nombre d'heures de formation par catégories d'action de formation similaires	
Répartition du nombre d'heures de formation par domaine de formation	
Répartition du nombre d'heures de formation par catégories socioprofessionnelles, par niveau de formation initiale	
Taux de désistement sur les actions de formation	

…/…

…/…

Pourcentage de projets de changement accompagnés par un projet de formation	
Nombre d'heures de formation par type d'action : inter/intra/sur mesure/coaching/sur poste/e-learning…	
Nombre de groupes de rédaction et/ou mise à jour de procédures	
Ratio du nombre d'heures de formations externes par rapport aux formations internes	
Procédures d'évaluation de la formation : satisfaction, efficacité, efficience…	
Connexions éventuelles entre la formation et le système qualité	
Cahiers des charges des actions de formation	
Nombre de prestataires ou fournisseurs de formation	
Décentralisation/centralisation des budgets	

Alors que ces quatre niveaux stratégiques sont définis, explicites et partagés, l'analyse des besoins de formation des collaborateurs vient compléter l'ingénierie qui va permettre d'aboutir au plan de formation.

ANALYSE DES BESOINS DE FORMATION

L'idée d'une analyse des besoins de formation est assez récente et son apparition ne remonte sans doute qu'au milieu des années 1970. Toutefois, elle a depuis fait l'objet de nombreuses réflexions et travaux aussi bien théoriques que pratiques[1]. L'analyse des besoins nécessite au préalable « *une connaissance des situations professionnelles et une définition des compétences qu'elles requièrent. Ces compétences requises dépendent notamment de la nature des fonctions exercées par les différents agents au sein des organisations.*[2] »

---

1. Beau D. (1976), Charlot B. (1976), Barbier J.-M. et Lesne M. (1977), Stufflebeam D.L. *et al.* (1980), Rousson M. et Boudineau G. (1981), Stufflebeam D.L. et Shinkfield A.J. (1985), Le Boterf G. (1987,1991), Bourgeois F. (1991) et Meignant A. (2006) pour n'en citer que quelques-uns.
2. Barbier J.-M., Lesne M., *op. cit.*

La pratique de l'analyse des besoins s'inscrit dans une démarche ascendante pour la mise en œuvre du plan de formation. Elle part des salariés. Pour construire un plan de formation efficace, il convient de passer par cette analyse des besoins exprimés.

Thierry Ardouin[1] propose quelques définitions préalables qui permettent de circonscrire les besoins de formation et de ne pas les confondre avec des attentes ou des demandes.

Le besoin

« *Le besoin renvoie à un manque ou à un état de manque. Celui-ci n'est jamais donné à voir directement et de manière lisible et explicite. Le manque est-il dû à un problème d'organisation du travail, à une insatisfaction vis-à-vis de celui-ci ou à un sentiment de ne pas pouvoir réaliser un travail aussi pertinent qu'on le souhaiterait par défaut d'informations ou de qualifications ? […] Le besoin est […] la résultante de l'analyse ou confrontation entre un état initial et un état souhaité, souhaitable ou nécessaire. Cette différence, amenant le manque et donc le besoin de formation, peut être due à l'évolution du poste, du système de travail ou à la politique de l'entreprise.* »

Les attentes

« *Les attentes renvoient à des souhaits individuels ou collectifs, en lien avec la stratégie de l'entreprise ou non. […] Il y a un désir de formation et l'expression d'objectifs de formation, mais ces attentes ne correspondent pas nécessairement aux besoins de l'entreprise ou des services. Elles sont l'expression, plus ou moins implicite et exprimée, d'une demande latente.* »

---

1. Ardouin T., *Ingénierie de formation pour l'entreprise*, Dunod, 2003.

La demande

« *La demande correspond à des attentes, individuelles ou collectives expri-mées de manière explicite, voire rédigées en vue d'effectuer une ou des for-mations en lien avec une situation-problème à résoudre. L'objet de l'analyse des besoins est d'arriver à l'expression d'une demande, laquelle fera à son tour l'objet d'une analyse pour devenir opératoire.* »

Dans ce cadre, besoins et envies sont souvent confondus. A. Meignant[1] souligne simplement que « *le fait qu'un salarié exprime le souhait de se former à l'anglais ne signifie pas nécessairement qu'il en a besoin* » pour son activité. Pour J.-M. Barbier et M. Lesne (1977), l'analyse des besoins de formation est une pratique qui consiste à traduire dans le champ de la formation des objectifs produits dans le champ du travail et des activités quotidiennes des individus. L'analyse des besoins en formation est ancrée dans le champ socioprofessionnel : le champ de la mise en œuvre, par les acteurs, de compétences, de qualifications et de capacités dans des activités sociales. « *Le processus d'expression d'un besoin est une pratique de production d'objectifs.*[2] » À partir d'objectifs généraux de toute nature, il y a une « *production d'objectifs relatifs aux compétences des individus* ». Les auteurs définissent ces objectifs comme les « *objectifs inducteurs de formation* », c'est-à-dire « *des objectifs qui ne relèvent pas de la formation à proprement parler, mais la formation constitue un moyen essentiel et non le seul de leur réalisation.*[3] »

Les auteurs précisent aussi « *que la vie sociale n'offre jamais à l'observa-tion scientifique d'objets dont celle-ci puisse dire qu'il s'agit de besoins objec-tifs. On ne rencontre jamais que des expressions de besoins formulées par des agents sociaux divers, pour eux-mêmes ou pour d'autres[4]* ». Il ne peut donc être question de besoin en dehors du discours des individus qui se cons-truit à partir de leur perception de la réalité. Les besoins sont des cons-tructions réalisées au départ d'une situation de travail.

---

1. Meignant A., *Manager la Formation*, Liaisons, 7ᵉ édition, 2006.
2. Barbier J.-M. et Lesne M., *L'analyse des besoins en formation*, Robert Jauze, 1977.
3. *Idem, ibidem.*
4. *Idem, ibidem.*

Thierry Ardouin[1] explique que « *les besoins de formation n'existent pas en soi.* ». Ils ne se livrent pas dans un discours du type « j'ai besoin de… ». Les besoins de formation sont constitués par l'écart existant entre un profil professionnel requis, souhaité, souhaitable ou nécessaire, et un profil réel. Ils représentent le décalage entre une situation réelle et une situation idéale. L'analyse de ces écarts amène la traduction en objectifs de formation et en actions nécessaires. L'analyse est une étape fondamentale de l'ingénierie de formation. Il est important de savoir d'où l'on part, c'est-à-dire d'identifier la demande de formation, mais aussi de connaître les objectifs et orientations générales pour pouvoir caler de manière optimale la fonction formation. « *Les attentes renvoient à des souhaits individuels ou collectifs, en lien avec la stratégie de l'entreprise ou non.* » « *L'analyse des besoins est (…) la transcription d'une volonté d'évolution d'une situation professionnelle pour laquelle la formation jouerait un rôle.*[2] » La formation est construite à partir de l'analyse des besoins et de sa transcription en objectifs de formation.

A. Meignant[3] souligne que « *La notion de "besoin" est ambiguë, si on la comprend comme quelque chose qui existerait indépendamment de son contexte* ». L'auteur ajoute *:* « *en réalité, il n'y a pas un gisement de "besoins de formation" plus ou moins cachés, qui ne demanderaient que l'arrivée d'un spécialiste armé des méthodologies pertinentes pour le repérer et procéder à leur extraction.* » D'autre part, « *il ne suffit pas de demander directement aux gens quels sont leurs besoins pour qu'ils les expriment de façon fiable.* […] *Le fait qu'un salarié n'exprime rien ne peut être interprété comme une absence de besoin.* »

Pour J. Soyer[4], l'expression « besoin de formation » devrait être remplacée par « *objectif à atteindre avec l'aide de la formation* » ou par « *problème à résoudre avec l'appui de la formation* ». Et enfin, pour G. Le Boterf[5], « *les besoins de formation expriment l'écart de connaissances ou de*

---

1. Ardouin T., *op. cit.*
2. Ardouin T., *op. cit.*
3. Meignant A., *op. cit.*
4. Soyer J., *Fonction Formation*, Éditions d'Organisation, 2003.
5. Le Boterf G., *L'ingénierie et l'évaluation de la formation*, Éditions d'Organisation, 1990.

compétences existant entre le profil professionnel requis et le profil professionnel réel. Les besoins de formation sont exprimés en termes d'objectifs opératoires de formation. »

L'analyse des besoins de formation préalable à la construction du plan de formation est donc un processus de consultation des différents acteurs de la formation pour clarifier et définir d'une manière concertée la pertinence d'un projet de formation élaboré à partir de plusieurs stratégies professionnelles. Elle permet de définir les objectifs de la formation et les compétences recherchées. Les besoins de formation concernent diverses dimensions (organisationnelle, collective, individuelle) de la situation professionnelle de départ. Il y a une volonté d'évolution en vue d'atteindre une nouvelle situation. Toutefois, et comme l'écrit T. Ardouin[1], « *il faut distinguer ce qui renvoie :*

- *aux besoins de l'entreprise : en qualification, en postes, en compétences. Il est donc important de chercher à comprendre les enjeux de l'organisation dans ce processus de détermination des besoins et d'identifier la dynamique dans laquelle celle-ci se trouve : changement, projet particulier, démarche qualité, etc. Dans cette optique, il est important aussi de repérer les acteurs clés et les logiques professionnelles qui interviennent sur la dynamique d'ensemble ;*

- *aux besoins du salarié pour s'adapter, maintenir ou combler l'écart de compétences. Les personnels interviennent aussi avec leurs enjeux et leurs dynamiques identitaires qu'il est important de comprendre dans le processus de détermination des besoins.* »

Pour cet auteur, l'analyse des besoins met en avant quatre types de besoin :

- Besoin de l'organisation : en rapport avec toute l'entreprise, objectifs transversaux. Par exemple, le management de l'encadrement, la qualité.

- Besoin collectif (ou de service) : en rapport avec les objectifs des services, départements, unités. Par exemple, le changement de ligne de production.

---

1. Ardouin T., *op. cit.*

• Besoin individuel : en rapport avec l'emploi, le poste de travail et l'évolution qui lui est afférente. Par exemple, un projet de mobilité interne.

• Besoin personnel : en rapport avec les souhaits d'évolution d'une personne en dehors d'un lieu direct avec l'emploi ou l'unité de service. Par exemple, un CIF, un bilan de compétences. Les besoins personnels ne sont pas gérés directement par le service formation qui a seulement un rôle de facilitateur pour ces actions.

Dans le processus d'analyse des besoins, il est essentiel de prendre en considération la diversité des contextes professionnels, tant sur le plan de la nature des tâches à effectuer que sur celui des fonctions ou de l'organisation des postes de travail. L'analyse des besoins est une démarche d'évaluation essentielle pour toute organisation engagée dans un projet de formation : si elle veut faire aboutir son projet de formation, elle doit établir les priorités et produire des objectifs de formation pertinents. L'analyse des besoins vise là une autre fonction prioritaire : une fonction de prévision de l'évolution du système en fonction des résultats attendus de la formation. Elle permet une anticipation des modifications de contexte et de leurs conséquences probables.

T. Ardouin[1] rappelle qu'il est indispensable de ne pas se satisfaire d'une seule source pour l'analyse des besoins, mais de privilégier un croisement des sources d'informations. Il est nécessaire de confronter les attentes et demandes aux réalités professionnelles et de croiser les approches. Cette démarche ascendante s'appuie à la fois sur les informations du service formation, le recensement des demandes individuelles, le recensement des demandes collectives ou de services, la rencontre des salariés en entretien individuel, les réunions avec l'encadrement et l'analyse des services, de l'emploi ou des dysfonctionnements. Dans l'analyse des besoins, il est intéressant d'interroger les participants sur les suites possibles, les thèmes complémentaires de formation ou les possibilités d'application en situation[2].

---

1. Ardouin T., *op. cit.*
2. Ardouin T., *op. cit.*

L'analyse des besoins de formation permet d'impliquer les personnes dans la production de leurs objectifs de formation, d'identifier des objectifs professionnels et de cibler le rôle et la pertinence de la formation dans la réalisation d'objectifs professionnels, personnels et de service. Elle peut être abordée de plusieurs manières. Certains privilégient l'analyse des objectifs pour déterminer les besoins de formation, d'autres basent leur modèle d'analyse sur l'étude des écarts.

Chapitre 2

Les principaux paramètres
d'une action de formation

Temps et lieux de la formation

Les pratiques d'enseignement et d'apprentissage connaissent une certaine transformation. Les évolutions techniques, méthodologiques et organisationnelles au sein des entreprises imposent en effet une remise en cause permanente des savoirs et des savoir-faire. Or, les critères de rentabilité et d'efficacité justifient mal, en particulier dans une entreprise et *a fortiori* une petite ou moyenne entreprise, qu'un ensemble de salariés ayant des obligations, des plannings et des savoirs différents suivent en même temps une formation.

Une séquence de formation contient plusieurs variables qui interagissent entre elles : l'effort physique, la charge mentale, le stress, le plaisir, le risque relationnel, l'efficience probable, la capitalisation… Ces variables sont subjectives. Elles dépendent du contexte, des enjeux, de l'éducation, des mœurs propres à l'entreprise, de la résistance physique, de l'entraînement mental, de l'intuition, de l'accès aux émotions… Il faut prendre le temps de se former. C'est alors que l'on éprouve le temps de la formation. Et comme toutes les durées sociales déjà décrites, le temps de la formation, celui d'un stage classique par exemple, est lui aussi bien relatif. Dans les faits, la formation est constituée de plusieurs moments articulés et parfois confondus, dont certains peuvent toutefois être relevés :

- le temps d'émergence du besoin de formation : avoir envie d'évoluer ;
- le temps de formalisation du besoin : insérer son besoin dans les créneaux de l'offre ;
- le temps d'acquisition : découvrir et comprendre les connaissances requises ;
- le temps d'organisation : se rendre disponible pour organiser ses acquisitions ;
- le temps d'appropriation : passer de la théorie à la pratique ;
- le temps de socialisation : montrer aux autres ce que l'on sait faire de nouveau ;
- le temps d'évaluation : pouvoir arrêter de se former ;
- le temps d'application : savoir faire et faire-faire ;
- le temps de capitalisation : transposer les acquis à d'autres contextes ;
- le temps de l'innovation : inventer de nouvelles pratiques.

Mais la question de fond posée est en fait celle de l'optimisation du temps de formation ! Cet investissement immatériel associé au travail devrait être rentabilisé. Former juste à temps (*Just In Time*) devient un impératif lorsque temps de travail et formation sont articulés et que le temps de travail doit être optimisé. Former juste à temps veut alors dire au moment précis où le besoin s'en fait sentir dans l'exercice du métier. Habituellement, lorsqu'un salarié émet une demande de formation, elle est analysée, puis prise en compte et traitée dans la logique de gestion et d'administration du plan de formation préalablement décrite.

Il est possible d'accélérer le processus. Mis au goût du jour par Gloria Gery[1] aux États-Unis au début des années 1990, la notion d'EPSS, *Electronic Performance Support System*, permet par exemple d'envisager un support à la tâche qui soit embarqué sur le poste de travail et articule

---

1. Gery G., *EPSS: How and why to remake the workplace through the strategic application of technology*, Weingarten Publications, 1991.

la formation au travail. En utilisant ces outils de compagnonnage électronique, il n'est d'ailleurs plus possible de scinder formation et travail. Il s'agit de se former en travaillant et de travailler en se formant ! La pratique de ces outils montre qu'il est possible de réaliser une tâche en se formant.

De nombreux logiciels de bureautique sont dotés d'une aide en ligne, les services après-vente proposent parfois une *hotline* et sur certains Intranet d'entreprises, les données sont aujourd'hui facilement accessibles pour enrichir la tâche. Le tutorat en ligne se développe grâce aux outils de visioconférence. Il s'agit de distribuer l'information et la formation pour les rendre accessibles au moment précis où l'utilisateur en a besoin afin de le sortir au plus tôt de l'impasse dans laquelle il se trouve. Mais la logique de formation obéit à deux contraintes, celle du temps réel ou du temps différé.

La formation en temps réel

Une formation en **temps réel** suppose la présence simultanée (enseignement et apprentissage synchrones), mais dans des lieux distincts (séparation géographique) de l'enseignant et des apprenants. Ce mode de fonctionnement sous-entend l'emploi de moyens de communication (visioconférence, télévision, télématique, téléphone, Internet, etc.) utilisés :

- de manière unidirectionnelle (télévision par exemple : enseignant => apprenants) ;

- ou de manière interactive (visioconférence : enseignant <=> apprenants). Sous sa forme interactive, on peut affirmer que, mis à part le caractère technologique, ce mode diffère en fait fort peu dans son organisation et dans les compétences pédagogiques mises en œuvre dans le cadre de l'enseignement présentiel.

La formation en temps différé

Lors d'une formation en **temps différé**, l'enseignant dissocie le contenu à transmettre du moment où celui-ci est transmis (enseignement et apprentissage asynchrones). Les lieux d'activité importent peu dans ce cas, la séparation est temporelle. Un nouvel élément intervient alors : le support d'apprentissage, dans lequel l'enseignant a médiatisé son message. Il peut s'agir d'un imprimé, d'une cassette audio ou vidéo, d'un support informatique ou d'une combinaison de ces supports (support multimédia).

De même, toute formation peut être qualifiée soit de « formation à distance », soit de « formation en face-à-face », dite aussi présentielle. Le mode « face-à-face » se caractérise par le fait qu'enseignement et apprentissage sont synchronisés : dans un lieu unique, un apprenant assimile un message transmis en temps réel, par un enseignant, éventuellement par l'intermédiaire d'outils. Naturellement, ce mode de formation est en général complété par des sessions de travail personnel des apprenants. Ces modalités peuvent être croisées.

Un Plusieurs	Même temps	Temps différés
Même lieux	Tutorat Stage	Assesment Centre de ressources
Lieux différents	Téléphone Visio conf.	Correspondance E-learning

Avec l'apport des réseaux de communication à l'informatique, une troisième génération voit aujourd'hui le jour. À partir des données du savoir, accessibles sur des banques de plus en plus conviviales, les interactions sociales, entre pairs ou avec le tuteur, constituent la base d'une médiation, qui, comme le montre L. S. Vygotsky[1], reste nécessaire à l'apprentissage, au-delà du média utilisé. La finalité de toute

---

1. Vygotsky L.S., *Langage et pensée*, Messidor, 1985.

formation peut être assimilée au passage de la présence médiatisée d'un tiers, porteur d'un contenu de connaissance, à la construction d'une performance à exercer en son absence. Cette problématique de la formation et de l'autonomie émerge sous la forme d'une véritable mise à distance. Et ce concept est effectivement central dans tout acte pédagogique.

SEUL OU EN GROUPE

Dans les entreprises, depuis plus d'une dizaine d'années, à côté du stage traditionnel, la formation individualisée a été aussi largement développée. En entreprise, la formation individualisée est prioritairement envisagée et mise en œuvre pour des apprentissages et perfectionnements pour l'acquisition de structures de langages et de codes : langues étrangères, langages informatiques, bureautique et pour l'apprentissage de toutes les formes de procédures…

La formation individualisée est aussi plus facilement mobilisée pour accompagner les salariés atypiques : ceux placés dans des conditions d'isolement ou de détention particulière, ceux qui sont moins accessibles parce que plus éloignés des centres, ceux considérés comme au bas des échelles ou qui ont des handicaps très spécifiques et ceux du haut de l'échelle qui doivent décider, mais qui ont du mal à reconnaître qu'ils ne savent pas encore.

Dans son esprit, l'offre de service proposant d'individualiser la formation professionnelle est présente en entreprise. Elle est aussi relayée par les organismes de formation. Elle correspond sans doute à une évolution légitimée par la tradition du compagnonnage et actualisée par l'alternance. Pour être crédible, cette offre externe se nourrit des évolutions et de la recherche en éducation. Toutefois, elle est encore peu développée car moins rentable. Un stage mobilise habituellement un formateur pour une douzaine d'apprenants. La formation en face-à-face mobilise un formateur par stagiaire. Certes, une partie du temps de formation peut être allouée différemment pour être effectuée avant et souvent seul. Mais ce modèle est plus délicat à gérer et les marges qu'il génère sont sans doute moins substantielles ou plus délicates à supporter.

Cette pédagogie individualisée vise à développer avec l'apprenant ses capacités à être autonome dans les apprentissages. Elle s'appuie sur les ressources pédagogiques, les procédures et outils d'aides méthodologiques mis en place par les équipes pédagogiques.

Dans la pratique, les recherches et le vécu quotidien prouvent que les compétences, comme les apprentissages sont et restent d'abord collectifs. De nombreux psychosociologues à travers le monde, de Lewin à Vygotsky, s'accordent à le constater. De surcroît, la psychologie sociale caractérisée notamment par les approches de Moscovici ou de Milgram montre bien comment le groupe impose ses normes à l'individu. Enfin, la sociologie de l'acteur très marquée par les travaux de M. Crozier renforce cette vision de l'organisation vécue comme un ensemble d'interactions sociales au sein desquelles chaque salarié joue un rôle précis.

« On peut faire remonter les origines de la notion d'autoformation aux idées de l'éducation nouvelle fondée sur les écrits de J.-J. Rousseau, puis à la tradition ouvrière de l'autodidaxie comme forme compensatoire des déficits de scolarisation au XIXe siècle.[1] » Dans la suite de cet esprit au début du siècle, certains pédagogues et éducateurs se réclamant du courant de « l'éducation nouvelle » ont replacé l'apprenant au centre du système éducatif. On tentait alors d'individualiser les apprentissages.

L'évolution des pratiques en formation continue est évidemment concomitante aux évolutions sociétales connues depuis trois siècles (Nizet et Bourgeois, 2005). À ce titre, sociologues et anthropologues ont identifié trois périodes successives sous les vocables de « tradition », puis « modernité » et enfin « postmodernité » ou « modernité avancée ». Au long de ces évolutions, il est possible de repérer un passage progressif du « holisme » vers l'« individualisme » (Dumont, 1977, 1988). Le holisme caractérise, selon cet auteur, les idéologies qui mettent la priorité sur « le tout social » (la communauté, la famille…), alors que l'individualisme met l'accent sur l'individu, sa liberté, sa réalisation personnelle, etc.

---

1. Carré P., « L'autoformation dans la formation professionnelle », *in* La documentation professionnelle, 1992.

La généralisation du dispositif de la formation professionnelle continue des salariés d'entreprise a entraîné une reconversion pédagogique profonde. Au début des années 1980 le rapport Legrand[1] a contribué à la diffusion, auprès des enseignants et des formateurs, des approches différenciées en pédagogie. En effet, même s'ils sont, seront ou furent tous salariés, il n'y a pas de formé type et, dès le début des années 1980, cette vérité tente de s'imposer pour engager une véritable renaissance française des pratiques en formation professionnelle. Dans cette suite, et en adoptant le bilan individuel des compétences, le système des unités capitalisables et la VAP ont été peu à peu développés.

Individualiser pour laisser les salariés se former seuls, considérer que l'exercice d'une fonction ou d'une responsabilité suffisent à faire évoluer les compétences seraient des leurres et même des abus aux yeux de la loi. De même, obliger tous les salariés à suivre le même programme, à la même vitesse, au même moment et dans les mêmes locaux, n'est ni réaliste ni efficace. Il convient alors de trouver le juste équilibre entre la formation tout seul ou tous ensemble.

Plusieurs termes sont alors employés : autoformation, formation individualisée et autodidaxie. Pour les sortir de leur ésotérisme, leur explicitation pratique est nécessaire. Dans les faits, il convient de souligner que la formation individualisée se démarque de l'autodidaxie et de l'autoformation.

La formation individualisée

Elle vient simplement se démarquer de la formation en groupe. Elle reste conduite par une institution et prend en charge la gestion des apprentissages en structurant des progressions accompagnées.

L'autodidaxie

Elle est le fait des apprentissages résultant de l'expérience et menés en dehors de toute institution. L'autodidacte s'instruit lui-même, il en est même parfois félicité, comme par la remise des Victoires des autodidactes

---

1. Rapport au ministre de l'Éducation nationale 12/82, La Documentation française.

de Price Waterhan Coopers et de la Harvard Business School. C'est une part dominante des apprentissages que réalise chaque individu dans son existence. L'autodidaxie se développe en dehors de toute institution. Bien récupérée, c'est donc ce qui en fait sa force dans la formation professionnelle[1]. L'autodidacte reste un modèle.

L'autoformation

En France, elle prend véritablement corps en 1985 lors d'une publication de douze études menées auprès d'adultes sur ce thème[2]. Depuis 1994, date du premier colloque scientifique sur l'autoformation, elle est devenue un véritable courant de pensée de la formation professionnelle. Elle s'appuie sur un paradigme constructiviste fort : « le savoir ne se transmet pas, il se construit ! » Toutefois, comme le souligne P. Carré, le terme est encore flou et polysémique, il décrit un « préconcept », une démarche, plutôt qu'un mode d'action[3]. L'autoformation désignerait en fait la démarche individuelle engagée par l'apprenant dans l'acte d'apprentissage.

Le tableau suivant permet de synthétiser certaines différences dans ces approches.

	Institution	Formateur	Progression	Évaluation
Autodidaxie	Non	Non	Implicite	Auto-évaluation
Autoformation	Oui	Indifférent	Oui	Auto-évaluation
Individualisation	Oui	Oui	Oui	Oui

De fait, les concepts d'autoformation, d'autodidaxie et de formation individualisée sont très proches lorsqu'il s'agit de décrire l'engagement du sujet dans l'apprentissage. Il y aurait donc une part d'autoformation dans toutes les démarches d'apprentissage, et cette part serait plus forte dans les dispositifs de formation individualisés. Le terme d'autoformation ne

---

1. Poliak C.F., *La vocation d'autodidacte*, L'Harmattan, 1992.
2. Dumazedier J., « L'Autoformation », *in* Éducation permanente, 07/85, 12 études sous la direction de.
3. Carré P., « Autoformation », *Dictionnaire encyclopédique de l'éducation et de la formation*, Nathan 1994.

prend sens et ne fait doctrine que lorsque la gestion de l'apprentissage est plutôt laissée à l'initiative pleine et entière des apprenants eux-mêmes. Lors de la mise en place de dispositifs s'appuyant principalement sur de l'autoformation accompagnée, P. Carré dégage sept piliers :

- le projet individuel ;

- le contrat pédagogique ;

- un mécanisme de préformation ;

- des formateurs facilitateurs ;

- un environnement ouvert de formation ;

- l'alternance entre individuel et collectif ;

- un triple niveau de repli.

L'autoformation et la formation individualisée sont liées. Au départ, l'entrée c'est l'apprenant, en formation professionnelle le salarié lui-même. Cette entrée vient compléter des approches plus centrées sur le contenu. Dans les faits, la meilleure utilisation du potentiel de chacun reste l'un des fondements majeurs des théories et des actions de la formation individualisée. Plus on individualise, plus on mobilise les ressorts de l'autoformation. Toutefois, la formation individualisée ne peut être mise en œuvre que par référence à l'implication de l'apprenant. Elle résulte de l'existence d'un projet explicite et cohérent. Le formateur accompagne cette motivation, il l'entretient par une relation soutenue dont il est à l'initiative. Alors, deux grandes modalités d'individualisation peuvent être observées. Il s'agit de l'individualisation partielle ou de l'individualisation totale.

L'individualisation partielle

Elle est utilisée parfois dans le cadre d'apprentissages collectifs. C'est le moment de l'exercice, du cas pratique ou de l'interrogation. Chaque apprenant est laissé seul pendant un temps donné pour réaliser une tâche. Le formateur gère le temps et l'hétérogénéité qui en découle. Puis, c'est au formateur de reprendre la main dans le cadre coopératif du retour au groupe. Mais sans cette attention particulière, il génère de l'exclusion.

L'individualisation totale

Elle peut aussi être recherchée. Chaque apprenant est suivi en dehors de tout collectif présent. Actuellement, en formation professionnelle, les deux formes majeures de la formation individualisée totale sont observées : l'enseignement à distance (EAD), comprenant la formation par correspondance, et la formation en centre de ressources (CR).

Si l'individu est impliqué dans les apprentissages, la notion de coopération est essentielle pour en prendre la pleine mesure. Cette coopération est apparue essentielle dans la pédagogie au début du XXᵉ siècle. Célestin Freinet est sans doute l'un de ces précurseurs et il a d'ailleurs mis en œuvre la coopération au sein de sa pédagogie. La « pédagogie Freinet » (1977) correspond à une coopérative scolaire où les enfants travaillent et apprennent ensemble, où les principes de base sont la responsabilité, l'organisation, l'autonomie et les besoins de chaque élève.

Par la suite, Piaget est aussi l'un des chercheurs dont la contribution est primordiale sur la notion de coopération. Piaget a en effet identifié l'intérêt de cette notion qui permet au jeune enfant de dépasser la nature égocentrique de sa pensée. L'enfant n'ayant pas conscience de l'existence de points de vue différents du sien durant les premières années de sa vie, « *la coopération peut ainsi contribuer au développement intellectuel* ». Il affirme également que c'est à travers la coopération que se forment l'éducation morale et le respect de règles.

Ses travaux l'ont conduit à favoriser des méthodes pédagogiques actives dont les principes résident dans le travail par équipe et la vie sociale des élèves, permettant la décentration des points de vue et favorisant des échanges et interactions entre les élèves.

Deux aspects essentiels de la notion de « coopération autonome » peuvent être soulignés chez Piaget. Pour le psychologue, l'égalité entre les enfants est un critère à respecter pour que des élèves collaborent et apprennent ensemble : c'est ce qui est également nommé la « symétrie » par les psychologues sociaux aujourd'hui. Il affirme également que les jeunes enfants n'apprennent rien en situation de coopération tant qu'ils sont dans une attitude égocentrique. Ces principes correspondent à ceux de l'apprentissage coopératif, c'est pourquoi les travaux de Piaget sont importants.

Enfin, la notion d'apprentissage coopératif développée par les auteurs anglo-saxons sert souvent de référence. J. Dewey avait pensé le travail collectif entre élèves dès 1927, mais c'est seulement avec Deutsch en 1949, que le modèle de « coopération compétitive » apparaît. Bien que les travaux de Sherif *et al.* (1961) mettent en avant les avantages d'une situation coopérative et les inconvénients d'une situation compétitive, plusieurs chercheurs américains, dont Slavin (1977), affirment que les situations d'apprentissage associant coopération et compétition sont davantage bénéfiques que celles de coopération simple.

L'EXPÉRIENCE, MOTEUR DE LA FORMATION SUR POSTE ET EN ALTERNANCE

L'expression « formation expérientielle » ou « apprentissage expérientiel » est d'origine récente, les Américains ayant été les premiers à accoupler les deux termes au cours des années 1930. Historiquement, il est toutefois possible de rattacher l'origine du mouvement à l'histoire des systèmes éducatifs : en effet, après une coexistence des systèmes fondés sur une formation pratique, telle que le compagnonnage, opposés à la formation plus théorique de type académique et universitaire, l'industrialisation du XIXe siècle a plutôt accéléré le développement des systèmes scolaires au détriment du compagnonnage.

Au XXe siècle, plusieurs philosophes de l'éducation, dont J. Dewey, ont lutté contre une conception trop tournée vers l'assimilation des connaissances. Ils ont réintroduit l'expérience dans le champ éducatif. Dans les faits, il existe deux conditions nécessaires pour qu'une formation puisse être qualifiée d'expérientielle : le contact direct et la possibilité d'agir. « *Quand nous faisons l'expérience d'une chose, nous agissons sur elle, nous faisons quelque chose avec elle puis nous en subissons les conséquences. Nous faisons quelque chose à la chose qui à son tour nous fait ensuite quelque chose.*[1] »

---

1. Dewey J., *Expérience et éducation*, 1968.

La formation expérientielle nécessite un contact direct entre le sujet et l'objet, doit déboucher sur l'action et entraîne parfois des changements de valeurs, de sentiments, de connaissance et d'habiletés : il y a donc un engagement de la personne dans toutes ses dimensions, cognitives, affectives et comportementales.

Toutefois, cette formation ne se limite pas seulement au vécu et à l'expérience, aussi validée soit-elle. Elle suppose également une activité intellectuelle intense afin de confronter l'expérience, de l'intégrer, de lui donner son sens et de la réinvestir. Dans cette suite, G. Pineau et B. Courtois[1] indiquent un cheminement de l'apprentissage expérientiel vers l'expérience autoformatrice et donnent une définition : la formation expérientielle est une formation par contact direct « *avec une situation de vie mais réfléchie avec soi, les autres et l'environnement* ».

À ce titre, F. Dubet[2] montre que « *se former par l'expérience, ce n'est pas seulement acquérir des compétences, des informations voire des savoirs : c'est aussi se construire en tant que personne acteur social et culturel, en inscrivant l'expérience dans l'historicité de celui qui la vit et en faisant émerger le sens à différents niveaux et tenter l'articulation* ».

La formation par l'expérience conduit à identifier deux axes de formation majeurs reconnus en complémentarité de la formation en stage : la formation sur le poste de travail, parfois appelée « formation sur le tas » et la formation en alternance.

DES MODALITÉS D'ACCOMPAGNEMENT : DU TUTORAT AU COACHING

En formation professionnelle, l'un, le tuteur ou maître d'apprentissage est reconnu, l'autre, le coach, ne l'est pas.

---

1. Courtois B., Pineau G., « La formation expérientielle des adultes », *in* La Documentation française 1991.
2. Dubet F., *Sociologie de l'expérience*, Seuil, 1998.

Le tutorat

De nombreux travaux ont montré que la transmission des connaissances par « le bouche à oreille », dans le cadre de l'exercice d'un travail, s'avère nécessaire et efficace. L'accélération du changement technique, la multiplication des connaissances sur les matériels, les équipements et les process nécessitent le développement de pratiques de compagnonnage renouvelées. Cette mise à jour se traduit par la mise en place de structures nouvelles et très individualisées. Dans le cadre de l'entreprise, elles sont accompagnées par des tuteurs.

Le terme de tutorat est apparu au XIIIᵉ siècle. Il est issu du latin *tutor* signifiant protéger. La forme la plus connue de tutorat en formation, avant que ce terme apparaisse dans l'industrie, est bien sûr le compagnonnage (XVIIIᵉ siècle). Les compagnons étaient le plus souvent des artisans qui n'étaient plus apprentis. Ils cherchaient à devenir maître *via* l'acquisition de compétences chez plusieurs autres artisans durant le tour de France. Aujourd'hui, de nombreux apprentissages, comme celui de la conduite d'une voiture, sont systématiquement individualisés et tutorés par un moniteur ou des parents.

Les différentes législations, ainsi que les accords interprofessionnels relatifs à la formation professionnelle, ont particulièrement valorisé l'alternance comme mode de formation professionnelle, surtout pour les jeunes. En effet, une certaine remise en cause du taylorisme, des expériences d'élargissement des tâches et de l'enrichissement du travail introduisent des possibilités de formation articulées au travail. Mais, ces nouvelles pratiques tranchent avec les formations traditionnelles de type corporatiste ou compagnonnage dont elles sont principalement issues.

« *Autour des années quatre-vingt, l'alternance s'installe massivement dans le champ des questions pédagogiques. Elle ne l'a pas quitté et ne semble pas prête à se retirer puisque les discours institutionnels ne cessent de la prôner. Dans un contexte où les maîtres mots semblent bien être modernisation, révolution technologique, mutations industrielles et formations appropriées, la formation se voit attribuer un double rôle : celui de régulateur social et celui de processus producteur de qualification. L'alternance est ici particulièrement appropriée en tant que mode pédagogique puisqu'elle met en œuvre la liaison formation-emploi, réhabilite la culture technique, réconcilie la formation générale et la formation professionnelle, la culture et le travail, l'intellectuel et le manuel.*[1] »

En 1980, la loi 80-526 sur les formations alternées est promue. En 1985, l'État met en place les contrats de qualification pour les jeunes de 16 à 25 ans et en 1987, un dispositif complet de formation initiale par la voie de l'alternance est ouvert à ces jeunes. Depuis le début des années 1990, analyses, déclarations publiques, législations et décrets orientent clairement la formation professionnelle continue en Europe vers des pratiques en alternance. À cet effet, le modèle allemand notamment sert de référence.

L'accord interprofessionnel du 3 juillet 1991 précise que le tuteur est « *chargé d'accueillir, d'aider, d'informer, et de guider le jeune pendant la durée de son contrat. Il assure notamment la liaison entre l'organisme de formation et les salariés de l'entreprise qui contribuent à l'acquisition pour le jeune de compétences professionnelles. Il participe à l'évaluation.* »

L'alternance n'est pas un principe particulièrement innovant en formation. Elle existe depuis toujours sous différentes formes. Cette alternance rapproche effectivement la formation des pratiques professionnelles. En revanche, l'actualisation et la systématisation de cette tendance dans la formation des jeunes, puis des salariés, constituent une évolution majeure. Toutes les formes innovantes prises par l'alternance aujourd'hui sont sans doute le fruit de réflexions menées autour des concepts d'entreprises ou d'organisations apprenantes.

La formation en alternance nécessite d'être correctement jalonnée, balisée et instrumentée au sein des entreprises. Elle doit ensuite être accompagnée. Lors des formations alternées, les séquences de formation en entreprise font systématiquement référence, de manière plus ou moins explicite, à un tuteur ou un maître d'apprentissage. Actuellement, on peut définir le tutorat comme « *une démarche d'accompagnement du stagiaire par un expert-tuteur. Ce dernier aide l'apprenant à mettre en œuvre des connaissances acquises au cours de la formation* »[2].

---

1. Houssaye J., « L'alternance dans une histoire des courants pédagogiques. L'alternance en formation, un projet à construire », *in* la revue POUR, n°154, juin 1997.

Dans son rapport sur les fonctions tutorales, Gérard Vanderpotte[1] constatait dès 1992 que les centres de formation ont vu dans la formation des tuteurs un nouveau marché à conquérir et ont même parfois vendu des formules complètes comprenant le recrutement du jeune, sa formation, la formation du tuteur et la gestion des dossiers. Mais dans ce cas, c'est le centre de formation qui est à l'origine du processus et non le jeune, ce qui est sans doute dommageable. Certains abus existent. Dans certaines régions, l'apprentissage a par exemple créé des conditions de survie de certaines professions, comme la carrosserie automobile ou la coiffure, souvent trop dépendantes de la nécessaire présence de stagiaires. Main-d'œuvre flexible et peu chère, les apprentis sont formés pendant deux ans dans de petits commerces. Il y a plus de propositions de stages que d'emplois. Par leur apprentissage, les jeunes ont juste contribué à la pérennité de la profession. Conscients de la situation, les pouvoirs publics sont partagés et s'interrogent !

La fonction tutorale s'exerce principalement dans le cadre légal de l'alternance. L'accélération du changement technique, la multiplication des connaissances sur les matériels, les équipements et les process nécessitent le développement de pratiques de compagnonnage et de tutorat stabilisées et bien référencées au sein des organisations. Mais la fonction tutorale ne s'exerce pas seulement spontanément. Il est possible, voire souhaitable, d'être formé à occuper cette fonction.

Au regard de l'ensemble des personnes qui exercent une fonction tutorale, celles qui ont réellement bénéficié d'une formation sont plutôt rares. Ce n'est pourtant pas faute d'une offre de formation en la matière. Plusieurs raisons expliquent sans doute cette désaffection : les coûts des formations, l'inadaptation des structures de formation et le poids des habitudes.

---

2. Dennery M., *Organiser le suivi de la formation - méthodes et outils*, ESF, 1997.
1. Vanderpotte G., « Les fonctions tutorales dans les formations alternées », *in* Rapport au ministre de l'Emploi et de la Formation professionnelle, 1992.

Le coaching

Le coaching est bien connu des milieux sportifs, voire de certains milieux musicaux dans lesquels le terme n'est toutefois pas employé. Le coach est engagé individuellement auprès de son client. Afin de retourner aux origines anglo-saxonnes du terme, notons que le Harrap's assimile le coach à un professeur donnant des leçons particulières et un entraîneur. Littéralement, *to coach* signifie « échauffer » ou « entraîner ».

Pour répondre à une demande du marché, les coachs en entreprises apparaissent et, ici comme en formation, la profession s'organise. Créée en mars 1997, la Société Française de Coaching, la SFC, a pour vocation de favoriser les échanges entre ses membres. Et comme les concepts appartiennent à ceux qui les usent, la SFC propose cette définition du coaching : « *Coaching : accompagnement d'une personne à partir de ses besoins professionnels pour le développement de son potentiel et de ses savoir-faire* ».

À la lisière entre conseil et formation, parfois à la frontière de la thérapie, en entreprise, le coaching est assez répandu lorsqu'il s'agit d'accompagner des cadres dans l'action. Les chiffres montrent que 80 % des coachés sont des cadres dirigeants et, pour une forte proportion d'entre eux, membres de comités de direction d'entreprises privées. Dans les faits, il s'agit de faire réussir le cadre coaché sans pour autant se substituer à son action. Dès lors, il existe sans doute deux types de coaching : celui centré sur la situation à résoudre, parfois appelé « coaching technique », et celui plutôt axé sur la personne, qualifié de « coaching dynamique ». Dans les deux cas, il s'agit bien d'une relation d'aide individualisée, parfois assortie d'un apport de méthodes ou de techniques concrètes.

Le coaching consiste donc à aider les salariés à renforcer leurs capacités pour leur permettre de jouer leur rôle lors de la mise en place des nouvelles relations nécessaires à l'évolution permanente des entreprises et pour faire face aux incertitudes dues aux changements. « *Le coach conduit par étapes à la mise en place du changement comportemental. Pour cela, il faut remonter aux représentations et aux émotions qui sont en amont des comportements* » expliquent E. Albert et J.-L. Emery[1].

---

1. Albert E., Emery J.-L., *Au lieu de motiver, mettez-vous donc à coacher !*, Éditions d'Organisation, 1999.

Il convient encore de souligner que le coach peut être externe ou interne à l'entreprise. « *Certaines entreprises sans le dire ont commencé à se constituer un pool de coachs internes. Parfois, il s'agit d'une ressource que la DRH met à disposition des managers qui le souhaitent, ailleurs, ce sont des dirigeants qui en fin de carrière entrent dans une fonction de vieux sages. On les trouve conseillers du président, gestionnaire des dirigeants, garants de l'éthique, etc.* »

Les missions de coaching se déroulent souvent comme des missions de conseil partant d'un diagnostic de la situation. Elles se poursuivent par un travail de conviction du prescripteur et du sujet à coacher. Bien que 70 % des demandes soient à l'initiative du coaché, ce dernier doit s'engager et participer à l'opération sans la vivre comme un désaveu. Il convient ensuite de définir des indicateurs de performance ou les éléments permettant d'établir la réussite et la fin de la mission. Au terme de ce parcours, la mission peut enfin être engagée.

La circulaire DGEFP n° 2006/35 du 14 novembre 2006 article B6-3 stipule que « *les actions annoncées comme étant du domaine… de "coaching"* » ne peuvent être considérées comme entrant dans le champ de la formation professionnelle continue […] et doivent être considérées comme des activités de conseil. »

Chapitre 3

La formation ouverte
et à distance (FOAD)

Inséré dans la net économie, l'e-business est en plein essor. Il s'accompagne de l'e-marketing, de l'e-procurement, de l'e-recrutement et même de nombreuses e-solutions pour tous ceux qui « e-comprennentrien » ! Là encore, plus que les outils, ce sont les modes d'organisation du travail qui évoluent et les outils reflètent ce processus de transformation radicale des organisations. Par l'utilisation des outils réseau, les salariés acquièrent les compétences requises pour assumer de nouvelles fonctions dans les entreprises du futur.

En France, le développement de l'e-learning n'est sans doute pas aussi rapide et spectaculaire que nous le promettent nos voisins anglo-saxons. C'est que les habitudes de formation conduisent à privilégier des formules d'apprentissages plus centrées sur l'expérience et la pratique que sur la diffusion des savoirs et l'assimilation de connaissances. De fait, en France, la solution du mixe formation permettant d'utiliser la formation en ligne pour partie seulement, et en complément d'actions plus traditionnelles, se développe aussi significativement que les actions totalement en ligne. Dans le cadre du mixe formation, la formation en ligne est utilisée pour aider à préparer le stage, pour soutenir le stage et accompagner les éventuelles périodes interstages ou enfin pour prolonger le stage.

Toute cette mutation de l'offre de formation professionnelle distribuée en présence vers l'e-learning trouve un réel ancrage et une légitimité forte dans :

- l'évolution des métiers quelle accompagne ;

- l'utilisation par les entreprises de nouveaux moyens de communication (messageries) et de gestion (ERP, CRM…) ;

- la mutation et la professionnalisation de l'offre de formation professionnelle ;

- les modifications du cadre administratif et légal du travail et de la formation ;

- l'influence de l'Europe sociale sur les dispositions relatives, à l'emploi, la mobilité et la formation.

Dans le cadre de la gestion des ressources humaines de l'entreprise, donc en harmonie avec les outils qui assistent à l'évaluation, la mobilité, la gestion des carrières, la gestion prévisionnelle des emplois et des compétences, etc., plusieurs types d'outils sont utilisés dans les dispositifs de l'e-learning :

- des outils de diffusion de ressources de type portail ;

- des outils d'administration de type plateforme ;

- des outils d'apprentissage et d'entraînement de type didacticiels, tutoriels, exercices, études de cas et simulateurs ;

- des outils de communication et de tutorat de type messagerie, forums, visio ou téléconférence, chat, partage d'applications, prise de main à distance ;

- des outils coopératifs pour la formation de groupe de type classes virtuelles.

Tous ces outils doivent être combinés au sein de dispositifs. Ils sont agencés en fonction de cahiers des charges. Ils répondent à des besoins précis de formation de salariés dans leurs environnements de travail en pleine évolution. Dans cette approche, les quatre niveaux d'ingénierie en formation professionnelle continue déjà définis peuvent être enrichis des stratégies de mise en ligne.

Ingénierie	Acteurs	Production	Outils
Des compétences	DG, DRH	Accords GPEC ou de méthode, référentiels, bases de données	Intranets RH, SIRH, ERP, KM
De formation	DRH, direction des services, RF	Plan de formation, dispositifs et cahier des charges	Plateforme et LMS
Pédagogique	RF, formateurs et tuteurs	Documentations, manuels, livrets, kits de démultiplication, etc.	Base de ressources, portails, outils de communication et de tutorat
Didactique	Formateurs et experts	Séquences de formation	Didacticiels, tutoriels, simulateurs, etc.

Fruit de ces démarches d'ingénierie, les dispositifs de formation sont imaginés et conçus en combinant différentes fonctionnalités en vue d'assister à la formation des utilisateurs. On trouve certaines de ces applications disponibles sur Internet, mais les adaptations les plus significatives et opérationnelles sont faites sur les intranets des entreprises ou de certains organismes de formation. On les désigne volontiers sous le terme générique de *Learning Management System (LMS).* Ces offres de formation en ligne sont principalement portées par les services de formation internes des entreprises, parfois dans des logiques étendues aux partenaires clients et fournisseurs, à la branche ou à la fédération professionnelle. D'autres offres extérieures sont aussi mises sur le marché *via* le Web par des organismes de formation, des universités, des éditeurs, des cabinets de conseil, etc.

Les contenus les moins développés en e-learning sont plutôt l'intégration des nouveaux, le management, et tous les contenus métiers faisant appel à de la créativité : design... En entreprise, les changements sont essentiellement technologiques, organisationnels et sociaux. Pour l'individu, ils sont d'abord cognitifs, affectifs et identitaires. Passer de l'individuel au collectif, du salarié à l'entreprise, nécessite une médiation socialisée. Elle passe donc par un formateur, un dispositif ou leur substitut. Force est de constater qu'en France les dispositifs sont tutorés.

C'est d'ailleurs, et sans doute, une condition du succès que de trouver les modalités du tutorat, synchrone ou asynchrone, réactif ou proactif, qui viendront assister l'apprenant dans ses apprentissages.

La formation professionnelle intègre et utilise aussi les potentialités des innovations dont elle est le vecteur. Chaque métier, chaque fonction, comme chaque secteur d'activité et chaque branche professionnelle, a ses propres évolutions, ses propres mutations et ses propres changements. Mettre en place un réseau suppose que les utilisateurs soient capables de le faire fonctionner et soient à même d'utiliser au mieux l'ensemble des fonctionnalités qui le composent. Or, les réseaux sont moins anciens que nombre de salariés des entreprises et ils viennent modifier, parfois bouleverser, les anciennes pratiques ou certaines habitudes. Il s'agit donc de mettre en place une formation adaptée à ces nouveaux usages. Cette formation s'envisage suivant trois grands axes : technique, coopératif et managérial.

Le développement de la FOAD bouscule alors quelques habitudes :

- La distinction entre temps de travail et temps de formation n'a plus vraiment le même sens.
- La pédagogie tend parfois vers une individualisation plus forte.
- La répartition des coûts doit être revue : augmentation des investissements et des coûts de communication, diminution sensible des coûts de déplacement des participants et d'immobilisation de formateurs, de matériel ou de locaux.
- Le rôle des formateurs évolue, ceux-ci deviennent plus fréquemment des médiateurs et sortent de la relation de face-à-face.

LES OUTILS DE LA FORMATION EN LIGNE

Afin de mettre en œuvre ces dispositifs de formation en ligne, quelques outils peuvent être évoqués.

Les portails en formation

Les portails sont des services répandus ailleurs qu'en formation, mais qui trouvent dans ce cadre des applications naturelles pour la gestion des ressources et des informations. Si ces portails sont présents dans le monde du travail, et pour différentes communautés de praticiens, ils le sont aussi pour la formation et pour favoriser l'apprentissage. Avec ces outils, la réelle compétence du cyber formateur évolue de fait. Il ne s'agit plus pour ce dernier de détenir la connaissance déjà répartie sur les réseaux, mais de savoir où et comment la retrouver à partir de ces outils sur les réseaux. Deux types de portails sont alors à distinguer : ceux pour l'information, ou le *Knowledge Management*, et ceux plus directement dévolus à la formation professionnelle.

Les plateformes de formation

Les plateformes de formation sont des outils logiciels qui permettent une certaine formation accompagnée ou tutorée à distance *via* le Web. Ces outils mis en ligne s'adressent à l'apprenant, au formateur et à l'administrateur. Ils proposent un accompagnement et un suivi de contenus mis en ligne sur les réseaux. À en croire l'étude menée par le Centre INFFO[1], globalement, ces plateformes sont utilisées sur trois dimensions :

- En interne dans des organisations ou des entreprises : la formation est alors dispensée sur les lieux de travail.

- Sous forme de service accessible à des apprenants ou étudiants inscrits : la formation est alors relayée sur des antennes, ou parfois sur le lieu de travail ou même à domicile.

- Sous forme de services ouverts sur de nombreux serveurs et sites en ligne, accessibles sur Internet.

Universités, classes ou campus virtuels

Les classes et campus virtuels sont des environnements intégrés qui combinent essentiellement des portails et plateformes pour transposer à la réalité de réseau l'idée d'une structure apprenante, recréant ainsi les conditions d'un groupe et le sentiment d'une appartenance. L'apprenant, même s'il y est seul et à distance, s'engage dans un dispositif proche de repères déjà connus : la classe ou le campus pour certains salariés

---

1. « Intranet : de nouveaux outils pour la formation », novembre 1999.

plus lettrés. Il devient alors cyber élève, voire étudiant. Il se sent collectivement en démarche d'apprentissage, accompagné et considéré par un système construit autour de ses besoins de compétence.

Cadre légal, juridique et financier de la FOAD

Certaines dispositions particulières existent. La formation assistée par ordinateur est en partie reconnue et appartient à la formation interne ou à la formation externe, suivant que l'organisation de l'action de formation relève de l'entreprise ou de l'organisme de formation. La formation à distance, quant à elle, peut donner lieu à la conclusion d'une convention entre un employeur et un organisme dispensateur de formation. Deux circulaires ont fixé des règles bien spécifiques pour ces actions.

La circulaire du 4 septembre 1972 sur les cours par correspondance

Cette circulaire impose quelques obligations : envoi d'un contrat individuel en recommandé avec AR, possibilité de résiliation dans les trois mois, contrôle par l'Éducation nationale, etc. Dans ce cadre, les cours par correspondance relèvent exclusivement de la formation externe. Pour les réaliser, une convention avec un organisme de formation est indispensable. Par ailleurs, ces cours doivent donner lieu à l'échange de devoirs et de corrigés et les stages doivent comporter des regroupements périodiques de stagiaires[1].

La circulaire du 16 mars 1983 sur l'enseignement assisté par ordinateur (EAO)

Un accompagnement pédagogique « indirect » pour l'établissement du programme est nécessaire. Cette condition est exigée par la circulaire du 16 mars 1983 qui détermine les critères de l'action utilisant l'EAO. Il n'y a pas lieu d'exiger un encadrement direct. L'accompagnement

---

1. Lehnisch J.-P., *Enseignement à distance et formation professionnelle continue*, ESF, 1980.

pédagogique direct, s'il est prévu, résulte de la présence d'un formateur. Cette circulaire ne fixe aucune règle sur une proportion à respecter entre le temps d'accompagnement et l'autoformation. La liberté est donc complète en ce domaine.

L'enseignement assisté par ordinateur, s'il est mis en place, doit aussi permettre de répondre à la notion de stage telle qu'elle est définie par le Code du travail : progression établie en fonction d'objectifs préalablement déterminés, contrôle des connaissances, encadrement pédagogique indirect pour l'établissement du programme. En cas de contrôle, et pour justifier de la réalité de ce type d'action de formation, l'employeur ou l'organisme de formation devra être à même de fournir les pièces justificatives suivantes : une attestation signée par le stagiaire ou éventuellement le moniteur, comportant la mention du lieu, de la date, de l'heure de début et de fin d'utilisation, de la dénomination du ou des modules suivis, et d'une attestation de groupe si le stage se déroule en séance de regroupement.

La circulaire du 20 juillet 2001 sur les formations ouvertes et/ou à distance (FOAD)

En combinant les unités de lieu, de temps et d'action, on accroît la flexibilité de la formation et l'on envisage alors son ouverture. En France, la définition des formations ouvertes est tirée de la note d'orientation de 1993 du programme « Formations Ouvertes et Ressources Éducatives » de la Délégation à la formation professionnelle : « *Par formations ouvertes, on entend des actions de formation alternant travail en centre et à distance, travail individuel et collectif s'appuyant sur l'utilisation de supports pédagogiques diversifiés* ».

Cette notion de formation ouverte a été renforcée par la circulaire du 20 juillet 2001 émanant de la DGEFP qui reconnaît que : « *La notion de formation ouverte et à distance est caractérisée, ce qui permet une imputation au titre du 2483, en reconnaissant notamment la possibilité de mettre en œuvre un "protocole individuel de formation" définissant dans ce cadre les modalités d'une formation individualisée.* » Cette circulaire est relative aux formations ouvertes et/ou à distance (FOAD) : définition, obligations des prestataires, imputabilité des dépenses sur l'obligation de participation des employeurs. Elle a pour objet de préciser les obligations des prestataires de formation et l'imputabilité des dépenses sur l'obligation de participation des employeurs, dans le cas de la mise en œuvre de formations ouvertes et/ou à distance.

De même que l'administration avait aussi pris en compte, en son temps, l'usage des technologies se rapportant au Minitel (note GNC du 10 avril 1989) ou à l'enseignement assisté par ordinateur (circulaire n°1360 du 16 mars 1983), cette circulaire a pour objet de préciser les conditions de recours aux nouvelles modalités techniques et pédagogiques, et notamment à l'utilisation de l'Internet dans le cadre de la formation professionnelle.

Dans ses principes généraux, il est d'abord rappelé que les activités de formation requièrent la mise en œuvre de moyens humains, de supports pédagogiques et de matériels technologiques dont la nature et l'importance varient en fonction du domaine de formation, du public bénéficiaire, des méthodes pédagogiques et des objectifs poursuivis. Elles sont régies par les dispositions combinées des articles L. 900-1 et L. 900-2 du Code du travail et celles des premier et deuxième alinéas de l'article R. 950-4 (décret du 3 avril 1985).

La diversification des modalités d'organisation de la formation (formation dans et hors temps de travail, sur le poste de travail, en centre de ressources, à l'extérieur de l'entreprise, etc.), la variété des situations pédagogiques (autoformation, formation accompagnée dans un lieu-ressource, formation en situation de travail, formation à distance, etc.) et l'alternance entre des activités d'apprentissage individuel et collectif sont autant d'éléments qui favorisent l'évolution et l'ouverture des systèmes de formation.

Dans ce cadre, les formations ouvertes et/ou à distance (FOAD) se distinguent des modalités de formation classiques appelées communément « formations présentielles ». Les FOAD recourent à des modalités de formation pouvant se combiner.

Une formation ouverte et/ou à distance est un dispositif souple de formation organisé en fonction de besoins individuels ou collectifs (individus, entreprises, territoires). Elle comporte des apprentissages individualisés et l'accès à des ressources et compétences locales ou à distance. Elle n'est pas exécutée nécessairement sous le contrôle permanent d'un formateur.

La réalisation d'une formation ouverte et/ou à distance implique de la part du prestataire la mise en œuvre de moyens humains et de moyens pédagogiques et techniques dont l'importance et la nature dépendent à la fois du domaine et de l'objectif de l'opération, du public bénéficiaire, ainsi que du ou des type(s) d'apprentissage retenu(s).

Il en résulte que le droit positif régissant la formation professionnelle continue ne comporte aucune disposition susceptible de faire obstacle à la mise en œuvre de ces nouvelles modalités de déroulement des actions de formation professionnelle.

Les règles d'imputation des dépenses applicables aux FOAD sont les mêmes que celles concernant les formations de droit commun. De manière générale, il s'agit du prix d'achat de l'action de formation ouverte et à distance, du prix d'achat des documents pédagogiques ou des prestations de services qui leur sont étroitement liées dans le respect des règles en vigueur, la partie de l'annuité d'amortissement des biens nécessaires à la réalisation de l'action et des rémunérations des stagiaires qui bénéficient de la formation.

Certaines précisions doivent néanmoins être apportées :

- Encadrement : le formateur-tuteur est au cœur du dispositif de formation, mais sa participation au processus d'apprentissage ne doit pas se limiter à sa seule présence *in situ*. D'autres types d'encadrement existent, tels que l'accompagnement pédagogique et technique dans le cadre d'un lieu-ressource, le tutorat à distance qu'il soit synchrone ou asynchrone, etc.

- Durée de la formation : en l'absence de repères habituels propres aux actions de formation en « présentiel », il est possible pour certains apprentissages, dispensés en totalité ou en partie à distance, de déterminer la durée estimée nécessaire pour effectuer les travaux demandés. La durée totale de la formation pourra intégrer l'ensemble des situations pédagogiques concourant à la réalisation de l'action de formation (autoformation encadrée, séquences de face-à-face pédagogique, apprentissage à distance, etc.) et accessoirement d'autres activités encadrées (autodocumentation, mise en pratique en situation de travail, etc.). Pour chacune des situations, la durée effective ou, le cas échéant, son estimation devra être précisée.

- Regroupements : le regroupement ou d'autres formes de mise en situation collective des stagiaires résulteront souvent de considérations pédagogiques. Compte tenu des évolutions technologiques et des pratiques pédagogiques, ces regroupements ne constituent pas une exigence du point de vue du contrôle, dès lors qu'il existe d'autres formes de suivi, d'encadrement et de contrôle de l'assiduité.

DES MODALITÉS PÉDAGOGIQUES EN FOAD

L'enseignement programmé, technique et pédagogique qui permet à un apprenant d'apprendre seul, à son rythme, avec des supports directifs et une progression établie, a rapidement intégré tous les avantages des outils informatiques, multimédias, en ligne.

Au début du XXe siècle, J.B. Watson, s'opposant à l'introspection, fondait le béhaviorisme, portant notamment sur le caractère mesurable des réponses des sujets. Sur la base de la loi de l'effet développée par E.L. Thorndike, B.F. Skinner, un psychologue américain, développe sa théorie de l'apprentissage par le renforcement et porte son effort sur les principes du conditionnement instrumental. Dans cette école béhavioriste, l'apprentissage est une modification du comportement provoquée par des stimuli venant de l'environnement. Cet apprentissage peut être obtenu au final par l'utilisation de la récompense appelée renforcement positif. Sa théorie est à l'origine de l'enseignement programmé. Cette méthode semble avoir rapidement buté sur des limites matérielles qui ont été levées par l'utilisation de l'ordinateur.

Issu des années 1950, l'enseignement programmé de Skinner consiste à proposer des enseignements qui défilent sur des rouleaux de papier. Dans les années 1960, Norman et Crowder construisent des programmes dans lesquels des informations présentées sont adaptées à la réponse de l'apprenant. Cette notion d'enseignement programmé est la base des théories de l'enseignement assisté par ordinateur (EAO). Aujourd'hui, cette approche se diversifie au fur et à mesure des évolutions conjuguées de la pédagogie et des technologies multimédia.

Néanmoins, quelques principes forts perdurent au-delà des théories de Skinner. Un comportement humain s'acquiert plus facilement si le sujet émet des réponses. C'est le principe du conditionnement opérant qui est relayé en formation au niveau des outils et des dispositifs par l'interactivité. Le comportement visé s'acquiert plus facilement s'il y a renforcement, c'est-à-dire encouragement et valorisation. Et, pour obtenir un bon renforcement, il convient de fragmenter les difficultés. Ce principe donne lieu à deux approches complémentaires :

- Le découpage des progressions en modules complémentaires et articulés suivant une évolution : c'est la modularisation des contenus. Dans cette fragmentation, la cohérence d'ensemble est généralement assurée par le recours aux fameux objectifs pédagogiques et aux progressions.

- La prise en compte de différences entre les individus et la nécessité de laisser chacun aller à son rythme, ce qui peut conduire à une certaine individualisation.

En formation comme ailleurs, le paradoxe de complémentarité entre l'homme et la machine est fort. La machine ne dispense pas de la formation, bien au contraire. E. Bruillard[1] relève que « *pour être adaptables, les machines doivent savoir résoudre tous les problèmes qui se posent, mais si elles résolvent ces problèmes faut-il encore apprendre à les résoudre ? En fait s'il apparaît important de connaître ce que les machines sont susceptibles de faire, il est essentiel d'appréhender leurs limites. Le seuil d'incompétence des machines renseigne sur les compétences à développer chez les humains. La machine devient alors pour l'homme un partenaire et un amplificateur de sa propre pensée. Mais comment concilier les rôles de guide et de partenaire dans une situation d'apprentissage ?* »

Le mariage du micro-ordinateur et du multimédia avec la formation donne lieu à de nombreuses approches. L'une des descriptions les plus exhaustives de l'utilisation de ces technologies est celle contenue dans la définition des moyens multimédia utilisés en formation. Cette définition provient de l'ouvrage de B. Blandin[2]. Dans un premier temps, l'auteur relève que le concept est « *assez flou dans l'esprit même de ceux*

---

1. Bruillard E., *Les machines à enseigner*, Hermès, 1997.
2. Blandin B., *Formateurs et formation multimédia*, Éditions d'Organisation, 1990.

qui en sont les pionniers ». Il le reste d'ailleurs. C'est certainement un gage de consensus permettant aux divers acteurs, dont les paritaires, de se retrouver assez aisément sur un terrain à peine défriché et encore suffisamment souple. Par la suite, l'auteur esquisse une première définition assez générale : « *Nous appellerons formation multimédia toute action de formation s'appuyant sur des médias divers, qu'elle se déroule en salle ou utilise des moyens de communication à distance.* »

KNOWLEDGE MANAGEMENT (KM) ET AUTRES PRODUITS DÉRIVÉS

Depuis 1996, Internet ouvre la voie au temps partagé. Les entreprises développent les compétences et valorisent leur capital métier. Elles misent sur le Knowledge Management et la mise en réseau des savoir-faire. L'essor des technologies d'information et de communication agit bien évidemment dans le même sens. L'information et son traitement informatique prennent une part prépondérante dans tous les postes de travail. Le salarié « agit, réagit et interagit » en interprétant des informations, puis en prenant des décisions. Le niveau d'abstraction augmente, l'objet du travail est de moins en moins le réel, il devient de plus en plus symbolique. Dès lors, l'une des compétences clés est la capacité à trouver l'information, à l'intégrer ou à la générer.

Au sein des institutions utilisant intranet, les responsables doivent gérer des connaissances mises en réseau qu'ils n'administrent pas ! Ces connaissances dépassent les leurs, et le réseau fournit des conditions d'accès qu'ils maîtrisent parfois mal. Le dialogue et la communication s'établissent en dehors de leur contrôle et les webmasters assument le pouvoir qu'ils prennent sur les conditions du transfert. De leur côté, les collaborateurs attendent le retour d'investissement temps qu'ils ont consenti pour accéder au réseau. Pour eux, ce retour doit se traduire en termes de confort de travail. Les données, feuilles de style, outils de production et de gestion, *corporate information*, doivent être embarqués sous contrôle du management. Dans les grandes entreprises décentralisées, chacun ne peut développer une application propre à son service. Un groupe projet, gérant certaines composantes fonctionnelles du schéma directeur intranet, associant des cadres des différents secteurs de l'entreprise, peut être une structure de suivi et d'accompagnement favorisant la construction et l'appropriation par l'équipe de management.

Les entreprises qui veulent suivre ces évolutions doivent passer d'une division du travail à sa multiplication. Pour cela, elles doivent s'adapter, évoluer et progresser en permanence (Kaisen), mais parfois aussi entrer en stratégie de rupture pour changer de cadre. Enraciné dans le social plutôt que dans l'outil, le changement en entreprise, pas plus qu'il ne se décrète, ne se conduit seul ; il est accompagné en fonction de son niveau d'implication. Le fonctionnement en mode projets est couramment adopté pour accompagner la mise en place des intranets. Il met véritablement l'entreprise sous tension pour l'amener à relever les nouveaux défis, à assumer les ruptures et à entrer dans la dynamique du changement.

À la lecture d'expériences conduites en entreprises, il apparaît clairement que les connaissances nouvelles et complémentaires de la formation initiale dont les salariés ont besoin tout au fil de leur carrière peuvent sans doute s'acquérir par :

- la formation continue ou « permanente », limitée dans le temps, l'espace et dans son organisation même ;
- l'expérience acquise en équipe par l'individu au travail et en dehors ;
- les informations reçues par le biais de documents, quelle que soit leur forme.

Ainsi, une diffusion d'information appropriée peut permettre de compléter des connaissances pour accroître les performances au travail. Les réseaux de communication internes aux entreprises et la réflexion sur les organisations apprenantes sont, à ce sujet, assez pertinentes. L'acte de travail, comme l'exercice de la responsabilité peuvent être, en eux-mêmes, formateurs. Le mode d'actualisation des connaissances que représente la circulation des informations présente plusieurs avantages :

- Il est régulier et s'adapte au rythme de l'apparition des nouveautés, de l'évolution des tendances.
- Il est sur mesure : l'information dispensée peut être adaptée aux différents opérateurs selon leur activité, leur responsabilité dans l'entreprise et leur qualification professionnelle.

- Il s'appuie sur un capital qui peut rester la propriété de l'entreprise et qui s'enrichit avec son évolution et son environnement.
- Tous les opérateurs de l'entreprise peuvent en bénéficier simultanément, sans perturber fondamentalement le fonctionnement courant de l'activité.

Et cela ne suffit encore pas car il convient de passer de la logique produit à la logique de service. Lors de la mise en œuvre de formations instrumentées, le recours exclusif à l'activité de l'apprenant comme méthode de travail suppose la croyance en un contenu spontané de connaissances consubstantiel à l'outil. C'est une source d'erreur. Un apprenant peut-il savoir tout ce que contient un CD-Rom ou un service internet ? Si c'est le cas, il n'a plus besoin de se former ! Comment imaginer qu'il puisse être en mesure de définir seul la « bonne activité », celle qui se révélera adaptée à l'évolution de ses connaissances, mais aussi celle susceptible de lui faire acquérir de nouvelles compétences ?

À la différence de la capitalisation, le véritable Knowledge Management consiste à créer les conditions pour un développement des compétences et de l'innovation ou de la réactivité au sein des organisations. La démarche de KM n'est pas limitée au simple but de mémorisation, de capitalisation, même s'il l'inclut. L'ambition est plus vaste. Il s'agit de valoriser un capital actif. Faire du KM, c'est créer des conditions pour mieux innover.

Le KM ne peut être une démarche isolée. Coordonné avec les RH, pleinement investi par le management de première ligne, il devient alors un formidable levier de la pérennité et surtout de l'innovation. Au-delà de la pédagogie nécessaire pour expliquer le projet de KM, les intérêts et les enjeux pour l'homme et son entreprise, il convient ici aussi de mettre en place une nouvelle organisation, de nouveaux outils, de nouvelles habitudes de travail, pour favoriser l'émergence d'attitudes plus centrées sur le partage ou le partenariat. Ce challenge est imparti au management de l'entreprise, appuyé et relayé par les structures formation au sein des entreprises. Alors, les responsables formation ont un réel investissement à fournir dans la mise en œuvre de ces nouvelles organisations apprenantes.

DES STANDARDS POUR CES OUTILS DE FORMATION À DISTANCE

Les standards sont des recommandations développées et préconisées par un groupe représentatif d'utilisateurs. Ces standards diffèrent selon le pays. Ceux qui existent pour la formation professionnelle sont plus particulièrement développés autour des outils de plus en plus complexes et techniques utilisés dans la formation à distance sur réseaux. La prédominance dans ce domaine vient plutôt des Anglo-Saxons.

Les standards classiques de type AICC, IMS, SCORM... garantissent une fonctionnalité technique et agissent sur des champs similaires et complémentaires. Leur importance est capitale car la structuration des données et des contenus influence en grande partie les modèles pédagogiques.

AICC (*Aviation Industry Computer Based Training Commitee*) est un standard pour le développement logiciel dans le domaine de la formation qui vient, à l'origine, du secteur de l'aviation. Il a progressivement été étendu à l'ensemble des problématiques liées à la formation électronique. La compatibilité avec cette norme permet notamment l'interopérabilité entre plateformes et contenus hétérogènes, offrant ainsi des possibilités d'évolution et d'enrichissement accrus. L'AICC définit la structure des contenus, les modes de communication entre la plateforme de formation et les contenus pédagogiques. L'association a élaboré des directives pour l'industrie de l'aviation, pour le développement, la diffusion et l'évaluation des CBT et les NTE (Nouvelles Technologies Educatives).

En se basant sur les travaux de l'AICC et de l'IMS, l'ADL a défini une autre série de spécifications plus actuelles qui, appliquées au contenu des cours en ligne, permet la production d'objets pédagogiques réutilisables et indépendants. Ces spécifications ont été incorporées dans le SCORM (*Sharable Content Object Reference Model*). Ce modèle propre à l'ADL se positionne comme :

- une référence en matière de définition du modèle de contenu de formation à diffuser sur Internet ;

- un ensemble de spécifications techniques interagissant entre elles, dans le but de répondre aux exigences du ministère de la Défense américain ;

- un pont entre les nouvelles technologies émergentes et les applications commerciales ;
- un document évolutif détaillant tous les aspects techniques d'un contenu d'e-learning.

Chapitre 4

Évaluer

Jacques Ardoino rappelle que l'évaluation est partout ; « *évaluer est déjà lié à une faculté de discerner, reconnaître, différencier, distinguer, juger, apprécier, estimer ; encore en devenir, et nous sommes progressivement amenés de la sorte, à élaborer très tôt individuellement et collectivement des pratiques évaluatives.*[1] » Ainsi, chacun est amené à évaluer. Cependant, évaluer ne s'arrête pas seulement à juger ou à vérifier et contrôler un fait ou une action. C'est aussi un moyen de prendre des décisions ; comme l'indique Jean-Marie De Ketele, « *Évaluer signifie examiner le degré d'adéquation entre un ensemble de critères adéquats à l'objectif fixé, en vue de prendre une décision* »[2]. L'évaluation s'inscrit donc dans un processus permanent de recherche d'améliorations.

L'évaluation en formation permettrait donc de mettre en exergue les points forts et les points faibles des actions réalisées afin de mettre en place des actions correctrices. Marc Dennery définit l'évaluation en formation comme « *l'ensemble des actions entreprises dans le cadre d'un processus formel afin d'analyser soit les effets d'une formation sur les apprenants, soit la qualité d'une action ou d'un projet de formation, soit la*

---

1. Ardoino J., « L'intrication du contrôle et de l'évaluation », *in* Ardouin T., *L'ingénierie de la formation pour l'entreprise*, Dunod, 2006.
2. De Ketele J.-M., « Observer pour éduquer », *op. cit.*

*pérennité d'un système de formation et son impact sur la performance glo-
bale de l'entreprise, et de comparer ces effets ou cette qualité, ou encore le
degré de pérennité du système au regard des investissements réalisés* »[1].
L'évaluation en formation va donc encore plus loin puisque, selon cette
définition, elle permettrait de mesurer l'impact des actions de formation sur la performance de l'entreprise.

En France, la formation professionnelle relève principalement de
l'obligation légale. Selon, Alain Meignant[2], de nombreuses entreprises
ont alors souvent considéré la formation comme une simple « taxe » ;
celle-ci est dans ce cas seulement administrée et parfois utilisée comme
outil de régulation sociale auprès des partenaires sociaux ; l'Afnor précise que c'est : « ...*un fonctionnement faisant parfois apparaître la formation comme une dépense sociale sans utilité directe.*[3] » Cette situation
évolue cependant. Dans l'organisation taylorienne, la performance de
l'entreprise se caractérisait par une production de masse et standardi-
sée. Aujourd'hui, l'entreprise fait face à de nouveaux défis. Avec une
consommation de masse qui s'essouffle et une concurrence mondiale
de plus en plus compétitive, la compétence est apparue comme un
outil de « *différenciation compétitive* »[4]. La formation prend donc toute
sa place dans ce contexte.

La terminologie utilisée pour cerner le concept d'évaluation en formation professionnelle des adultes a été considérablement enrichie ces
trente dernières années. Le champ de la réflexion s'est peu à peu ouvert
au fur et à mesure de l'augmentation des investissements consentis. On
considère ainsi que l'évaluation peut être individuelle ou collective.
Qu'elle peut être réalisée par des tiers ou, comme pour l'auto-évalua-
tion, être menée par l'apprenant lui-même à l'aide d'outils. Enfin, les
démarches de *360° feed-back* montrent encore que l'évaluation peut
être aussi bien conduite par la hiérarchie, les pairs ou les collaborateurs.

---

1. Dennery M., *Évaluer la formation après la réforme : des outils pour maîtriser son budget
   formation*, ESF, 2005.
2. Meignant A., *Manager la formation*, Liaisons, 2006.
3. Afnor, *La qualité en formation professionnelle, Qualité et efficacité des organisations*,
   Afnor, 1997.
4. Peretti J.-M., *Tous DRH*, Éditions d'Organisation, 2006.

.../...

Donald Kirkpatrick, ancien professeur à l'université du Wisconsin propose dès 1959 un cadre directeur pour mener à bien une démarche d'évaluation. Ce cadre repose sur une démarche à quatre niveaux :

- le niveau des opinions : le recueil des opinions des apprenants eux-mêmes sur l'action de formation ;

- le niveau des acquis : le niveau des connaissances acquises à l'issue de la formation ;

- le niveau du transfert pédagogique : l'évaluation des acquis pédagogiques en situation de travail ;

- le niveau des objectifs finaux de la formation : la mesure de l'impact du programme de formation sur la performance globale de l'entreprise.

Dès 1974, le sociologue Renaud Sainsaulieu, dans un article intitulé « L'effet formation en entreprise[1] », invitait indirectement à aborder la question de l'évaluation en formation sous un nouvel angle. Il ne s'agissait plus d'évaluer seulement la contribution de la formation à l'acquisition des connaissances, mais également de mettre en évidence les effets de la formation sur les identités professionnelles. Selon cet auteur, l'expérience de formation joue en effet un rôle déterminant « *dans les dynamiques identitaires des adultes* ».

Lorsque l'on souhaite raisonnablement évaluer une formation, on ne peut faire l'économie d'une mesure des transformations sociales que cette formation a entraînées. Évaluer les connaissances acquises et les comportements en milieu de travail ne peut être suffisant, il est toujours nécessaire de mesurer l'impact de la formation sur les « identités au travail ». Actualisant ces approches, G. Le Boterf[2], pour évaluer les effets et les efforts de la formation, distingue trois niveaux d'impact d'un plan ou d'une action de formation :

- les effets sur les capacités et connaissances acquises en cours ou en fin de formation ;

---

1. Sainsaulieu R., « L'effet formation en entreprise », *in* Esprit n° spécial, 1974. Sainsaulieu R., *L'effet formation en entreprise*, Dunod, 1980.
2. Le Boterf G., *L'ingénierie et l'évaluation de la formation*, Éditions d'Organisation, 1990.

- les effets sur les comportements professionnels en situation de travail ;
- les effets sur les conditions d'exploitation.

Il s'agit bien de savoir ce que la formation aura modifié dans les représentations, puis dans le comportement individuel du salarié et dans la performance collective de l'équipe qu'il rejoint au terme de l'action de formation suivie. Cette évaluation est importante pour le salarié, pour l'encadrement et pour les formateurs. Tous tireront profit de la démarche mise en œuvre. Le défi est grand car il s'agit de mesurer, d'évaluer un impact tout au long du process. Évidemment, l'évaluation est utilisée au terme de l'action ; dans la réalité, elle la cerne pour mieux la circonscrire.

QUE PEUT-ON ÉVALUER EN FORMATION ?

L'évaluation permet de vérifier à chaque étape du processus de formation que le message passe bien, et cela avant, pendant et après chaque action. Évaluer, c'est aussi s'entourer des conditions d'une réussite en mettant sous assurance qualité toutes les prestations de services afférentes à la formation. C'est encore se donner les moyens de témoigner et de prouver que les objectifs impartis sont atteints. Comme cela a été montré au chapitre précédent, c'est enfin garantir que la coproduction engageant le client et le fournisseur de l'action de formation a explicitement rendu le service attendu. L'évaluation est répartie dans le temps autour des actions de formation. La matrice suivante permet de rappeler les principales dispositions qui structurent l'évaluation de la formation.

Évaluation de	Avant	Pendant	À la fin	Après
Besoins	X			X
Ressources	X			
Prérequis	X	X		
Objectifs		X	X	
Attentes		X	X	
Acquis		X		X

.../...

.../...

Évaluation de	Avant	Pendant	À la fin	Après
Satisfaction		X	X	
Relations		X		
Efficacité		X	X	X
Transferts			X	X
Efficience				X

ÉVALUER

Avant la formation :

Prérequis :

- représentation ;
- connaissance ;
- compétence ;
- motivation ;
- aptitudes ;
- attentes des participants ;
- solvabilité ;
- sélection de l'organisme de formation, du formateur et des participants ;
- programmation.

Pendant la formation :

- satisfaction ;
- conformité au programme annoncé ;
- évaluation des transferts en cours ;
- acquisition des connaissances/rétention (on peut l'évaluer aussi après) ;
- évaluation des progressions/évaluation de conformité (par le formateur ou éventuellement par les stagiaires) ;
- relations entre les personnes du groupe.

Après la formation

- acquisition et transferts ;
- construction des compétences.

Dans cette analyse dynamique des différents moments de l'évaluation, on distingue parfois les processus d'évaluation **à chaud**, qui sont du ressort direct du prestataire, et des processus d'évaluation **à froid**, qui sont plutôt du ressort du commanditaire. Dans cette approche, l'évaluation à chaud s'apparente à de la régulation et l'évaluation à froid, à du contrôle. L'évaluation à chaud a lieu juste à la fin de la formation, l'évaluation à froid aura lieu quelque temps après.

La conception et le traitement de l'évaluation en formation professionnelle ont un coût. Habituellement, ces coûts sont répartis. Ceux qui incombent aux prestataires sont ceux qui ont lieu durant et juste à la fin de l'action de formation. Les outils et documents qui servent à construire ces évaluations sont généralement imputés dans les actions. Les autres évaluations sont principalement menées par les services RH et formation des entreprises.

LES DÉMARCHES D'ÉVALUATION

Les démarches qualité importées du Japon *via* les États-Unis ont été très fortement développées dans les années 1980 à 1990. Elles ont eu une influence forte sur les prestations de services, et donc sur la formation. Elles ont déplacé le regard des professionnels vers les systèmes de formation pour prendre en compte la nécessité impérieuse de mettre en place des dispositifs d'évaluation de l'efficacité réelle des formations.

L'évolution des démarches d'évaluation et de qualité a été réalisée progressivement dans le secteur de la formation professionnelle. Il y a eu d'abord la mise en place de démarches participatives d'amélioration de la qualité des produits et des services[1]. La formation a été considérée alors comme un service particulier où le client intervenait aussi dans la

---

1. Voir Archier G. et H. Sérieyx, *L'entreprise du 3ᵉ type*, Seuil, 1984.

« production » du service (concept de « servuction »), pour lequel il était possible de mesurer le niveau de qualité. Dès lors, l'évaluation va, elle aussi, être coproduite par le client et le prestataire et conduite sous l'égide du comité de pilotage. L'évaluation finale, le bilan, ne seront que le reflet de l'état des relations entre le prestataire et son client tout au long du déroulé de l'action de formation mise en œuvre.

Durant cette évolution, la structuration et la formalisation des démarches d'évaluation de la formation professionnelle ont été réellement structurées. Toutefois, pour la formation comme pour tous les investissements immatériels, la complexité de l'approche du calcul et de l'analyse est encore bien réelle. L'évaluation fait partie intégrante des processus de conception et d'animation des actions de formation. En effet, ils devraient être pleinement intégrés par le comité de pilotage à la mise en œuvre et au suivi des actions de développement des compétences. En ce sens, il convient également d'intégrer à cette réflexion sur l'évaluation plusieurs axes complémentaires : le suivi de la formation, la validation des acquis, leur certification et toute la communication faite autour des actions de formation.

Dans les faits et dans tout le processus, l'évaluation en formation professionnelle continue des adultes, puis la reconnaissance et la validation des acquis ou de l'expérience reposent sur trois approches complémentaires :

- l'orientation et la sélection des prestataires comme des participants ;
- la régulation et l'adaptation des actions comme du projet ;
- l'évaluation, la validation et la certification des compétences et des résultats.

Plus globalement et dans les faits, l'évaluation de la formation permet de savoir s'il est possible et utile de former, de désigner les acteurs et les participants adéquats, puis de savoir si la formation est efficace pour l'orienter si besoin, et enfin de valider si le processus de formation est achevé, s'il a rempli sa fonction et comment il serait souhaitable ou non de le poursuivre. En ce sens, l'évaluation des compétences et des actions de formation professionnelle est une activité de management pleine et entière et ne peut incomber seulement aux ressources humaines. Elle est réalisée sur la base d'un accord entre le client et son prestataire avec l'implication de chaque participant.

Jean-Marie Barbier recense trois types d'évaluation[1] :

- L'évaluation implicite : « *c'est une évaluation non exprimée par le formateur ou l'institution auquel il est rattaché, et qui, cependant intervient dans le processus pédagogique* ». Cela signifie que le formateur va adapter ses enseignements en fonction de la compréhension des apprenants.

- L'évaluation spontanée : « *c'est une évaluation exprimée mais qui reste non formalisée* ». Le formateur va échanger avec les apprenants sur ses enseignements, leurs incompréhensions…

- L'évaluation instituée : « *c'est une évaluation à la fois exprimée et formalisée* ». Le formateur évalue alors explicitement les stagiaires à l'aide, par exemple, d'un questionnaire en fin de formation, afin d'estimer les acquis.

L'OBJET DE L'ÉVALUATION DE LA FORMATION

Dans les faits, l'évaluation des actions de formation professionnelle continue des adultes, puis la reconnaissance et la validation des acquis ou de l'expérience reposent sur trois approches complémentaires d'un même processus complet :

- l'orientation et la sélection ;
- la régulation et l'adaptation ;
- la validation et la certification.

Pour chacune de ces trois étapes, trois orientations peuvent être données à l'évaluation : le pronostic, le diagnostic et le contrôle.

	Pronostic	Diagnostic	Contrôle
Orientation, sélection	Besoins	Prérequis	Inscription
Régulation, adaptation	Attentes	Résultats	Satisfaction
Validation, certification	Indicateurs	Transferts	Audits

---

1. Barbier J.-M., *L'évaluation en formation*, Presses Universitaires de France, Paris, 1985.

Le tableau suivant permet de mieux cerner les phases chronologiques de l'évaluation en formation continue des adultes.

Quand	Nature de l'évaluation	Par qui
Avant la conception	Évaluation des besoins	Services et RH
Lors des inscriptions	Évaluation des prérequis	DRH et OF
Lors de l'ouverture	Évaluation des attentes	Formateur et OF
Lors du déroulé	Évaluation des acquis Évaluation des objectifs Régulation des relations	Formateur
Lors de la clôture	Évaluation de satisfaction	Formateur + RH
Plus tard	Évaluation de l'efficacité	RH et services
À la fin	Évaluation de l'efficience	RH, DAF, management

L'évaluation de la formation est donc un processus à plusieurs niveaux. Au terme de l'action elle peut avoir différents objets, comme expliqué ci-après.

La satisfaction

L'évaluation de la satisfaction est une occasion pour les participants d'exprimer spontanément leur perception de l'action qu'ils viennent de suivre. Elle intervient généralement au terme échu de l'action, mais devrait aussi être mise en œuvre durant l'action. Son objectif n'est donc pas de mesurer réellement les effets de la formation sur la productivité de l'entreprise, mais plutôt d'évaluer un certain nombre de critères permettant de suivre l'évolution du projet, de donner des indications sur ses chances de réussite et d'apporter les actions correctives et d'amélioration pour les prestations ultérieures. En effet, si les stagiaires ne sont pas ou sont peu satisfaits, les conditions d'application et de transfert sont plutôt faibles.

L'évaluation de la satisfaction des stagiaires à l'aide d'un questionnaire facilite la comparaison de différentes prestations entre elles. Elle permet donc aux services RH de vérifier la pertinence de l'action et des conditions de mise en œuvre. Elle est très facile à réaliser, et assez économique, bien que nécessitant quelques moyens pour le traitement des données. Les stagiaires expriment leur impression avec tout ce que cela implique de subjectivité. Si l'on veut faire de ce moment d'évaluation de la satisfaction une véritable activité pertinente, il faut la compléter par un dispositif plus fiable.

L'évaluation de la satisfaction concerne généralement :

Items	Note
La qualité globale du stage	
Les conditions générales de déroulement du stage (locaux, hébergement, repas, accueil, etc.)	
La qualité des relations entre les participants	
La qualité de la prestation de l'animateur et des intervenants	
La qualité des contenus (niveau, adaptation et intérêt)	
La qualité des méthodes	
La qualité des supports pédagogiques utilisés et de la documentation remise	
L'adéquation de la formation aux besoins et aux attentes	
L'estimation de la possibilité de transfert des acquis en situation réelle de travail et les obstacles à l'application	
L'adéquation des résultats par rapport aux objectifs fixés	
Les problèmes qui subsistent encore malgré la formation	

Au terme d'une action de formation, il est aussi possible d'évaluer :

- la rétention des informations émises ;
- la construction des compétences acquises.

L'efficacité

Elle se mesure à froid. Elle peut être envisagée comme un *360° feed-back* impliquant le participant, son management, ses collaborateurs et ses interlocuteurs type clients-fournisseurs.

Elle peut se mesurer à plusieurs niveaux : évolution des compétences, confiance en soi, performance avec critères objectifs, relationnels…

L'efficience

Le concept « d'investissement formation » supplante peu à peu celui de « dépense formation ». Mais cette notion est assez récente puisqu'elle est apparue dans les années 1980 : « *un rapport du commissariat général au plan [...], soulignait l'insuffisance de l'effort de formation [...]. La raison de cette faiblesse était recherchée dans une prise de conscience insuffisante des chefs d'entreprises pour qui la formation ne devait plus être considérée comme une dépense sociale mais comme un investissement* »[1]. Cette notion d'investissement suppose donc un retour par rapport aux sommes engagées par l'entreprise. En effet, la formation comporte des coûts. Selon André Voisin, ces derniers seraient de deux ordres[2] :

- Le coût de la formation : il correspond à l'ensemble des dépenses engagées pour mener à bien l'action de formation.

- Le coût de l'absence du collaborateur : en effet, lorsque ce dernier est en formation, il ne produit pas. Cette situation constitue donc un « manque à gagner » pour l'entreprise.

Ainsi, « *l'entreprise qui a investi en capital humain dans la personne d'un de ses salariés est supposée récupérer son investissement sous la forme de suppléments de productivité* »[3]. Cette théorie du capital humain suppose donc que les ressources humaines sont un capital qu'il faut développer. La formation est un moyen pour développer les compétences de ce capital. Il faut donc être en mesure de vérifier ses effets sur la productivité de l'entreprise.

Les organisations recherchent donc à évaluer les actions de formation afin de pouvoir mesurer l'efficacité de leur investissement et, si nécessaire, mettre en place des actions correctrices. Il ne s'agit plus de « former pour former », mais au contraire de former pour gagner en productivité. Comme tout autre investissement de l'entreprise, l'investissement formation doit être rentabilisé.

---

1. Voisin A., « L'économie de la Formation », *in* Carré P. et Caspar P., *Traité des sciences et des techniques de la formation*, Dunod, 2004.
2. *Idem, ibidem.*
3. *Idem, ibidem.*

L'efficience se calcule et se recherche. En effet, les entreprises sont souvent engagées dans des logiques de rationalisation de leurs dépenses. Les budgets formation ont globalement diminué : « *le chiffre des dépenses des entreprises consacre le tassement des évolutions de dépenses, puisque celles-ci sont passées de 1999 à 2003 (toutes entreprises confondues) de 3,22 % à 2,88 % de la masse salariale* »[1]. Pour Serge Barzucchetti et Jean-François Claude, les entreprises recherchent la rentabilité et diminuent les budgets formation. Au regard de ce constat, l'évaluation de l'efficience de la formation permet alors « *d'éclairer au mieux les choix inévitables et de conserver les formations utiles* »[2]. Dans un tel contexte, l'évaluation de l'efficience de la formation prend tout son sens et gagne en légitimité. L'évaluation permettrait alors, selon Alain Meignant de passer d'une logique d'administration à une logique de management.

Dans ce cadre, l'évaluation de l'efficience serait obtenue en croisant un ou plusieurs critères d'évaluation de l'efficacité et ceux des coûts engagés sur une formation. Le taux d'efficience d'une formation est un critère permettant de comparer des actions entre elles et d'effectuer des choix stratégiques. Il s'agit souvent de ratios qui n'ont de valeur que dans des logiques de comparaison internes.

LES MODALITÉS DE L'ÉVALUATION DE LA FORMATION

Au même titre que la formation des participants est évaluée en amont de l'action, elle le sera en aval. Le suivi de la formation est souvent considéré comme l'ensemble des démarches mises en œuvre à l'issue de la formation pour en améliorer l'efficacité. Ce suivi est généralement développé sur deux axes : le suivi des actions et le suivi des participants.

Le suivi des participants doit permettre :

• L'application pour mettre en œuvre et transférer les connaissances acquises en compétences maîtrisées et appliquées.

---

1. Meignant A., *Manager la formation*, Liaisons, 2006.
2. *Idem, ibidem.*

- La capitalisation pour poursuivre et pérenniser la formation au-delà même du stage, tout au long de la vie professionnelle ; le stage n'est qu'un commencement, une amorce et doit être considéré comme tel et non comme une fin.

- La mutualisation pour diffuser les connaissances acquises à l'ensemble d'une équipe, voire d'une organisation ; c'est passer de l'individu apprenant à l'organisation apprenante.

Le suivi de la formation doit être organisé et envisagé durant la phase de conception, c'est-à-dire en amont de la formation. Trois principes clés prévalent à l'organisation du suivi de la formation :

- impliquer les acteurs et le management dans le suivi de la formation et des participants ;

- adapter le suivi en fonction du type de formation et des contenus ;

- concevoir le suivi de la formation dès l'ingénierie du stage et informer de la démarche.

L'ÉVALUATION SOMMATIVE

L'évaluation sommative prend généralement place avant ou à l'issue d'une séquence de formation et permet de vérifier si l'apprenant a acquis l'ensemble des connaissances théoriques, méthodologiques ou pratiques, visées par la formation. Elle prend donc la forme d'un bilan assez général et, dans le cas de tests de fin d'action, peut conduire à une certification. Une simple note, si elle prétend repérer un niveau assez général d'acquisition, relève de l'évaluation sommative.

L'évaluation sommative intervient donc en bilan, au terme d'un processus d'apprentissage ou de formation. Elle vise souvent à prendre une décision d'orientation ou de sélection en fonction des acquis.

L'ÉVALUATION FORMATIVE

Elle est beaucoup plus étroitement liée au processus de formation. Son objectif est de guider et d'orienter l'apprenant dans sa démarche de formation. À cette fin, des informations relatives aux difficultés de formation sont recueillies. Puis, ces informations sont interprétées afin de dégager les causes probables des difficultés rencontrées. Sur la base de cette interprétation, le formateur et le groupe en formation adaptent leurs aides et stratégies pour orienter et faciliter l'apprentissage. L'évaluation formative a donc pour but de favoriser la progression des apprentissages. Elle a lieu pendant l'apprentissage alors qu'une action pédagogique peut être entreprise dès que le diagnostic est posé. On peut prescrire divers types d'activités correctives ou d'activités d'enrichissement selon l'information recueillie.

L'évaluation formative intervient dans le cours d'un apprentissage et permet de situer la progression de l'apprenant par rapport à un objectif donné. Dans le cas d'une évaluation formative, l'objectif est d'obtenir une double rétroaction sur l'apprenant pour lui indiquer les étapes qu'il a franchies et les difficultés qu'il rencontre, et sur le formateur pour lui indiquer comment se déroule son action et quels sont les obstacles auxquels il se heurte.

De nombreuses mises en situation sont souvent assimilées à des évaluations formatives. L'apprenant comprend où il en est dans l'acquisition des compétences et peut orienter son parcours en fonction de ce qu'il pense devoir acquérir.

L'ÉVALUATION NORMATIVE

Elle permet aussi de situer les apprenants les uns par rapport aux autres. Dans ce processus on distingue souvent l'évaluation normative et l'évaluation « critériée » :

- Une évaluation est dite normative quand elle compare la performance d'un apprenant aux performances des autres apprenants.

- Une évaluation est dite « critériée » quand on ne compare pas l'apprenant aux autres, mais qu'on détermine, par la référence à des critères, si l'apprenant est en mesure de passer aux apprentissages ultérieurs après avoir atteint ses objectifs.

Lorsque l'évaluation intervient au-delà de l'action de formation professionnelle pour entériner les compétences acquises, il arrive que l'on parle de validation, voire de certification. Ces différentes démarches sont pour une part assimilées à des formes d'évaluation. Toutefois, en formation, l'évaluation se distingue de la validation et de la certification par le fait que l'évaluation est conduite en interne, qu'elle est récurrente et qu'elle fait intégralement partie du processus de la formation. La validation et la certification peuvent être menées par des tiers. Elles sont occasionnelles.

À terme, le plan de communication doit aussi, et surtout, permettre de transformer une réussite en avantage concurrentiel pour chacun. Les participants doivent être valorisés, les acteurs doivent être reconnus et les institutions renforcées par tout le dispositif et le plan de communication qui seront mis en œuvre durant et à la fin du projet. Au terme de cette validation, tout le plan de communication doit aussi être mis en œuvre. Il agit sur la qualité des actions et des dispositifs durant le projet lui-même. Ce dernier est coproduit dans l'intérêt des parties et implique, à bon escient, différents médias internes ou externes. Le comité de pilotage oriente cette communication qui doit transformer un projet en réussite et une action en victoire.

OBLIGATIONS LÉGALES CONCERNANT L'ÉVALUATION DE LA FORMATION

Selon les obligations signifiées dans la circulaire de la DGEFP n° 2006-10 du 16 mars 2006 et la réponse ministérielle publiée au *JO* le 29 mars 2011, l'évaluation des résultats d'une formation peut être engagée de deux façons distinctes :

- évaluation des acquis du stagiaire à l'issue de la formation à travers la mise en œuvre d'une procédure d'évaluation qui permet de déterminer si le stagiaire a acquis les connaissances ou les gestes professionnels dont la maîtrise constituait l'objectif initial de l'action. Les procédures d'évaluation peuvent se concrétiser par des tests réguliers de contrôle des connaissances, des examens professionnels, des fiches d'évaluation ou des entretiens avec un jury professionnel ;

- évaluation de l'action elle-même afin de mesurer son efficacité au regard des objectifs globaux assignés : évaluation par le stagiaire de l'atteinte des objectifs, de la qualité de la formation et de ses méthodes (clarté du formateur, répartition équilibrée entre enseignement théorique et cas pratique, utilité et précision de la documentation).

La loi du 24 novembre 2009 a complété ces orientations par l'article L. 6353-1 dans un alinéa ainsi rédigé : « À l'issue de la formation, le prestataire délivre au stagiaire une attestation mentionnant les objectifs, la nature et la durée de l'action et les résultats de l'évaluation des acquis de la formation ». Ajoutons que, préalablement à son inscription définitive à la formation, le participant doit être informé des modalités de cette évaluation (art. L. 6353-1).

L'obligation de fournir cette évaluation d'acquis ne s'applique pas qu'aux prestataires : elle s'applique à l'entreprise qui organise une formation interne (nouvelle rédaction de l'article L. 6331-21). Pour faire le point sur ce sujet encore assez obscur, la FFP (Fédération de la formation professionnelle) a demandé à la DGEFP quelques éclaircissements en septembre 2010. À la lecture de la réponse, il subsiste donc trois points à retenir pour la pratique de l'évaluation de la formation :

- une évaluation formalisée n'est pas obligatoire pour toutes les formations ;
- les objectifs de formation doivent être exprimés de manière opérationnelle : la DGEFP entend par là des objectifs formulés « en termes de comportement ou d'activité observable lorsque la personne est en situation de travail » ;
- pour être obligatoire, l'évaluation des acquis doit être prévue dans le programme de formation (articles L. 6353-1 et D. 6321-1 du Code du travail).

Selon la nouvelle législation de 2009, l'entreprise est aussi parfois soumise à l'obligation de délivrance d'attestations. Il en va ainsi par exemple pour l'employeur qui organise lui-même une action de formation. Ce dernier doit remettre au salarié ayant suivi cette formation une attestation en fin de formation mentionnant les objectifs, la nature, la durée de l'action et les résultats de l'évaluation des acquis de la formation.

Conclusion

La formation a été longtemps considérée comme une obligation légale, aux effets non mesurables. Cependant, les entreprises ont connu un revirement et, actuellement, elles considèrent plutôt la formation comme un investissement qu'il faut rentabiliser : « *les entreprises ne cachaient plus leur mécontentement à l'encontre d'une activité dont le poids économique se chiffrait par dizaine de milliards sans pour autant répondre à leurs besoins.*[1] » Elles développent alors l'ingénierie de formation permettant de placer la formation professionnelle continue des salariés d'entreprise sous assurance qualité.

En effet, les concepts qualité se sont intégrés dans les entreprises de services, modifiant les relations clients-fournisseurs. Les organismes de formation, afin de gagner en compétitivité, et les entreprises, pour accroître l'efficience des formations réalisées, se sont engagés dans des chartes qualité et autres normes : « *ainsi, ne se restreignant pas à la relation formateur-formé et à ces seuls acteurs, les logiques des démarches qualité replaçaient clairement l'acte pédagogique dans un processus dont la finalité est de satisfaire des besoins de compétences* »[2].

La formation professionnelle continue est une activité de services. La relation entre le commanditaire et le prestataire de formation peut être assimilée à une **relation client/fournisseur**, avec toutes les conséquences qui

1. Afnor, *La qualité en formation professionnelle, Qualité et efficacité des organisations*, Afnor, 1997.
2. *Ibidem.*

en découlent. La démarche qualité, définie comme « *l'aptitude d'un produit ou d'un service à satisfaire les besoins exprimés ou implicites*[1] », trouve donc dans la formation professionnelle continue des salariés, un terrain naturel d'application. « *Les trois solutions institutionnelles (qualification, certification, labellisation) se présentent d'abord comme une réponse à des besoins de transparence du marché. Elles mettent en jeu des logiques, partiellement différentes, souvent imbriquées, qui concernent les organismes de formation mais aussi les entreprises qui souhaitent ce service et dont la capacité à tenir leur rôle de coproducteur demande à être renforcée* »[2]. Afin d'augmenter la confiance de leurs clients et prospects, certains organismes de formation affichent leur appartenance à diverses démarches qualités.

Ayant fait la preuve d'une certaine efficacité dans le domaine industriel, puis dans les activités de service, la démarche qualité, instrumentée, avec son système de normes et de certifications, a servi de modèle au secteur de la formation professionnelle continue. Ainsi, les outils qualité du secteur industriel ont été partiellement adaptés au secteur de la formation professionnelle.

Engagements	Outils
Moraux	Labels (tels qu'Excelangues, destiné aux Centres d'étude de langues) Chartes de qualité : APQFC, OPQF…
D'amélioration des processus	Normes Afnor, séries NFX et FDX 749 et suivantes
De mise sous assurance qualité	Normes ISO accompagnées de la certification par tierce partie

Grâce à ces outils et démarches, progressivement, le champ de la formation continue s'organise pour être plus proche et plus comparable aux autres secteurs de l'activité de service. La certification de qualité n'est pas un véritable atout différenciateur d'achat de formation. C'est d'abord un outil de management de la formation. Dans les démarches

---

1. Afnor NF X50-120.
2. Manenti Y., Bonamy J., « Institutionnalisation de la qualité et enjeu de professionnalisation », *in* Éducation permanente, n° 126.

d'achat, les responsables de formation d'entreprise privilégient d'autres aspects comme les coûts, les références de l'organisme, la rencontre... Dans ce contexte, la certification a été structurante pour le secteur de la formation.

Ainsi, de nombreuses normes, telles que les normes ISO ou Afnor, traitent désormais de la formation. Pour exemple, la norme ISO 9001-2000 comprend un chapitre consacré à la « compétence, sensibilisation et formation ». Il précise que les entreprises doivent déterminer les besoins en compétences de leur personnel, mettre en œuvre des actions pour combler les écarts, et « *évaluer l'efficacité des actions entreprises* »[1].

Il est de plus en plus admis que la direction des ressources humaines délivre des prestations à ses clients internes. En effet : « *elle établit les contrats de travail, propose des produits d'assurance complémentaire ou d'épargne, des outils d'appréciation pour l'entretien annuel, recrute, forme...* »[2]. Toutes ces prestations peuvent être considérées comme des services auprès des managers et des collaborateurs de l'entreprise. Ces clients internes jugent la DRH « *par la qualité des services qu'elle assure : fiabilité des réponses et des systèmes, délai de réponse aux questions posées, capacité à traiter les problèmes, simplicité des systèmes mis à disposition, pertinence des indicateurs, [...]. Les démarches de qualité totale s'appliquent aussi à la Direction des Ressources Humaines*[3] ».

Jacques Soyer confirme cette théorie et explicite les particularités de l'approche client-fournisseur en formation. En effet, la fonction formation peut entamer une démarche qualité, seulement lorsque l'entreprise est déjà engagée dans une telle démarche, « *car tous les systèmes sont en interdépendance* ».

Selon l'Afnor, la relation client/fournisseur consiste en la relation entre l'organisme de formation et l'entreprise cliente. Mais à l'intérieur de cette relation, deux autres clients sont distingués : « *le client contractuel, [...] celui qui passe commande, et le stagiaire, le client pédagogique* ».

---

1. Meignant A., *Manager la formation*, Liaisons, 2006.
2. Meignant A., Dapere R., *La qualité de la fonction Ressources Humaines*, Liaisons, 1994.
3. *Ibidem*.

La qualité est devenue incontournable. Les clients exigent désormais de leur fournisseur la preuve que tout est mis en œuvre pour les satisfaire. Ainsi, Alain Meignant précise : « *toutes ces normes exigent du fournisseur qu'il fasse la preuve de sa capacité à concevoir et fournir un produit ou service conforme à ce qui est attendu par le client. La compétence du personnel est évidemment l'un des points clefs de cette capacité…* »[1]. Les normes et certifications constituent donc pour l'entreprise un atout compétitif. Selon l'Afnor, « *l'enjeu est celui de l'évolution des compétences de leur personnel en fonction des besoins, présents ou futurs, de leur organisation. En conséquence, les budgets alloués doivent être dépensés avec pertinence et efficacité* »[2].

Jacques Soyer[3] indique qu'une mise sous assurance qualité commence par la réalisation d'un diagnostic. Cette analyse de l'existant va permettre de cibler les dysfonctionnements, et donc les actions correctives à mettre en place. Chaque dysfonctionnement sera traité par ordre d'importance. Ainsi, l'assurance qualité est un cercle vertueux, comme l'indique W.E. Deming[4] avec le cycle PDCA (*Plan, Do, Check, Act*), c'est-à-dire planification, exécution, vérification, réaction. Alain Meignant précise : « *il faut prévoir ce que l'on veut faire, exécuter en suivant les règles de l'art, vérifier que l'on a atteint les objectifs fixés, et si ce n'est pas le cas comprendre les raisons de l'écart, en tirer les éventuelles conséquences en termes d'actions correctives et dégager de nouveaux objectifs de progrès* ». C'est l'objet, la fonction de l'ingénierie de formation.

Comme cela a été montré au fil des pages de cet ouvrage, cette ingénierie est inscrite dans un cadre qui évolue. Lors d'une allocution au colloque CAS-COE[5], le ministre du Travail résumait cet état d'esprit en ces termes : « *Ces 30 dernières années… Beaucoup d'efforts ont été demandés aux salariés en termes de souplesse et de mobilité dans leur carrière. C'était*

---

1. Meignant A., *op. cit.*
2. Afnor, *La qualité en formation professionnelle, Qualité et efficacité des organisations*, Afnor, 1997.
3. Soyer J. M. Pages, 351-352.
4. Deming W.E., « La roue de Deming », *in* Meignant A., Dapere R., *La qualité de la fonction ressources humaines*, Liaisons, 1994.
5. CAS-COE, « La sécurisation des parcours professionnels », 13 février 2007.

nécessaire compte tenu des nouveaux défis posés par la compétition mondiale. Mais, n'en doutons pas, c'est aussi difficile. Il est donc de notre responsabilité de réguler l'impact de ces mutations sur la cohésion sociale et d'instituer une véritable sécurisation des parcours professionnels. Dans l'économie de la connaissance et de l'innovation, le facteur humain sera le déterminant essentiel de la compétitivité des entreprises. »

Penser qu'il faut sécuriser la vie professionnelle, c'est admettre que l'exercice d'une même profession de bout en bout d'une carrière n'est plus la règle générale. Un salarié sera conduit à changer plusieurs fois de travail dans sa carrière, à passer par des périodes hors de l'emploi, et sera donc confronté plusieurs fois à la recherche d'emploi. Le traitement de cette insécurité doit être géré à la fois par la collectivité et par l'individu. Dans les faits, les discours et les mesures législatives ne font pas la réalité. À l'image de l'assurance qualité de type ISO, plutôt que de cultiver l'ambiguïté d'une sécurité des parcours professionnels idéale et hypothétique, les partenaires de l'emploi et de la formation, les salariés et les institutions devraient s'engager dans la voie de « la mise sous assurance sécurité des parcours professionnels ». C'est le challenge actuel du développement durable des entreprises et de la sécurisation des parcours professionnels qui se construisent aussi par l'ingénierie de formation en entreprise[1].

© Groupe Eyrolles

---

1. Parmentier C., *Encadrer et sécuriser les parcours professionnels*, Dunod, 2011.

Bibliographie

Afnor, *La qualité en formation professionnelle, Qualité et efficacité des organisations*, Afnor, 1997.

Albert E., Emery J.-L., *Au lieu de motiver, mettez-vous donc à coacher !*, Éditions d'Organisation, 1999.

Archier G., Sérieyx H., *L'entreprise du 3ᵉ type*, Points Seuil, 1984.

Ardouin T., *L'Ingénierie de formation pour l'entreprise*, Dunod, 2003.

Aubret J., Gilbert P., Pigeyre F., *Management des compétences*, Dunod, 2005.

Barbier J.-M., Lesne M., *L'analyse des besoins en formation*, Robert Jauze, 1977.

Barbier J.-M., *L'évaluation en formation*, Presses Universitaires de France, 1985.

Bellenger L., Pigallet P., *Dictionnaire de la formation et du développement personnel*, ESF, 1996.

Bellenger L., Dennery M., *Le Guide pratique de la formation*, ESF, 2006.

Bezsonoff C., *Pratique de la formation : du discours à la réalité*, Éditions d'Organisation, 2000.

Blandin B., *Formateurs et formation multimédia*, Éditions d'Organisation, 1990.

Bonnet B., *La formation professionnelle des adultes, Une institution et ses formateurs*, L'Harmattan, 1999.

Bourgeois E., Nizet J., *Apprentissage et formation des adultes*, PUF, 1997.

Bruillard E., *Les machines à enseigner*, Hermès, 1997.

Buck J.-Y., *Le Management des connaissances*, Éditions d'Organisation, 1999.

Carré P., Caspar P., *Traité des sciences et des techniques de la formation*, Dunod, 1999, 2004.

Carré P., « Autoformation » *Dictionnaire encyclopédique de l'éducation et de la formation*, Nathan, 1994.

Carré P., *L'autoformation dans la formation professionnelle*, La documentation professionnelle, 1992.

Caspar P., « Formation des adultes : quelques tendances lourdes et des faits probablement porteurs d'avenir », in *Éducation permanente*, n° 127.

Centre Inffo, *Les fiches pratiques de la formation professionnelle*, Centre Inffo, 2006.

Chalvin D., *Encyclopédie des pédagogies de formation*, 2 tomes, ESF, 1996.

Chomsky N., *Aspects de la linguistique syntaxique*, Seuil, 1971.

Courtois B., Pineau G., *La formation expérientielle des adultes*, La Documentation française, 1991.

Crozier M., *L'entreprise à l'écoute*, Seuil, 1989.

D'Iribarne A., « Les stratégies marchandes de la formation », in *Sciences Humaines*, n° 40.

De Witte S., « L'évolution des métiers de la formation au début des années 90 », in *AFP*, n° 103.

Dennery M., *Organiser le suivi de la formation*, ESF, 2ᵉ édition, 2000.

Dennery M., *Piloter un projet de formation*, ESF, 2ᵉ édition, 2000.

Dennery M., *Évaluer la formation*, ESF, 2001.

Dennery M., *Réforme de la formation professionnelle : Les clés pour réussir sa mise en œuvre*, ESF, 2004.

Dewey J., *Expérience et éducation*, 1968.

« Le nouveau droit de la formation », in *Droit social* n° 5, mai 2004.

Dubar C., *La socialisation*, Armand Colin, 2002.

Dubar C., *La formation professionnelle continue*, La Découverte, 1985, 4ᵉ édition en 2000.

Dubet F., *La sociologie de l'expérience*, Seuil, 1994.

Dugue E., « La logique de la compétence, le retour au passé », in *Éducation permanente*, n° 104.

Dumazedier J. (dir.), « L'autoformation », in *Éducation permanente*, juillet 1985, 12 études.

Éducation permanente, n° 157, « Où en est l'ingénierie de formation ? »

Étude CEREQ, n° 71, « L'offre de formation continue. Les organismes et leur marché », 1998.

Fablet D. (Coord.), *Formation des formateurs d'adultes*, L'Harmattan, 2001.

Favry J., *Mythologie d'entreprise et formation*, L'Harmattan, 1999.

Fernandez A.-F., *La réforme de la formation professionnelle : Comprendre et mettre en place le droit individuel à la formation*, Dunod, 2004.

Fernandez A.-F., Savann F., *Manager la formation après la réforme : Responsable RH, responsable formation : vos nouvelles missions*, ESF, 2005.

Gélinier O., *Le management en crise. Pour une formation proche de l'action*, Economica, 1998.

Guittet A., *Développer les compétences par une ingénierie de la formation*, ESF, 1998.

Hameline D., *Les objectifs pédagogiques*, ESF, 1979.

Houssaye J., « L'alternance dans une histoire des courants pédagogiques. L'alternance en formation, un projet à construire », in *Pour,* n° 154, juin 1997.

Ignasse G., Lenoir H., *Éthique et formation,* L'Harmattan, 1998.

INSEE, « La formation continue en entreprises », in *Liaisons sociales,* DARES, 04-98.

Jobert G. « La professionnalisation des formateurs, approche sociologique », in *AFP,* n° 103.

Le Boterf G., *Ingénierie de la formation,* Éditions d'Organisation, 1990.

Le Boterf G., *De la compétence à la navigation professionnelle,* Éditions d'Organisation, 1997.

Le Boterf G., *Construire les compétences individuelles et collectives,* Éditions d'Organisation, 2000.

Le Boterf G., *L'ingénierie et l'évaluation de la formation,* Éditions d'Organisation, 3ᵉ édition, 2001.

Lehnisch J.-P., *Enseignement à distance et formation professionnelle continue,* ESF, 1980. (Pour les cadres réglementaires, voir le chapitre 2, p. 37 à 52.)

Lenoir H., Marais J.-L. (dir.), *Syndicalisme et formation,* L'Harmattan, 1999.

Lévy-Leboyer C., *La gestion des compétences,* Éditions d'Organisation, 2000.

Lévy-Leboyer C., Louche C., Rolland J.-P., *Management des organisations. Ressources Humaines : les apports de la psychologie du travail,* Éditions d'Organisation, 2005.

Lichtenberger Y., « La qualification, enjeu social, défi productif », in *Aujourd'hui,* n° 99, CFDT, 1990.

Lorino.P., *Comptes et récit de la performance,* Éditions d'Organisation, 1991.

Lorino P., *Méthodes et pratiques de la performance,* Éditions d'Organisation, 1997.

Malglaive G., *Enseigner à des adultes*, PUF, 1990.

Manenti Y., Bonamy J., « Institutionnalisation de la qualité et enjeu de professionnalisation », in *Éducation permanente,* n° 126.

Martinet B., *L'intelligence économique*, Éditions d'Organisation, 1991.

Meignant A., « L'ingénierie de formation : du far-west au néo académisme ? », in *Éducation permanente,* n° 157.

Meignant A., Dapere R., *La qualité de la fonction Ressources Humaines,* Liaisons, 1994.

Meignant A., *Manager la formation*, Liaisons, 7e édition, 2006.

Montmollin, de, M., *L'intelligence de la tâche, éléments d'ergonomie cognitive*, Peter Lang Verlag, 1984.

Mucchielli A., *La communication interne. Les clés d'un renouvellement,* Armand Colin, 2001.

Mucchielli R., *La dynamique des groupes*, ESF, 18e édition, 2006.

Naymark J. (dir.), *Le Multimédia en formation. Bilan critique et prospectif,* Retz, 1999.

Pain A., *Ingénierie de formation. État des Lieux*, L'Harmattan, 2003.

Pain A., *Réaliser un projet de formation*, Éditions d'Organisation, 1989.

Parlier M., *Ressources Humaines*, Éditions d'Organisation, 2005.

Parmentier C., *Former l'entreprise de demain*, Éditions d'Organisation, 1998.

Parmentier C., *Le DIF en fiches*, Éditions d'Organisation, 2005.

Parmentier C., *L'essentiel de la formation*, Éditions d'Organisation, 2e édition, 2007.

Parmentier C., Arfaoui F., *Tout savoir pour e-former*, Éditions d'Organisation, 2001.

Parmentier C., Dennery M., *Acheter, vendre de la formation*, Éditions de la performance, 2003.

Parmentier C., Hernot E., *L'entretien professionnel*, Éditions d'Organisation, 2006.

Parmentier C., Rossignol P., *Formation professionnelle, le guide de la réforme*, Éditions d'Organisation, 2004.

Parmentier C., *Encadrer et sécuriser les parcours professionnels*, Dunod, 2011.

Peretti J.-M., *Dictionnaire des ressources humaines*, Vuibert, 3ᵉ édition, 2003.

Peretti J.-M., *Gestion des ressources humaines*, Vuibert, 9ᵉ édition, 2000.

Peretti J.-M., *Ressources humaines*, Vuibert, 8ᵉ édition, 2003.

Poliak C.-F., *La vocation d'autodidacte*, L'Harmattan, 1992.

Prax J.-Y., *Le guide du Knowledge Management – Concepts et pratiques du Management de la connaissance*, Dunod, 2000.

Rolland M., *Bâtir des formations professionnelles pour adultes*, Éditions d'Organisation, 2000.

Sainsaulieu R., « L'effet formation en entreprise », in *Esprit*, n° spécial, 1974.

Sainsaulieu R., *L'effet formation en entreprise*, Dunod, 1980.

Sainsaulieu R., *L'identité au travail : les effets culturels de l'organisation*, Presses de la Fondation Nationale des Sciences Politiques, 1988.

Santelman P., « La formation professionnelle continue, bilan et perspectives, problèmes économiques et sociaux », *La Documentation française*, n° 819, 2 avril 1999.

Soyer J., *Fonction Formation*, Éditions d'Organisation, 2003.

Tarondeau J.-C., *Le management des savoirs*, PUF, 2ᵉ édition, 2002.

Vanderpotte G., « Les fonctions tutorales dans les formations alternées », rapport au ministre de l'Emploi et de la Formation professionnelle, 1992.

Vermersch P., *L'entretien d'explicitation*, ESF, coll. « Pédagogies » 1994.

Vialet F., *L'ingénierie de la formation*, Éditions d'Organisation, 1987.

Vygotsky L.S., *Langage et pensée*, Messidor, 1985.

Weiss D., *Ressources Humaines*, Éditions d'Organisation, 3ᵉ édition, 2005.

Willems J.-P., *Formation professionnelle : réglementation et nouveau paysage*, Démos, 1995.

Wittorski R., « De la fabrication des compétences - La compétence au travail », n° 135, in *Éducation permanente*, 1998.

Wittorski R., *Analyse du travail et production de compétences collectives*, L'Harmattan, 1997.

Zarifian P., *Objectif compétence*, Liaisons, 2001.

Zarifian P., *Le modèle de la compétence*, Liaisons, 2001.

Index

www.ingramcontent.com/pod-product-compliance
Lightning Source LLC
Chambersburg PA
CBHW061146220326
41599CB00025B/4373